COLECCIÓN
ANTROPOLOGÍA Y SOCIOLOGÍA JURÍDICAS

1

IDENTIDAD, DOMINACIÓN Y RESOLUCIÓN DE CONFLICTOS:

UN ESTUDIO HISTÓRICO-ANTROPOLÓGICO SOBRE LOS ROMANÍES SPOITORI DE RUMANÍA

COLECCIÓN
ANTROPOLOGÍA Y SOCIOLOGÍA JURÍDICAS

COLECCIÓN
ANTROPOLOGÍA Y SOCIOLOGÍA JURÍDICAS

4

IDENTIDAD, DOMINACIÓN Y RESOLUCIÓN DE CONFLICTOS:

UN ESTUDIO HISTÓRICO-ANTROPOLÓGICO SOBRE LOS ROMANÍES SPOITORI DE RUMANÍA

Marc H. Vallés

Universitat Autònoma de Barcelona (Departament de Dret Públic i Ciències historicojurídiques)

marc.hernandez@uab.cat

COLEX 2025

Calle Costa Rica, número 5, 3.º B (local comercial)
A Coruña, 15004, A Coruña (Galicia)
info@colex.es
www.colex.es

I.S.B.N.: 978-84-1194-816-6
Depósito legal: C 47-2025

A Cristina, te iubesc

A mis padres, Iván y Montse

A todas las personas de Grădiștea que hicieron posible este trabajo

¡Ja Devlesa!

SUMARIO

CUARTA PARTE
LA COMUNIDAD *SPOITOR* DURANTE LA TRANSICIÓN: SEDENTARIZACIÓN FORZOSA Y FORMACIÓN DEL COMPADRAZGO INTERÉTNICO

QUINTA PARTE
LA COMUNIDAD *SPOITOR* EN LA ACTUALIDAD: ESTRUCTURA, PRÁCTICAS Y CONSECUENCIAS DEL COMPADRAZGO INTERÉTNICO

RESUMEN

Este libro analiza las profundas transformaciones que ha experimentado la comunidad spoitor, un subgrupo romaní de Rumanía, desde la época comunista hasta la actualidad. A través de un enfoque etnográfico, la obra explora cómo los cambios históricos y sociales han reconfigurado las formas tradicionales de autoridad comunitaria, los mecanismos de resolución de conflictos y la organización social y económica de esta comunidad.

El estudio, realizado en la comuna rural de Grădiștea, documenta cómo estas transformaciones han dado lugar a nuevas formas de interacción y organización, marcadas por las relaciones de compadrazgo interétnico entre los spoitori y la población gadjé (no-romaní). Estas relaciones han reorganizado la vida comunitaria hacia estructuras híbridas, donde las dinámicas tradicionales se entrelazan con nuevas formas de cooperación y dependencia interétnica.

Una de las cuestiones centrales que plantea este análisis es si estas nuevas formas de organización representan un modelo emergente basado en la solidaridad interétnica o si, por el contrario, constituyen mecanismos renovados de dominación que afectan desproporcionadamente a la comunidad spoitor. La obra examina cómo estas relaciones interétnicas, aparentemente equitativas, pueden estar atravesadas por dinámicas de poder que reproducen sutiles formas de subordinación social, económica y cultural.

A través de 28 entrevistas con miembros de la comunidad spoitor y 19 con integrantes de la población no-romaní, combinadas con observación participante, el libro pone de manifiesto que la identidad no es un fenómeno fijo, sino un proceso relacional en constante construcción. Asimismo, evidencia cómo las relaciones de poder subyacentes a estas dinámicas sociales influyen directamente en las formas de interacción y en las posibilidades de emancipación o subordinación de las comunidades minoritarias.

Esta obra constituye una contribución clave para comprender las complejas interacciones entre identidad, poder y transformación social en comunidades marcadas por la diversidad cultural. Es una lectura indispensable para quienes deseen explorar cómo los procesos históricos reconfiguran las estructuras sociales y económicas en contextos rurales y cómo estas transformaciones impactan las relaciones interétnicas en sociedades contemporáneas.

NOTA PRELIMINAR

Los resultados de la investigación que comprende este libro coinciden en gran medida con los de mi tesis doctoral titulada «*Análisis etnográfico de la comunidad spoitor de la comuna de Grădiștea (Rumanía): procesos de identificación y mecanismos de dominación*», realizada en la Universidad de Girona bajo la dirección del profesor y catedrático de Historia del Derecho, José María Pérez Collados. Sin embargo, su adaptación monográfica ha requerido de una necesaria reelaboración y reescritura.

La defensa de dicha tesis tuvo lugar el 16 de diciembre de 2022 en la Universidad de Girona, ante un tribunal presidido por el Prof. Ignasi Terradas (Universidad de Barcelona) y compuesto por el Prof. Oscar Pérez de la Fuente (Universidad Carlos III de Madrid) y la Prof. Ida Nafstad (Universidad de Lund, Suecia). La tesis recibió la máxima calificación de *Cum Laude* y la Mención Internacional.

Esta monografía, por tanto, es el fruto del trabajo que he llevado a cabo como investigador en formación en el Área de Historia del Derecho y de las Instituciones de la Universidad de Girona, así como durante mi estancia como investigador visitante en el Departamento de Sociología del Derecho de la Universidad de Lund.

Quiero expresar mi agradecimiento al Prof. José María Pérez Collados por la confianza depositada en esta investigación desde el primer momento y por todas las oportunidades que me ha brindado para iniciarme en la carrera académica. A la Prof. Ida Nafstad, por hacer que mi estancia en la Universidad de Lund resultara tan enriquecedora. Al Prof. Oscar Pérez de la Fuente, por sus valiosos comentarios sobre este trabajo como miembro del tribunal de tesis y por la oportunidad de compartirlo en el Taller sobre Pluralismo Cultural y Minorías, que él mismo coordina. Al Prof. Ignasi Terradas, por sus observaciones, valoraciones y aportaciones que han enriquecido esta investigación, y, sobre todo, por ayudarme a creer más en mis capacidades y conocimientos. Por supuesto, a todos mis compañeros del Área de Historia del Derecho de la Universidad de Girona, especialmente a Manuel Vial y Tünde Mikes.

Asimismo, agradezco el apoyo recibido por parte de mis compañeros del Área de Historia del Derecho de la Universidad Autónoma de Barcelona, en especial a Josep Cañabate, Stefania Giombini y Olga Paz, así como a Marc-Abraham Puig del Área de Filosofía del Derecho.

PRÓLOGO

Marc H. Vallés nos ofrece con su libro un estudio ejemplar de Antropología social y política. Lo es por su metodología y por su teorización de la realidad social. Contiene un estudio abierto de comunidad, un estudio de caso con su conflictividad social y una interpretación de la cultura política, ética y religiosa de sus actores. Su aportación a la teoría sociopolítica comprende una combinación de patronazgo y compadrazgo que cruza dos tipos de sociedad, la de los *gadjé* («payos») y la de los *spoitori* («gitanos»). Se trata de una combinación obtenida como proceso histórico. En éste destaca un recorrido político y cultural que comienza con la desintegración de la sociedad *spoitor*, con pérdida de autonomía económica, política y cultural en general. Luego sobreviene un cambio en el mercado laboral rumano, de alcance estructural, que va a provocar lo que puede parecer una paradoja desde el punto de vista de las teorías de la modernización y democratización. Como señala el autor, los *spoitori*, desde una condición de marginados, van a participar como clientes en una relación típica de patronazgo. Esta relación es la que, precisamente, los va a integrar de un modo particular a la moderna sociedad rumana de mercado. Y no va a faltar tampoco una integración, por lo menos simbólica, a la cultura de la igualdad aparentemente más democrática, pero realizada a través de una relación independiente de la misma: el compadrazgo. De clientes pasan a ser compadres de sus patronos, con lo cual emerge cierta igualdad simbólica, no exenta de todos los derechos y obligaciones propios de las relaciones de patronazgo.

Se trata de un proceso caracterizado por el recurso a una forma política paradigmática de la desigualdad social, el patronazgo, que busca integrarse a la «modernidad» de un mercado de trabajo, culminando dicha integración con otra fórmula de política de comunidad, el compadrazgo; este último genera simbólicamente una integración política más «democrática» o igualitaria. Sin embargo, el estudio etnográfico realista de Marc H. Vallés distingue a la perfección entre una realidad fáctica hecha de favores, influencias y ayudas, y la simbología que apunta hacia cierta igualdad social. Analiza con detalle la consistencia de este patronazgo *gadjé*. Así, por ejemplo, detalla que los patronos tratan de que sus dependientes vivan cerca de ellos para tenerlos más directamente disponibles, y que esta provisión significa también para los *spoitori* más seguridad y protección frente a una sociedad *gadjé* siempre desconfiada, cuando no hostil, con los «gitanos». Además, los patronos se encargan de conseguir terreno residencial en buenas condiciones económicas para sus ayudantes y protegidos, y también les facilitan la obtención de materiales para la construcción de las viviendas. Les asesoran para la validez jurídica de sus actos y los acompañan en sus gestiones, valiéndose naturalmente de sus influencias y contactos. También les ofrecen préstamos sin intereses y sin plazos fijos de devolución. Con estas y otras precisiones el autor nos adentra en el conocimiento realista del complejo fenómeno social del patronazgo.

Junto a ese patronazgo se genera un compadrazgo sui generis. Ambas instituciones funcionan como alternativa al derecho laboral contractual de corte liberal. De este modo, por una parte, se consigue una mayor fidelización de los trabajadores-clientes-compadres, y por otra los clientes-compadres obtienen una ayuda constante para sus diversas necesidades, sean residenciales, burocráticas, sanitarias o jurídicas. El autor lo interpreta como variadas reconversiones del capital social del compadrazgo. Es decir, que una vez constituido un tipo de patronazgo-compadrazgo, éste es capaz de activar una serie de recursos aún más eficaces que los obtenidos en una inversión productiva, capitalista y ortodoxa. En este caso, se trata de una diversidad de trabajos, servicios, ayudas y cuidados de bienestar social que un contrato laboral ajustado a Derecho sería incapaz de precisar. Hay que decir que la idea de capital (tomada de BOURDIEU) es buena para explicar una sociedad que estima el capital como un valor supremo, pero queda corta ante la capacidad generativa de recursos que se da en una combinación de patronazgo y compadrazgo.

A partir de esta articulación elemental (patronazgo-compadrazgo) el autor encuentra todavía más complejidad en el sistema social. En principio, se aprecia también una desigualdad entre los mismos propietarios *gadjé,* según la capacidad que tienen para crear vínculos de compadrazgo (iniciados a finales de los años 1990), puesto que deben invertir en la celebración de bautismos de rito ortodoxo, dentro de un contexto de prestigio competitivo. A través del compadrazgo los *gadjé* tratarán de apadrinar a todos los hijos de una misma familia para fidelizar clientelas. Sin embargo, aparecen diversas estrategias de unos y otros que desvirtúan en parte la tendencia más cerrada o exclusiva del patronazgo. Así, a diferencia de una sociedad de fijación señorial de la población, se da cierto margen de negociación y cambios en las relaciones de protección y servicio entre unos y otros. Influye el poder de cada familia *gadjé* frente al mercado. Pero, de un modo u otro, se juega siempre con una verticalidad política y económica (patronazgo) que trata de representarse hasta donde puede como horizontalidad simbólica (compadrazgo). El autor destaca la fuerza de esa apariencia, y diciéndolo con sus mismas palabras: ha actuado *una solidaridad interétnica expresada como* generosidad afectiva, *la cual ha debilitado, y en el peor de los casos desestructurado, los viejos lazos que vinculaban a las unidades familiares* spoitori *entre sí como una característica solidaridad intraétnica*.

La reciprocidad entre iguales queda desmentida porque no se trata de intercambios de dones puros sino de trabajos, ayudas, favores y protecciones que parten de desigualdades. Son acciones que implican una disponibilidad polimorfa, tanto en unos como en otros, pero prevaleciendo una jerarquía de poder que se percibe desde dentro y desde fuera. La hegemonía del patronazgo se revela sobre todo cuando un *spoitor* prefiere un *gadjé* antes que otro *spoitor* para que le saque de algún apuro.

El autor, en términos weberianos, habla de dominantes y dominados. Pero dentro de cada colectivo existen también diferenciaciones políticas y económicas notables. Los cargos institucionales marcarían en gran medida unas relaciones de poder entre los mismos patronos. De este modo nos hallaríamos en la fase del caciquismo en el que los cargos públicos se encuentran desempeñados por los mismos caciques, antes de que estos prefirieran valerse de intermediarios para ejercer su poder, tal como refleja el famoso estudio de Costa sobre la oligarquía y el caciquismo, estudio que puede ayudar a comprender mejor las relaciones de poder en comunidades locales.

Si por parte de los patronos y compadres *gadjé* se ofrece la remuneración bruta del trabajo en forma de diversas ayudas para las que se necesitan redes sociales y esferas de influencia, en contrapartida, los clientes y compadres *spoitori* se ofrecen para múltiples y variadas tareas domésticas y agrícolas, además de prestar lealtad y sumisión con su plena disponibilidad. En términos del derecho vivido por los protagonistas de la etnografía, los *spoitori* sintetizan la relación de patronazgo manifestando unos deberes morales positivos: *Tú ayudas y ellos* (los *gadjé*) *te cuidan.* Con esta expresión cualifican la acción positiva del patronazgo, que se quiere mostrar sin sus efectos de dependencia. Se trata de una normativa moral que postula un intercambio en el que la desigualdad queda neutralizada por el don de recursos propios que hace cada estamento. Los *spoitori* pueden *ayudar* con sus trabajos a diversas necesidades de los *gadjé*, mientras que éstos los *cuidan*. Los términos son muy significativos: ayudar es colaborar en una tarea que sin ser de la iniciativa *spoitor*, la requieren *los gadjé*, mientras que cuidar es prestar atención a las necesidades de quien está bajo protección. Así, por una parte, la remuneración salarial queda en gran medida disuelta en ayudas y disponibilidades para trabajos variadísimos, y por otra, en cuidados, también de diversa índole. De este modo, la relación contractual se transforma en un vínculo personal, a menudo personalísimo, por obra y arte de ese complejo instituido normativamente, aunque no reconocido por el Estado. Así se instituye el patronazgo. Que a diferencia de la necesaria «informalidad» que le atribuyó en un principio la Antropología, hay que reformularlo en términos de una mayor articulación o hasta fusión entre poderes fácticos y poderes instituidos por el Estado: tal cómo ya reflejaban los informantes de Joaquín Costa sobre el caciquismo.

En términos más generales, el estudio de Vallés explica cómo se produce históricamente una *integración interétnica* a partir de una *desintegración intraétnica*. Con ella, los *spoitori* pasan de ser considerados unos parias a ser tratados como clientes y aún parientes espirituales o adoptivos de los *gadjé* a través del compadrazgo (que a su vez realiza el padrinazgo de los hijos *spoitor*).

Con precisiones etnográficas, el autor da debida cuenta de la realidad compleja de este modelo de patronazgo instalado en la relación histórica entre los *gadjé* y los *spoitori*. Porque no se trata de un modelo de normatividad simple y constante, sino sujeto a ambigüedades y replanteamientos pragmáticos (incluyendo el cambio de patronos y compadres) que dependen de los incrementos y menguas de los capitales económicos, sociopolíticos y morales de cada relación. Al mismo tiempo, este patronazgo ha ido mermando la solidaridad y autoridad intraétnica entre los *spoitori*. Como concluye el autor: el patronazgo combinado con el compadrazgo entre *gadjé* y *spoitori, ha conllevado la fragmentación y competitividad entre las unidades familiares* spoitori *antes cohesionadas, quienes actualmente desconfían las unas de las otras y compiten por los recursos que se movilizan directamente a través del capital social del compadrazgo*.

El autor explica el surgimiento histórico reciente de este patronazgo. No es una tradición de larga duración histórica ni mucho menos. Lo causa la coincidencia que, en un momento dado de la historia social de Rumania, ocurre entre la demanda laboral de los *gadjé* (por la pérdida de sus anteriores trabajadores que en buena medida habían emigrado fuera del país) y la obligada (decretada) pérdida de los trabajos itinerantes de los *spoitori*. La competitividad en el interior del sector que demandaba trabajo halló en el patronazgo un modo eficiente de asegurar la continuidad de la prestación laboral, fidelizando a los trabajadores. La fijación de la mano de obra y la generalidad de sus prestaciones se pudo representar con el compadrazgo como un régimen de aparente reciprocidad; pero los hechos del patronazgo revelan constantemente la condición de subalternidad y dependencia de los *spoitori*. Como bien señala el autor, se ha creado un régimen sociopolítico caracterizado por un sistema de dependencia laboral que es también un sistema de control social. El precio de éste es la extensión de responsabilidades y deberes que están contenidos tanto en la idea de *ayudar* como en la de *cuidar*.

La investigación desgrana un proceso social de integración a través de una desintegración que afecta a todo el conjunto de normas y valores de la sociedad *spoitor*. La anterior cultura social de los *spoitori* se ha transformado perdiendo —obligados por el Gobierno— una vida económica más autónoma (itinerante), y perdiendo también su ritual pagano. Este último se transforma en cristiano precisamente por el recurso al compadrazgo, fundamental para las nuevas relaciones de patronazgo. En el bautizo, los padrinos *gadjé* y los ahijados *spoitori*, junto con sus familias, devienen hermanos de religión. Así, el ritual para el compadrazgo y padrinazgo produce una especie de apostasía que rubrica el vínculo de patronazgo.

Al mismo tiempo el autor atestigua la pérdida de autonomía jurídica de la sociedad *spoitor*: la desaparición de su propio poder judicial, el *Kris*, y su sustitución por arbitrajes y mediaciones realizados por sus patronos y compadres (no exentos a veces de coacciones como la de denunciar a la policía del Estado). De este modo, se produce un cuadro político de señores y facciones, propio de las sociedades de patronazgos o caciquismos, que han evocado a sus coetáneos algunas semejanzas con los regímenes señoriales.

Conviene recordar también que la cultura jurídica *spoitor*, como la de tantas sociedades *romanís* en general, ha sido de carácter vindicatorio, con procesos composicionales y determinadas penas o vindicaciones autorizadas como los ostracismos o expulsiones de los clanes reos de graves ofensas. El rastro del ordenamiento vindicatorio se ha ido perdiendo a medida que se ha ido ganando en integración social, y también jurídica, en la sociedad *gadjé*.

Puede sorprender que este libro, originariamente una tesis doctoral que es un trabajo típico de Antropología Social y Política proceda de una Facultad de Derecho. Pero no es nada extraño. Desde el Derecho surgió también gran parte de la Antropología y fueron juristas como Morgan, Maine o Bachofen quienes asentaron el campo del Parentesco y la estructuración social en relación con la evolución de las sociedades. Ocurrió a mediados del siglo XIX, en los albores de la Antropología Social, que para entonces tenía otras acepciones, como la de *Jurisprudencia comparada* (MAINE, MCLENNAN) que evidenciaba su clara filiación jurídica.

Ya hace algunas décadas que ERIC WOLF señaló la extraordinaria fragmentación de la Antropología social y cultural, alcanzando unos lenguajes «especializados» que dificultan enormemente la comunicación entre quienes todavía creen que tienen una tradición disciplinaria en común. Se trata de un fenómeno que acontece en la mayoría de las artes, letras y ciencias. La reunificación del Derecho con la Antropología, lo mismo que con las ciencias económicas y políticas, obviamente con la Sociología, y con la Filosofía, supone el mantenimiento de una objetividad común para la Antropología, una persistencia crítica en el conocimiento etnográfico y en los análisis basados en el conocimiento más universal de sociedades y culturas. Con ello constatamos una comunicación entre estudios que sigue siendo válida y que justifica la complementación de las disciplinas troncales en la enseñanza de la Antropología (Política, Jurídica, Económica, Parentesco, Simbólica, Religiosa). El ejercicio de la Antropología Social consiste en saber manejar todo el conjunto para desarrollar cualquiera de sus partes. Así es desde el periodo fundacional de Morgan y Maine, reforzado y consolidado con el desarrollo etnográfico de la época de Rivers y Malinowski. Pero cuando el ejercicio de la Antropología Social se encuentra minorizado en su misma área de conocimiento, damos la bienvenida a otras tradiciones disciplinarias, que, como el Derecho, vuelven a recuperar la integridad del conocimiento antropológico. Así es como se implanta en Facultades de Derecho una Antropología jurídica que es necesariamente Social. El libro de Marc H. Vallés muestra fehacientemente dicho empeño. Si en el pasado la aportación de los juristas fue decisiva para que surgiera y se desarrollara la propia Antropología Social, ahora sigue siendo relevante para conservarla como ciencia y filosofía de la variedad social.

Que este libro proceda pues de una tesis dirigida por José María Pérez Collados (docente de Antropología jurídica) y Tünde Mikes, desde la Historia del Derecho, significa, no sólo que algo ha estado cambiando en el Derecho, y mucho, sino también que lo ha hecho en la misma dirección que fundamentó la Antropología Social. En palabras de Pérez Collados (en *Ius fugit*, 26-27, p. 49-50, 2024) no puede entenderse la acción del Derecho y de toda normatividad en la vida de las personas si no se atiende a la *hondura y matices* de su impacto. Esta es una clara observación antropológica. También hay que tener en cuenta que ese objeto de la Antropología Jurídica y Social, procedente de etnografías y crónicas jurídicas, se detecta también con gran detalle e intensidad en ciertos relatos literarios. Eso ocurre porque *los conjuntos normativos que acompañan al Derecho y lo hacen posible, lo hacen silenciosamente, discretamente*, y resultan revelados más por verismos, realismos y hasta simbolismos literarios que por la jurisprudencia más estricta. De ahí el interés en contar con el arte y la literatura como revelación de verdades de afectación individual y social: donde a veces no llega la etnografía, llegan el arte y la literatura de modos insospechados. Este es un nuevo desafío para el Derecho y la Antropología. Con todo, la etnografía realista, acorde con la tradición antropológica de constante revisión crítica, sigue proporcionando los datos y los análisis de mayor referencia para la teorización en la Antropología Social.

La investigación de Marc H. Vallés muestra con singular ejemplaridad esta tarea de resurgimiento de la Antropología Social en el Derecho, hecha con un escrupuloso respeto hacia la autonomía de la disciplina antropológica. Es así como perfecciona un campo de estudio característico de la Antropología Social frente al Derecho y la Política, como es el del Patronazgo y Compadrazgo. Por ese esfuerzo, que está dando ése y más frutos, felicito efusivamente a todos los responsables de tan generosa aportación, desde una Facultad de Derecho, a una disciplina que a menudo no es objeto de tan buen trato en sus departamentos homónimos.

Ignasi Terradas Saborit

Catedrático emérito de Antropología Social (U. de Barcelona)

INTRODUCCIÓN

El interés académico por la población romaní ha crecido significativamente en las últimas décadas. Este aumento responde, en parte, a que los romaníes constituyen la minoría étnica más grande de Europa y, al mismo tiempo, la más discriminada según la EUROPEAN FUNDAMENTAL RIGHTS AGENCY (FRA)[1]. Sin embargo, el desconocimiento generalizado y los estereotipos negativos que los rodean persisten como un problema grave. En este contexto, se hace imprescindible investigar y producir conocimiento sobre estos pueblos, frecuentemente «olvidados» en términos de Luis Buñuel, o considerados como «gente sin historia» según Eric Wolf.

Un error común en el estudio de la población romaní ha sido tratarlos como un grupo homogéneo, cuando en realidad están conformados por una amplia diversidad de grupos y subgrupos con diferencias culturales significativas (PIASERE, 2005). El movimiento académico conocido como *Romani Studies* se ha enfocado en abordar esta diversidad, evitando simplificaciones y generalizaciones. Este enfoque subraya la importancia de estudiar las historias y experiencias locales situándolas en sus contextos sociales e históricos, pero sin perder de vista los procesos sociales globales que también las atraviesan (MORENO FELIU, 2014: 107).

La presente investigación busca contribuir a este campo mediante el análisis de la historia y experiencia de un subgrupo romaní localizado en el sudeste de Rumanía que cuyos miembros se autodenominan con el etnónimo «spoitor» (spoitori en plural). Este estudio responde a una necesidad epistemológica derivada de la escasa información disponible sobre dicho grupo. Sin embargo, lejos de limitarse a una descripción holística de aspectos como el parentesco, los sistemas de creencias o la justicia, esta investigación adopta un enfoque relacional y procesual. Busca mostrar que la identidad étnica no es esencial ni inmutable, sino que se encuentra en constante construcción, definida por las relaciones sociales y las dinámicas de poder que las atraviesan (GIMÉNEZ MONTIEL, 2002; HALL, 2003; RAMÍREZ GOICOECHEA, 2011; RESTREPO, 2012)

---

1 Los asuntos y reportes relacionados con la minoría romaní en Europa tratados por la FRA pueden consultarse en el siguiente repositorio web: https://fra.europa.eu/en/theme/roma

Desde esta perspectiva, la investigación conecta las experiencias subjetivas de los agentes sociales con las estructuras objetivas y las representaciones sociales en las que se enmarcan, considerando tanto los factores históricos como los contextuales. Además, analiza cómo los procesos de identificación influyen en las relaciones sociales, distinguiendo entre vínculos estables, basados en reciprocidad y solidaridad, y relaciones más esporádicas y competitivas que surgen con la erosión de un sentido compartido de identidad.

El primer objetivo es analizar el proceso de asentamiento e integración de un sector del subgrupo spoitor en la comuna rural de Grădiștea, Rumanía, durante y después del régimen comunista. Este proceso, iniciado con la sedentarización forzosa en los años 80, transformó las estructuras sociales y culturales de los spoitori, marcando un antes y un después en su estilo de vida itinerante, en sus procesos de identificación, en las estructuras tradicionales de autoridad y resolución de conflictos, así como en el acceso y distribución de los recursos socialmente valorados.

El segundo objetivo de esta investigación es analizar en profundidad el papel de la institución del compadrazgo interétnico en la reestructuración social e identitaria de las familias spoitori asentadas en la comuna de Grădiștea. Desde finales de los años 90, esta institución, impulsada por las familias *gadjé* mediante el bautismo de los hijos de sus jornaleros spoitori, ha operado como un mecanismo clave de integración interétnica.

El compadrazgo interétnico no solo ha permitido la creación de vínculos sociales entre familias *gadjé* y spoitori, sino que también ha configurado nuevas formas de autoridad y resolución de conflictos dentro de la comunidad spoitor. Además, ha reestructurado las dinámicas de acceso y distribución de recursos en un sentido amplio, estableciendo redes de reciprocidad que han transformado significativamente las relaciones sociales y económicas de los spoitori.

Sin embargo, este proceso de integración ha generado dependencias asimétricas que reproducen relaciones de dominación entre *gadjé* y spoitori. Mientras el compadrazgo fomenta, al menos aparentemente, la solidaridad y cooperación interétnica, también ha debilitado los lazos tradicionales dentro del subgrupo spoitor, erosionando formas de cohesión interna que anteriormente definían su organización social. Esta transformación ha dado lugar a un incremento de la desconfianza y competitividad entre las unidades familiares spoitori, evidenciando las tensiones subyacentes entre los procesos de integración y desintegración social.

Este trabajo demuestra que la integración de los spoitori a través del compadrazgo no solo ha transformado sus formas de organización e identificación, sino que también ha perpetuado relaciones de dominación mediante mecanismos sutiles, como la violencia simbólica. A través de esta investigación, se busca aportar una comprensión más profunda de cómo los procesos locales reflejan y reproducen dinámicas de poder más amplias, contribuyendo a un enfoque crítico dentro de los Romani Studies.

Para abordar estos objetivos, se ha llevado a cabo un trabajo interdisciplinario, integrando estudios etnográficos e históricos enmarcados en los Romani Studies, teorías antropológicas, sociológicas y jurídicas, y aportaciones de la psicología social. Asimismo, se realizó un trabajo de campo longitudinal en Grădiștea entre 2016 y 2019, con un total de 9 meses de observación participante y entrevistas semiestructuradas. Se entrevistó a 28 informantes spoitori y 19 informantes *gadjé*, proporcionando una visión comprensiva de las dinámicas interétnicas e intraétnicas en esta comunidad.

PRIMERA PARTE

EL ESTADO DE LA CUESTIÓN

1

BREVES APUNTES SOBRE LA POBLACIÓN ROMANÍ

El origen del pueblo romaní puede rastrearse al noroeste de la India, en una región marcada por conflictos y transformaciones constantes. Según DONALD KENRICK (1995), los primeros desplazamientos de esta comunidad ocurrieron alrededor del siglo III d.C., cuando la invasión del Shah de Persia, Ardashir, convirtió el norte de India en una colonia persa. Este acontecimiento llevó a que muchas personas emigraran hacia Persia en busca de estabilidad y nuevas oportunidades. Entre quienes se desplazaron, había agricultores, pastores, soldados, músicos y contables, un grupo diverso que comenzaba a formar una identidad colectiva.

La cuestión de su origen social ha generado debates. Algunos estudios sugieren que los romaníes provienen de castas inferiores de la India (SAN ROMÁN, 1997: 12), mientras que otros sostienen que podrían estar vinculados a los rajputs, una casta guerrera de alta posición social (RODRÍGUEZ, 2011: 54). Independientemente de esta controversia, las comunidades desplazadas compartían un idioma y tradiciones similares, lo que facilitó un proceso de integración social. Esto condujo a la adopción del término «Dom» como autodenominación, que más tarde evolucionaría al conocido «Rom» (KENRICK, 1995: 15)[2].

Con su llegada a Persia, los romaníes enfrentaron nuevos desplazamientos, especialmente durante el dominio árabe entre los siglos VII y IX. Según KENRICK (1995), muchas comunidades indias fueron trasladadas forzosamente

2 Sin embargo, no todas las teorías coinciden con esta narrativa. Según el historiador árabe Hamza de Ispahán, el monarca persa Bahram Gur solicitó al rey de India el envío de músicos para su corte, lo que habría provocado la migración de aproximadamente 12.000 personas. Estos músicos, conocidos como «Zott», serían considerados los ancestros de los romaníes (FRASER, 2005: 47; RODRÍGUEZ, 2011: 56-57). Otra teoría, basada en relatos como el Libro de los Yamin, sostiene que los romaníes abandonaron la India entre los siglos X y XI, tras incursiones militares que llevaron a la esclavización de familias completas (COURTHIADE, 2001: 11).

al Medio Oriente y asentadas en las orillas del río Tigris. En este contexto, los árabes las llamaron «Sott» o «Zott», un término que, como señala FRASER (2005), se aplicaba indistintamente a cualquier persona de origen indio, lo que genera cierta ambigüedad en su relación con los romaníes actuales.

Hacia el siglo IX, algunas de estas comunidades sufrieron deportaciones por parte del califa de Bagdad, siendo reubicadas en ciudades como Khaneikin y Ainzarba, en la frontera con el Imperio Bizantino. Aunque algunos grupos fueron posteriormente capturados por tropas bizantinas y trasladados a Grecia, no hay evidencia clara de que estas poblaciones hayan sobrevivido como un grupo cohesionado (KENRICK, 1995: 33).

A partir del siglo XIII, los romaníes comenzaron a dividirse en tres grandes grupos: los Dom, los Lom y los Rom (FRASER, 2005: 52; MARUSHIAKOVA & POPOV, 2001: 12). Los Dom se dirigieron al suroeste, hacia Siria, Palestina y Egipto, llegando incluso al norte de África. Los Lom, en cambio, se asentaron en el Cáucaso, desarrollando el dialecto *lomavren*, mientras que los Rom continuaron hacia Asia Menor y los Balcanes, desde donde se expandieron a Europa Central y Occidental (MARUSHIAKOVA & POPOV, 2001: 13).

La llegada de los romaníes a Europa se produjo gradualmente, con Constantinopla como uno de los puntos clave de paso. Según KENRICK (1995), llegaron atraídos por las oportunidades laborales y la facilidad de acceso a través del Bósforo. Algunos tomaron rutas hacia el norte, atravesando Tracia y Macedonia, mientras que otros se dirigieron hacia Grecia y más tarde hacia Europa Occidental. Este movimiento fue intensificado por eventos como la peste negra, la conquista de Constantinopla por los turcos y las incursiones de Tamerlán en el siglo XIV.

La migración del pueblo romaní no fue un trayecto lineal, sino un proceso lleno de adaptaciones a contextos hostiles. La llegada a Europa marcó el inicio de una nueva etapa en su historia, caracterizada por su marginalización, pero también por su resiliencia cultural. Este recorrido, desde los desplazamientos iniciales en la India hasta su asentamiento en Europa, no solo refleja su capacidad de adaptación, sino también las múltiples formas de exclusión que enfrentaron y que continúan siendo un desafío en la actualidad.

El pueblo romaní, en la actualidad, constituye una de las minorías étnicas más antiguas y numerosas de Europa. Se caracteriza por su diversidad cultural, lingüística y ocupacional, aunque comparte ciertos rasgos que definen su identidad colectiva (OPREA & MATACHE, 2021). Los romaníes se dividen en grandes grupos según regiones de asentamiento, como los Sinti, Manouche, Kale, Romanichals y Vlax Rom (PIASERE, 2004), y presentan variaciones internas relacionadas con ocupaciones tradicionales, lazos familiares, dialectos y afiliaciones religiosas (BARANY, 2002; MARUSHIAKOVA & POPOV, 2013). A pesar de esta heterogeneidad, la historia común de exclusión, persecución y marginalización ha unido a estas comunidades desde su llegada a Europa entre los siglos XIV y XV (MIRGA & GHEORGHE, 1997; GUY, 2001; LIÉGOIS, 1994).

A lo largo de los siglos, los romaníes han enfrentado asimilación forzada, genocidio, discriminación sistemática y exclusión social. Estas prácticas no respondieron a un patrón uniforme, sino que variaron según las particularidades geográficas e históricas de cada región (PIASERE, 2018). Esta historia de opresión ha sido moldeada por la construcción del romaní como «el Otro», una figura exótica, temida y marginada por las sociedades dominantes europeas.

La percepción del pueblo romaní en la sociedad *gadjé* (no-romaní) ha estado marcada por estereotipos negativos que desdibujan su diversidad cultural. Desde su llegada, los romaníes fueron vistos como ajenos, irreductibles a las categorías sociales de las sociedades europeas. Caracterizados por su piel oscura, estética particular y vida itinerante, pronto se les asignaron atributos que los diferenciaron de manera peyorativa (LIÉGOIS, 1987). Este proceso de construcción de alteridad resultó en su clasificación como «gitanos» —un término que, aunque ampliamente conocido, está cargado de connotaciones negativas y se vincula con la criminalidad, la vagancia y el primitivismo— (BURTEA, 2016; FILIGRANA, 2020; HANCOCK, 2021).

La representación de los romaníes como una categoría homogénea redujo su compleja y diversa identidad cultural bajo etiquetas impuestas desde fuera. JENKINS (1994) distingue entre «grupo», que hace referencia a una comunidad con identidad propia y autodefinida en sus propios términos, y «categoría», una construcción externa que responde a dinámicas de poder. Los romaníes fueron reducidos a la categoría de «gitanos» mediante un proceso que los desvinculó de su riqueza cultural y los asoció con imágenes negativas.

Desde el siglo XV, estos estereotipos se emplearon para justificar medidas de exclusión y represión. Políticas de expulsión, segregación y exterminio se sustentaron en imaginarios que representaban a los romaníes como vagabundos, mendigos y traidores. Este discurso marginalizante se reforzó con la llegada de la Ilustración, cuando se les otorgó el estatus de sujetos jurídicos, pero se negó el reconocimiento de su identidad cultural, intensificando su marginación (BOTEY, 1970). En el siglo XIX, teorías raciales y criminológicas reforzaron estas percepciones, clasificando a los «gitanos» como una raza inferior y asociándolos con el desorden social y la criminalidad (GARCÍA SANZ, 2017). Estas ideas culminaron en el genocidio nazi, que utilizó dichas teorías para justificar la exterminación sistemática del pueblo romaní (ACHIM, 1998).

A pesar de los avances políticos y jurídicos en favor de las minorías, los romaníes siguen enfrentando exclusión y discriminación. La Unión Europea reconoce que, incluso en la actualidad, la categoría de «gitano» continúa vinculada a estigmas negativos que afectan tanto sus oportunidades de integración social como su autoestima (UNGARETTI & MÜLLER, 2018). Estas barreras no solo se manifiestan en los prejuicios sociales, sino también en la persistencia de estructuras históricas que perpetúan su marginación.

2

IDENTIDAD Y PODER COMO EJES PARA EL ANÁLISIS

La identidad, como fenómeno psicosocial, ha sido ampliamente debatida en las ciencias sociales debido a su complejidad y relevancia para comprender las dinámicas individuales y colectivas. Aunque algunos académicos, como BRUBAKER y COOPER (2000), cuestionaron su utilidad por considerarla un concepto ambiguo, sigue siendo una categoría fundamental para analizar las relaciones sociales y los procesos de interacción. En palabras de BAUMAN, la identidad es una herramienta clave para enfrentar la incertidumbre sobre el lugar que ocupamos en la sociedad y cómo somos percibidos por los demás: «Pensamos en la identidad cuando no estamos seguros del lugar al que pertenecemos [...] "Identidad" es un nombre dado a la búsqueda de salida de esa incertidumbre» (2005: 41). Este concepto, aunque dinámico y contextual, permite comprender tanto las experiencias individuales y colectivas como las estructuras sociales más amplias.

Históricamente, la identidad fue entendida como una cualidad intrínseca, universal y estática, desconectada del entorno social y cultural (NAVARRETE-CAZALES, 2015). Esta perspectiva esencialista, que predominó durante siglos, concebía al individuo como una entidad autónoma e inmutable. Sin embargo, a finales del siglo XIX, William JAMES introdujo el concepto de *self*, marcando un cambio de paradigma al vincular la identidad con el contexto social. Posteriormente, autores como COOLEY (2005) y MEAD (1972) ampliaron esta idea, destacando que la identidad no es un rasgo preexistente, sino un producto de las relaciones sociales. Este enfoque rompió con la visión esencialista al reconocer la identidad como un proceso dinámico y relacional, mostrando como la autoconcepción que una persona tiene de sí misma, esto es el *self*, es construida en relación continua con el entorno social (JENKINS, 2004).

En la actualidad, la identidad se comprende como una construcción social que emerge de la interacción entre individuos y grupos en contextos históricos y culturales específicos. Las categorías sociales producidas por las sociedades no solo organizan el entorno social, sino que también moldean cómo las personas se definen a sí mismas y a los demás (GROSSBERG, 2003; RAMÍREZ GOICOECHEA, 2011). Estas categorías, lejos de ser neutras, reflejan relaciones de poder y desigualdad, condicionando las percepciones, conductas y oportunidades de quienes las experimentan.

La identidad étnica, por ejemplo, ha sido analizada desde diversas perspectivas, destacando tres enfoques principales. El esencialismo considera que la identidad étnica es una cualidad inherente y estática, definida por rasgos culturales inmutables como la lengua, las tradiciones y los valores, así como por vínculos biológicos o de ascendencia común (RAMÍREZ GOICOECHEA, 2011; VALLÉS, 2019). Esta perspectiva, defendida por autores como GEERTZ (1983), asume que los grupos étnicos son homogéneos y autosuficientes, perpetuándose de forma autónoma sin necesidad de interacción con otros grupos. Por el contrario, el instrumentalismo, desarrollado por BARTH (1976), plantea que la identidad étnica es un fenómeno social que surge de la interacción entre grupos. Según este enfoque, las identidades se construyen y manifiestan a través de fronteras simbólicas, y no por un repertorio fijo de rasgos culturales. Las identidades, en esta línea, son dinámicas y adaptativas, construidas estratégicamente en función de los contextos específicos.

Más allá de estas posturas, el enfoque relacional o integral propone una síntesis que reconoce la naturaleza dinámica y procesual de la identidad, pero también su anclaje en condiciones históricas, culturales y materiales que la limitan y condicionan (GIMÉNEZ MONTIEL, 2002; HALL, 2003). Las identidades se configuran mediante la diferenciación con «el otro», al tiempo que refuerzan la pertenencia y solidaridad dentro del grupo. Además, están atravesadas por relaciones de poder que generan jerarquías y desigualdades, destacando la tensión entre autoidentificación (cómo los grupos se perciben a sí mismos) y heteroidentificación (cómo son percibidos por otros) (RAMÍREZ GOICOECHEA, 2011; RESTREPO, 2012). Esta complejidad permite comprender la identidad no como una esencia fija, sino como un proceso en constante construcción y negociación en el marco de unas condiciones estructurales dadas en un contexto determinado.

En este marco, es posible distinguir distintos niveles de identidad, desde la individual hasta la colectiva y la institucional, cada uno de ellos interconectado y en constante interacción.

La identidad individual, aunque se refiere a la unicidad de cada persona, está socialmente construida a través de la interacción y la experiencia. GIMÉNEZ MONTIEL (1997) plantea que la identidad individual se compone de tres elementos esenciales: la pertenencia a grupos sociales, los atributos identificadores como hábitos y actitudes que, aunque parecen biológicos, son construcciones sociales, y una narrativa biográfica única que recoge la trayectoria vital del individuo. Este proceso de construcción identitaria se desarrolla en la interacción social, donde convergen las definiciones internas que una persona tiene de sí misma (autoidentificación) y las externas que los demás le atribuyen (heteroidentificación) (CHIHU, 2002). Aunque la socialización primaria desempeña un papel clave en la formación inicial de la identidad, esta continúa transformándose a lo largo de la vida, en un proceso continuo y dinámico que integra la percepción propia con la mirada de los otros (BERGER y LUCKMANN, 2015).

En cuanto a las identidades colectivas, son construcciones sociales compartidas que permiten a los individuos situarse en grupos y categorías con la finalidad de diferenciarse de otros (PIQUERAS, 1996; VILLORO, 1998). Estas identidades se construyen en relación con un «Otro», a través de un proceso de autoidentificación y heteroidentificación, donde los grupos definen a sí mismos y a los demás en contraste (RAMÍREZ GOICOECHEA, 2011). JENKINS (1994, 2004) distingue entre identificación grupal, que surge del reconocimiento interno de los miembros de un grupo como parte de una colectividad, y categorización social, que es una construcción externa impuesta por otros agentes. Estas categorizaciones, atravesadas por relaciones de poder, pueden legitimar desigualdades y afectan tanto a la percepción interna como a la externa de los grupos (JENKINS, 2004; MORENO FELIU, 2014; PIQUERAS, 1996). Además, las instituciones, como el Estado, juegan un papel clave en la producción y legitimación de estas identidades mediante censos, políticas y registros que categorizan a la población y establecen relaciones jerárquicas de exclusión e inclusión (JENKINS, 2004).

Por último, las identidades institucionales se generan a partir de patrones de comportamiento establecidos que organizan la vida social a través de roles, normas y expectativas (BERGER y LUCKMANN, 2015; JENKINS, 2004). Estas identidades, aunque materializadas en roles asignados a los individuos, también reflejan y reproducen relaciones de poder. PIERRE BOURDIEU (2018) introduce el concepto de violencia simbólica para describir cómo las instituciones legitiman la dominación inculcando esquemas de percepción que los dominados aceptan como naturales.

La relación entre identidad y poder es fundamental para entender cómo las personas y los grupos sociales se posicionan y organizan en el entramado social. La categorización, como señala GOFFMAN (2015), no es un proceso neutral, sino una herramienta que refleja jerarquías de poder y afecta tanto la percepción externa como el autoconcepto de los individuos. Según FOUCAULT (2019), las relaciones de poder no se limitan a las instituciones formales, sino que operan de manera difusa en todos los niveles de la sociedad. Las categorizaciones sociales, al ser producidas por discursos dominantes, no solo clasifican y excluyen, sino que también intervienen en la vida cotidiana, moldeando las prácticas, percepciones y experiencias de los individuos y grupos. Estas dinámicas de poder, lejos de ser unidireccionales, también abren espacios para la resistencia y la resignificación, permitiendo a los grupos desafiados redefinir su lugar en la sociedad (RESTREPO, 2012). Por tanto, las identidades no solo reproducen las estructuras sociales existentes, sino que también ofrecen posibilidades de transformación y cambio. Esta intersección entre identidad y poder subraya su importancia como herramienta analítica para comprender las jerarquías y desigualdades que estructuran la vida social.

3

NOTAS SOBRE LA METODOLOGÍA DE INVESTIGACIÓN EMPLEADA

Este estudio, en gran medida, ha sido posible llevarlo a cabo gracias a la obtención de información de primera mano mediante el trabajo de campo. Por esta razón, antes de indicar los métodos de investigación empleados, es necesario contextualizar la ubicación, el contexto y el grupo de pertenencia cultural de los informantes.

El estudio se llevó a cabo en la comuna de Grădiștea, ubicada en el Condado de Brăila, Región de Muntenia, Rumanía. Las comunas, el nivel más bajo de división administrativa del país, se componen de pequeñas aldeas rurales (sat). Grădiștea, con 6416 hectáreas, incluye las aldeas de Grădiștea, Ibrianu y Maraloiu. Aunque la reconstrucción histórica de esta comuna es limitada, testimonios locales sugieren que su origen se remonta a antes del siglo XIX, cuando pastores provenientes de Vrancea se establecieron en la zona atraídos por los pastos fértiles junto al río Buzău. El nombre «Grădiștea» deriva de *gradiste*, que significa «elevación formada por la erosión de un río». La comuna de Grădiștea está compuesta mayoritariamente por casas unifamiliares, cada una con terrenos de cultivo de extensión variable. La única excepción es un bloque de pisos de cuatro plantas construido durante el régimen comunista. Esto refleja que la investigación se desarrolló en una comunidad pequeña, caracterizada por relaciones directas y personales, donde todos los miembros se conocen entre sí (PUJADES & MUÑOZ, 2010: 80).

El Condado de Brăila, situado en la baja Llanura de Baragan, posee condiciones ideales para la agricultura, la principal actividad económica de la región, centrada en el cultivo de cereales como trigo, maíz y semillas de girasol. En la comuna de Grădiștea, la actividad económica (2017-2020) incluye siete empresas agrícolas. Las familias locales, en general, poseen tierras fértiles divididas en dos partes: una destinada al autoabastecimiento y otra arrendada a empresas agrarias.

Según el último censo demográfico realizado por el Instituto Nacional de Estadística de Rumanía en 2011, la población total de la comuna de Grădiştea era de 2.308 personas. En términos de afiliación religiosa, el 96,14 % se identificaba como cristiano ortodoxo, el 3,42 % no especificaba su religión y solo el 0,43 % practicaba otras confesiones. Respecto a la composición étnica, el 86,13 % de la población se consideraba «rumana», el 10,44 % «roma» y el 3,42 % no declaró su pertenencia étnica. Un censo informal realizado en 2015, según el alcalde de la comuna (en el cargo desde 1990), estimó una población total de 2.280 habitantes, de los cuales aproximadamente 420 eran de etnia romaní, representando el 18,42 % del total. Este aumento en la proporción de la población romaní responde a dos factores: la alta tasa de mortalidad entre la población no romaní *(gadjé)*, en su mayoría anciana, y la elevada tasa de natalidad de las familias romaníes. Toda la población romaní de la comuna reside en la aldea principal de Grădiştea, mientras que las aldeas de Ibrianu y Maraloiu no cuentan con habitantes de esta etnia.

Los romaníes de Grădiştea, sin considerar a aquellos que se asimilaron cultural e identitariamente, se autoidentifican como miembros del grupo romaní spoitor. Los spoitori han sido clasificados lingüísticamente dentro del grupo dialectal de los Balcanes (Marushiakova & Popov, 2013) y se definen como un subgrupo romaní cuya ocupación tradicional consistía en la limpieza de calderos de cobre (Achim, 1998; Petcut, Sandu & Grigore, 2003). Según Vasile Burtea (2016), este grupo combinaba su actividad tradicional con un estilo de vida itinerante, utilizando carros y obteniendo recursos mediante el intercambio de servicios con la población establecida. Sin embargo, a partir de 1968, una gran parte de ellos comenzó a dedicarse a la agricultura, mientras que solo el 7 % mantuvo su ocupación tradicional. Aunque existen algunas referencias, la información etnográfica y literaria sobre la comunidad spoitor sigue siendo escasa. Por ello, esta investigación no pretende extrapolar los resultados obtenidos a todo el grupo que se identifica como spoitor, sino que se limita a analizar un contexto geográfico, histórico y social específico.

El contacto previo con la población rumana fue clave para iniciar el trabajo de campo, permitiendo familiarizarse con el grupo, mostrar interés por su cultura y, simultáneamente, aprender el idioma rumano. Este aprendizaje, considerado por Bernard (1995) como una de las cualidades esenciales del etnógrafo, facilitó significativamente el acceso a la comunidad, la realización del trabajo de campo y la interpretación de los datos recopilados. Además, la relación personal con personas locales ofreció la oportunidad de planificar el trabajo de campo en estancias cortas distribuidas a lo largo del tiempo, adaptadas a la situación profesional. Gracias a estos contactos y al alojamiento proporcionado por ellos, se logró un enfoque longitudinal, con períodos intermitentes de trabajo entre 2016 y 2019, mayoritariamente en épocas vacacionales como Navidad, Semana Santa y los meses de verano. En total, se acumularon 9 meses de investigación en terreno.

Este enfoque de trabajo de campo presentó varias ventajas significativas. En primer lugar, permitió un acceso gradual a los niveles de significación implícitos en los procesos culturales (SCHEPER-HUGHES, 1997). Además, redujo la reacción inicial del grupo romaní ante la presencia del investigador, facilitando una normalización de su integración dentro del grupo. Asimismo, fue posible establecer un «padrinazgo informal» (HAMMERSLEY & ATKINSON, cit. por FERRÁNDIZ, 2011) gracias a un miembro de la población local, quien actuó como mediador y principal puerta de acceso. Esto resultó fundamental para construir relaciones de confianza y respeto mutuo con los miembros del grupo romaní (FERRÁNDIZ, 2011: 54). La investigación fue evolucionando de manera flexible, ajustándose a medida que surgían oportunidades para viajar a Rumanía y pasar tiempo en el lugar de estudio. Este enfoque permitió que el diseño se adaptara completamente al contexto específico de la comunidad donde se llevó a cabo la etnografía. Las dos técnicas cualitativas empleadas fueron la observación participante y las entrevistas.

El objetivo principal de la investigación era sumergirse en la vida cotidiana de los miembros de la comunidad romaní, participando activamente en las situaciones sociales y compartiendo tiempo con ellos. Solo de esta manera sería posible comprender los elementos culturales, la racionalidad con la que actuaban como actores sociales y el sentido que daban a sus acciones (FERRÁNDIZ, 2011; PUJADES & MUÑOZ, 2010). Esta presencia prolongada durante los tres años en diversas etapas permitió obtener un conocimiento profundo e intuitivo de la cultura estudiada, lo que más tarde facilitó la atribución de significados precisos y fieles a las acciones sociales observadas en contextos específicos.

En una primera fase del trabajo de campo, se optó por la observación participante, considerándola el método más adecuado para establecer relaciones de empatía con los miembros spoitori, mejorar la calidad y accesibilidad de los datos y trabajar directamente en el entorno donde se desarrollaba la vida cotidiana (SANMARTÍN, 2003: 51), lo que permitió profundizar en las relaciones sociales (FERRÁNDIZ, 2011: 87). Además, al no ser un método intrusivo, se consideró el más adecuado para comenzar la investigación con los spoitori (TAYLOR & BOGDAN, 1992).

Es importante señalar el impacto de la condición de extranjero del investigador. Inicialmente, los miembros de la comunidad spoitor se mostraron sorprendidos e incrédulos ante la investigación, especialmente al conocer que serían el foco principal del estudio y que la observación participante en su comunidad tenía gran valor. La comunidad rumana también reaccionó con escepticismo, cuestionando el interés de una persona extranjera por estudiar a la población romaní de su pueblo. En algunos casos, hubo confusión, y algunos spoitori llegaron a pensar que la investigadora pertenecía a la Administración, mostrándose preocupados y mostrando sus documentos de identidad por temor a ser deportados. Estas reacciones, junto con las relaciones interétnicas, serán analizadas más a fondo a lo largo de la investigación.

A pesar de estos desafíos, ser extranjero facilitó el acceso en muchas ocasiones. Sin embargo, gran parte de este acceso fue posible gracias a la persona rumana que actuó como «gatekeeper» (intermediario clave) para acceder a la comunidad romaní. Dada la relación previa de la investigadora con esta persona y su influencia dentro de la comunidad, el acceso fue más fluido. Este intermediario comprendió desde el inicio los objetivos de la investigación y el interés por observar y entrevistar al grupo spoitor. Además, la relación previa con varias personas rumanas en el pueblo y el aprendizaje del idioma durante los primeros años antes del trabajo de campo ayudaron a consolidar la legitimidad y la calidad de la investigación. Estar previamente en Grădiştea también permitió observar y entrevistar a los miembros de la comunidad spoitor sin enfrentar problemas para obtener su consentimiento. Cuando se inició la observación participante, se explicó claramente el propósito de la investigación, se garantizó la anonimización de los datos y se aseguró que se usarían pseudónimos. También se les informó que podían retirar su consentimiento en cualquier momento y dejar de participar. Durante el trabajo de campo, ningún miembro spoitor se negó a que la investigadora participara en sus actividades diarias.

Dentro de la observación participante, se empleó la modalidad de observación participante moderada y no activa, lo que significa que, aunque la investigadora participaba en las actividades del grupo spoitori, su participación era limitada y ocasional, y los miembros de la comunidad eran plenamente conscientes de su presencia (Ferrándiz, 2011: 85). Entre las actividades en las que se participó destacan: apoyar a las mujeres spoitori en las compras diarias, compartir tiempo con los hombres spoitori en el bar tras su jornada laboral, comer pipas al aire libre frente a sus casas con mujeres, hombres, niños y niñas de la comunidad, compartir las comidas o cenas en algunas casas de miembros spoitor, asistir a fiestas de bautizos o bodas de la comunidad y ayudar de forma espontánea en tareas domésticas o agrícolas. Para registrar la observación, se utilizó el método tradicional del cuaderno de campo (Sanmartín, 2003: 75). En este diario se anotaban los sucesos observados, la información proporcionada por los informantes durante encuentros informales e inesperados, así como las ceremonias presenciadas. El diario de campo resultó ser una herramienta fundamental durante los 9 meses de observación y trabajo de campo, ya que permitió registrar reflexiones sobre el proceso de investigación, además de notas descriptivas y etnográficas sobre las experiencias diarias.

En una segunda fase de la etnografía, se optó por las entrevistas, específicamente por las entrevistas semiestructuradas en profundidad, así como por entrevistas informales y colectivas, tanto a miembros del grupo spoitor como a *gadjé* rumanos. Mientras que la observación participante permitía conocer lo que decían y hacían los miembros de la comunidad spoitor, las entrevistas ofrecían la oportunidad de profundizar más allá de lo que se había presenciado en el trabajo de campo inicial (Roca i Girona, 2010: 89). Además, uno de los objetivos del trabajo era generar conocimiento que involucrara un rol activo y colaborativo por parte de los participantes, lo que hizo que las entrevistas fueran esenciales para lograr este objetivo.

Las entrevistas semiestructuradas en profundidad permitieron mantener un ritmo organizado sin forzar las relaciones sociales ni el campo cultural, a la vez que facilitaban el acceso a temas culturales que no se habrían podido explorar de otro modo. Para las entrevistas con los spoitori, el contacto previo con muchos de los miembros del grupo fue un factor clave que facilitó la etnografía. La dinámica habitual de las entrevistas era la siguiente: se les explicaba el interés de profundizar en aspectos observados durante la participación en su vida cotidiana, se les informaba de que la entrevista sería anónima, confidencial y grabada, y se les pedía su consentimiento para realizarla. El respeto al anonimato fue fundamental durante todo el proceso. En ningún momento se presionó a los miembros spoitori para que participaran ni para que respondieran todas las preguntas, y se les dejaba claro que podían abstenerse de contestar cualquier pregunta o abandonar la entrevista en cualquier momento.

En esta segunda fase de la etnografía, también se utilizó una técnica de compensación. Como apunta FERRÁNDIZ (2011: 104), mientras que la persona investigadora espera obtener ciertos datos de los participantes, también es común que los miembros de la comunidad esperen alguna compensación material o simbólica de un investigador externo, y en este caso, extranjero. En esta investigación, la compensación se ofreció mediante bienes que los miembros de la comunidad consideraban valiosos, tales como cajas de tabaco, dinero, cerveza o comida, ya que la colaboración que ofrecían a menudo representaba una parte significativa de su tiempo (ROCA I GIRONA, 2010).

Asimismo, durante los 9 meses de trabajo de campo, se llevaron a cabo entrevistas informales, es decir, conversaciones espontáneas que surgieron de forma fortuita con miembros de la comunidad spoitor. Estas entrevistas informales también se utilizaron como fuentes valiosas de datos, ya que permitieron acercarse y profundizar en la complejidad de las situaciones etnográficas (PUJADES & MUÑOZ, 2010: 84).

Además, no todas las entrevistas fueron individuales. También hubo entrevistas colectivas, que surgieron de manera improvisada y facilitaron la discusión y el intercambio de diferentes puntos de vista. Estas entrevistas colectivas fueron una excelente oportunidad para conocer la diversidad de perspectivas sobre temas polémicos y las variadas interpretaciones de una misma realidad (FERRÁNDIZ, 2011; PUJADES & MUÑOZ, 2010; ROCA I GIRONA, 2010). Estas entrevistas no fueron planificadas intencionalmente, sino que, en ocasiones, cuando la entrevista se realizaba en la residencia de un miembro spoitor, otros familiares, vecinos o amigos de la comunidad se unían, dando lugar a entrevistas grupales. En este tipo de entrevistas, la investigadora desempeñó un papel más moderador, facilitando la discusión y guiando la conversación. Los grupos variaban en tamaño, de entre 4 a 8 personas, y aunque todos participaban, lo hacían en diferentes medidas. Se trató de seguir el protocolo de las entrevistas semiestructuradas, aunque el desarrollo de la conversación fue más espontáneo y natural.

Se entrevistaron un total de 28 miembros de la comunidad spoitor y 19 miembros *gadjé*, con el objetivo de reflejar la diversidad de ambos grupos en relación con el tema de estudio. La selección de los participantes fue intencional, con el criterio de captar la máxima variedad de experiencias, roles y perspectivas dentro de la comunidad, sin pretender generalizar los resultados de forma estadística (Flick, 2015). Para ampliar la muestra, se utilizó la técnica de «bola de nieve», en la que los participantes iniciales sugerían a otras personas para ser entrevistadas (Patton, 2002). La muestra fue considerada representativa dentro del contexto específico de la investigación, y el tamaño muestral se determinó mediante el criterio de saturación, es decir, cuando las entrevistas ya no aportaban nueva información relevante (Glaser & Strauss, 1967).

Para las entrevistas, se utilizó un guion semiestructurado basado en la literatura previa, con la flexibilidad de permitir que emergieran otros temas durante la conversación. Este enfoque combinaba un contenido analítico inductivo y deductivo, abordando tanto cuestiones preestablecidas como nuevas (Roca i Girona, 2010: 92). Las entrevistas con los miembros spoitori se centraron en temas como su autodefinición frente a otros grupos, su estilo de vida y sustento previo al asentamiento en Grădiștea, y las relaciones con los *gadjé* y las instituciones locales antes y después de su llegada a la comuna. En las entrevistas con los *gadjé*, se exploraron temas como su relación con los spoitori antes y después de su asentamiento, el apadrinamiento de niños spoitori y las dinámicas de intercambio y trato con ellos.

Las entrevistas fueron confidenciales y los participantes fueron informados de su derecho a abandonar la entrevista o no responder a preguntas en cualquier momento. En general, las entrevistas se realizaron en un ambiente de confianza, lo que permitió obtener una gran diversidad de perspectivas y narrativas sobre las relaciones interétnicas y las experiencias vividas por los spoitori y *gadjé* en Grădiștea.

Tabla 1. Clasificación de entrevistados *gadjé* según su estatus socioeconómico

Clases de compadres *gadjé*	Número de entrevistados
Grandes propietarios con cargo institucional	1
Grandes propietarios sin cargo institucional	3
Pequeños propietarios con cargo institucional	3
Pequeños propietarios sin cargo institucional	12

Las entrevistas se llevaron a cabo entre junio de 2016 y diciembre de 2019. Los lugares fueron seleccionados por los propios entrevistados, y variaron entre el bar, sus casas y el lugar de estancia de la persona investigadora, con el objetivo de asegurar que los participantes se sintieran cómodos y a gusto (ROCA I GIRONA, 2010: 97). Las entrevistas tuvieron una duración de entre una hora y dos horas y media. El análisis de los datos cualitativos se realizó manualmente, después de codificar la información en diversas dimensiones, algunas preestablecidas y otras emergentes durante el proceso.

Tabla 2. Clasificación de entrevistados según el género

	Número de entrevistas a hombres	Número de entrevista a mujeres
Spoitori	13	15
Gadjé	13	6

En resumen, el trabajo de campo prolongado permitió el uso de diversas técnicas de investigación, lo que resultó en una amplia gama de datos. La observación participante y las entrevistas, como principales métodos, no solo facilitaron la observación de hechos, actitudes y su valor (SANMARTÍN, 2003), sino que también permitieron una comprensión profunda de los fenómenos sociales desde el interior, analizando tanto las experiencias individuales y grupales como las interacciones y comunicaciones en el momento en que ocurrían (FLICK, 2015: 12-13).

SEGUNDA PARTE

LOS ROMANÍES COMO EL «OTRO» DE RUMANÍA: LA CONSTRUCCIÓN DEL *ŢIGAN* A TRAVÉS DE LA HISTORIA

4

«ȚIGAN» COMO SINÓNIMO DE «ESCLAVO»: EL RÉGIMEN DE ESCLAVITUD EN LOS PRINCIPADOS RUMANOS

Existe constancia documental que certifica que la población romaní se hallaba presente en los principados de Valaquia y Moldavia, actuales territorios de la nación rumana, desde la segunda mitad del siglo XIV (ACHIM, 1998: 1). Pese a ser principados distintos, Valaquia y Moldavia compartieron un desarrollo político y socioeconómico muy similar, influido por su proximidad y su condición nominal de vasallos del Imperio Otomano desde el siglo XVI hasta cerca de 1860 (CROWE, 2016: 108-109). Este vasallaje implicaba, sobre todo, obligaciones tributarias, permitiendo a ambos una considerable autonomía en asuntos internos (MARUSHIAKOVA & POPOV, 2009: 89).

Los primeros registros oficiales de la presencia romaní datan de 1385 en Valaquia y de 1428 en Moldavia (ACHIM, 1998: 10), como consta en las escrituras de donación de romaníes emitidas por los príncipes Dan I y Alejandro el Bueno a favor de los monasterios de Tismania y Bistrita, respectivamente (ACHIM, 1998: 13-14; CROWE, 2010: 107; SANDU, 2010: 4-5). Con el tiempo, esta práctica de donación se hizo común, creando una capa social de romaníes en condición de esclavitud, ligados a monasterios y nobles y considerados como bienes patrimoniales, sujetos a compraventa, cambio, legado o hipoteca (ACHIM, 1998: 13; BECK, 1989: 55; KENRICK, 1998: 138). No obstante, como límite, los amos no podían acabar con la vida de sus esclavos de forma arbitraria y en caso de homicidio premeditado podían ser condenados a muerte (MARUSHIAKOVA & POPOV, 2009: 96)

Hasta su abolición, la regulación jurídica de la esclavitud fue compleja y cambiante. Existían normativas distintas y específicas para los hombres libres, los esclavos romaníes y las relaciones entre estos últimos y los hombres libres que no fueran sus amos (ACHIM, 1998: 55). El estatus legal de los esclavos se estableció en la «Ley de esclavos» o *Holopskim Pravom*, mencionada por primera vez en Moldavia en 1470 bajo el gobierno de Stefan cel Mare (Marushiakova & Popov, 2009: 96)[3]. Desde el siglo XVII se recurriría también a la Ley Bizantina[4], con documentos bizantinos traducidos al rumano, aunque en la práctica seguía prevalecía el derecho consuetudinario (Sandu, 2010: 4; Petcut, 2003: 39).

Los esclavos romaníes se clasificaban en dos grupos según su estilo de vida: sedentarizados y seminómadas. Estos últimos residían en las haciendas de sus amos durante el invierno y viajaban en verano buscando oportunidades económicas mediante oficios como la artesanía y la herrería, aunque podían ser llamados de regreso en cualquier momento (Achim, 1998: 53). A partir de la segunda mitad del siglo XVIII inició su sedentarización y vinculación a tareas agrícolas, lo cual aceleró su asimilación cultural (Achim, 1998: 52-58).

También fueron clasificados según el estatus sociojurídico del amo, es decir, según si pertenecían al príncipe (Corona real), a los monasterios o a los nobles boyardos. Y, para mayor complejidad, existía cierta correlación entre esta clasificación y las ocupaciones tradicionales desarrolladas por los diferentes subgrupos de romaníes (Cipian, 2021: 69).

La primera categoría de esclavos romaníes consistía en aquellos pertenecientes al príncipe o a la Corona. Los seminómadas, que eran la gran mayoría, debían pagar un impuesto anual a la tesorería de la Corte, mientras que los esclavos sedentarizados realizaban labores domésticas para ella (Necula, 2012: 6; Marushiakova & Popov, 2009: 93-94). Los seminómadas se clasificaban además según su ocupación: *rudari* (auríferos), *ursari* (domadores de osos), *lingurari* (fabricantes de utensilios de madera) y *laiesi* (herreros, albañiles, fabricantes de peines) (Achim, 1998: 4; Fraser, 2005: 225-226). Dentro de estos grupos surgieron otros subgrupos ocupacionales, tales como los *carbunari* (quemadores de carbón); *blidari* (fabricante de utensilios de cocina); *vinzatori* (vendedores de flores); *chiparci* (cesteros); *vrijatoari* (adivinadores); *cvaci* o *ferari* (herreros); *pescari* (pescadores); *costarari* (trabajadores de metales); *calderari* (fabricantes de calderos); *kalderash* (forjadores de cobre) y *spoitoreasi* (lavadores de calderos), reflejando las dinámicas económicas de la sociedad rumana medieval y moderna (Achim, 1998: 34; Crowe, 2016: 22-123; Hancock, 2012: 19-20).

La segunda categoría incluía a los esclavos de los monasterios, subdivididos en sedentarios *(vatrasi)* encargados de tareas domésticas *(ţigani de curte)* y agrícolas *(ţigani de camp)*, y seminómadas, como los *laiesi*, quienes debían pagar impuestos anuales a sus amos (Crowe, 2016: 109; Marushiakova &

3 Las leyes de esclavos regulaban sus obligaciones respecto a sus amos y la Corona, así como las sanciones por su incumplimiento de éstas y las reglas básicas dirigidas a las autoridades responsables de juzgar estos casos (Achim, 1998: 6).

4 A modo de ejemplo de algunos documentos legislativos: «Pravila de la Govora» (Libro de la Ley de Govora) de 1640 en Valaquia; «Cartea romaneasca de invatatura» (Libro rumano de enseñanzas) de 1646 en Moldavia e «Indreptarea legii» (Mejora de ley) de 1652 en Valaquia (Achim, 1998: 36; Sandu, 2010: 4).

POPOV, 2009: 94-95; NECULA, 2012: 6). A diferencia de los esclavos al servicio del príncipe, estos no estaban obligados a realizar el servicio real requerido por los funcionarios principescos (ACHIM, 1998: 37).

La tercera categoría correspondía a los esclavos de los boyardos, vinculados a la nobleza mediante donaciones, dotes, herencias y botines de guerra (MARUSHIAKOVA & POPOV, 2009: 93-94). Dentro de esta categoría, se diferenciaban los que realizaban servicios domésticos *(ţigani de casa)* y los que trabajaban en la agricultura *(ţigani de ogor)* (NECULA, 2012: 6). En general, estos esclavos eran llamados *sclavi coevefsi*, a diferencia de los vinculados a pequeños agricultores, conocidos como *sclavi de mosii* (CROWE, 2016: 109).

Los esclavos seminómadas, además de su ocupación y relativa libertad de movimiento, disfrutaban de cierta autonomía en áreas sociales importantes, como la resolución de disputas. Excepto en casos de homicidio, los conflictos entre romaníes eran gestionados por boyardos, obispos o alguaciles, aunque en algunos casos los líderes romaníes eran responsables del arbitraje (ACHIM, 1998: 38). Esta autonomía creció con los siglos y fue incluso reconocida por la Corona a finales del siglo XVIII, lo que permitió que cada banda de romaníes tuviera un líder encargado de resolver conflictos internos y mediar con otras bandas y autoridades locales (ACHIM, 1998: 60)[5].

Las bandas de seminómadas estaban formadas por romaníes vinculados por parentesco u ocupación profesional, y podían incluir hasta quince familias *(salas)* encabezadas por un líder romaní, conocido como «jude» (CROWE, 2016: 123). El *jude* era elegido por la banda, basándose en su sabiduría y fortaleza (ACHIM, 1998: 59). Sus competencias jurisdiccionales, establecidas por Decreto en el siglo XVIII, incluían la administración de justicia según la tradición romaní y la recaudación de impuestos para sus amos o la Corona (MARUSHIAKOVA & POPOV, 2009: 99-100)[6]. Sin embargo, los conflictos con otros habitantes del principado, así como los homicidios entre esclavos, quedaban bajo la jurisdicción de la Corte, y los amos eran responsables de los actos de sus esclavos, quienes no tenían derecho a defenderse ante un tribunal (*Petcut*, GRIGORE et al., 2003: 39)[7].

---

5 Mihail Sutu emitió una carta en 1793 en Moldavia respecto a dos subgrupos romaníes, los ursurari y lingurari, para renovar el antiguo derecho violado de los romaníes de resolver sus propias disputas: «Cualquier disputa legal o implementación de juicios legales será resuelta solo por ellos, según su antigua costumbre, solo sus jefes tienen derecho a probarlos. Los prefectos y otros funcionarios no deben interferir en sus asuntos, excepto en los casos que esté implicada la muerte de un hombre» (ACHIM, 1998: 60).

6 Decreto de 25 de marzo de 1743 emitido por el Príncipe de Moldavia Migail Sutu respecto a los romaníes *ursari* y *lingurari* (MARUSHIAKOVA & POPOV, 2009: 99).

7 Por lo general, los amos renunciaban a la propiedad sobre el esclavo culpable a favor de la parte lesionada como mecanismo de compensación cuando se trataba de una disputa entre un esclavo y un hombre libre (ACHIM, 1998: 38). Sin embargo, si un hombre libre mataba a un esclavo se resolvía mediante el pago de una multa a favor del propietario (MARUSHIAKOVA & POPOV, 2009: 96).

En el siglo XVIII, se estableció una nueva estructura organizativa para los romaníes, denominada *vatasie*, que agrupaba a todas las bandas de una región por razones fiscales y para mejorar el control sobre ellos (Achim, 1998; Marushiakova & Popov, 2009). Cada *vatasie* estaba bajo la autoridad de un líder romaní, el *vataf* o *bulibasha*, quien supervisaba a los líderes de las bandas de su comarca, administraba justicia en conflictos internos y mediaba con los funcionarios locales (Crowe, 2016: 123). El *bulibasha* tenía también la responsabilidad de traer de vuelta a aquellos que se unían a otras bandas distintas a la suya (Marushiakova & Popov, 2009: 99). A cambio, disfrutaba de privilegios como la exención de impuestos y otras obligaciones de la Corona (Achim, 1998: 61). Además, existía una red de funcionarios *gadjé (vornici)* encargados de colaborar con los *bulibasha* y *jude* para asegurar el control fiscal (Achim, 1998: 61-62; Marushiakova & Popov, 2009: 100).

Los datos permiten concluir que, desde finales de la Baja Edad Media hasta la abolición de la esclavitud en el siglo XIX, la etnicidad del pueblo romaní en ambos principados se construyó a partir de diversas tipologías: según estilo de vida (sedentarizados y seminómadas), estatus sociojurídico del amo (esclavos de la Corte, boyardos y monasterios), ocupación (como *laiesi*, *aurari*, *ursari*, *lingurari*, entre otros) y niveles de integración social (como *salas* y *vatasie*). Sin embargo, a pesar de esta diversidad, la identidad predominante fue la categoría abarcante de «ţigani» (gitanos) para designar a todos los romaníes.

No hay suficientes datos para confirmar si los romaníes llegaron a los principados como esclavos o personas libres (Beck, 1989: 54), pero lo que sí está claro es que el término «ţigan» (gitano) pronto se convirtió en sinónimo de «esclavo» (Achim, 1998: 29). Este término es una identificación impuesta desde fuera, específicamente por las élites políticas de los principados, para categorizar a un grupo de personas basándose en elementos que se consideraban comunes, con el fin de diferenciarlos de los grupos dominantes[8].

Todo indica que la categorización de los romaníes se basó en diferencias fenotípicas con los autóctonos, distinciones culturales, idiomáticas y especialmente por sus vestimentas exóticas (Schlager, 2002: 4). Su vida itinerante y organización en bandas los hacían ajenos y extraños, lo que llevó a que fueran catalogados como enemigos, marginales e infrahumanos (Achim, 1998: 67; Beck, 1989: 54). Sin embargo, a diferencia de Europa occidental y central, no fueron expulsados ni perseguidos, sino reclutados (Liégeois, 1987: 123). A pesar de ser considerados extraños, las élites valoraron sus habilidades en artesanía, herrería, cerrajería y hojalatería (Fraser, 2005: 70-71). Así, los

8 Se cree que la identificación nominal «ţigan» surgió durante el paso de los romaníes por el Imperio Bizantino, procedente del término griego «athíganos» comúnmente utilizado para denominar a una secta herética con la que fueron confundidos (Achim, 1998: 9).

romaníes no solo beneficiaron económicamente a los grupos de poder, sino que tenerlos como esclavos también incrementaba el prestigio social de los príncipes, monasterios y boyardos (Beck, 1989: 53).

El proceso de esclavitud de los romaníes puede ser analizado mediante el concepto de «heteroracialización», propuesto por Piasere (2018), quien, siguiendo a Taguieff, explica que este modelo de racismo considera al «Otro» como «raza» mediante dos principios: el principio de desigualdad mediante el cual se considera al «Otro» como «raza» y, por lo tanto, inferior, y el principio de universalidad mediante el cual el grupo que define al «Otro» como «raza» no se considera a sí mismo como una «raza», sino como parte del género humano. Esto conduce a relaciones de dominación y explotación, donde el «Otro» no se busca eliminar, sino mantenerlo vivo por ser fuente de beneficios (Piasere, 2018: 31).

Los romaníes, a pesar de ser percibidos como seres infrahumanos por la sociedad de los principados, fueron requeridos por el provecho económico que las élites políticas y económicas podían obtener de las habilidades que estos portaban. Pronto la categoría nominal «țigani» utilizada para denominar a los romaníes de forma general se convirtió en sinónimo de «esclavo», donde era frecuente el uso indistinto de ambos términos para designar el mismo fenómeno, es decir, el estatus de esclavitud (Beck, 1989: 54; Guy, 2001: 8)

5

LA CREACIÓN LIBERAL DEL «BUEN GITANO»: LA EMANCIPACIÓN DE LOS ROMANÍES

A mediados del siglo XIX comenzó un proceso gradual de abolición de la esclavitud en los principados, impulsado por varios factores orientados a modernizar la sociedad de Valaquia y Moldavia. Los conflictos entre rusos y otomanos por el control de estos territorios culminaron en el Tratado de Adrianópolis (1829), que otorgó mayor control a Rusia. Mientras tanto, en Europa surgía un movimiento de formación de conciencia nacional, política y popular, influido por la Ilustración (SANDU, 2010: 7).

En Valaquia, la Revolución de 1821 liderada por Tudor Vladimirescu fomentó el rechazo hacia la esclavitud y permitió a los príncipes locales mayor autonomía. La opinión pública se inclinaba cada vez más en contra de la esclavitud, especialmente por las impactantes escenas de las subastas de esclavos romaníes. Este cambio de mentalidad impulsó reformas modernizadoras en ambos principados, buscando replicar el modelo social y económico de Europa occidental, con principios de libertad económica, propiedad capitalista de la tierra y una cultura nacional moderna (ACHIM, 1998).

La generación de intelectuales de 1830, influenciada por su educación en Francia, asumió un papel político con el objetivo de instaurar un modelo liberal que promoviera la propiedad privada y una cultura nacional moderna en la que la esclavitud no tenía cabida (ACHIM, 1998: 97-98; HANCOCK, 2012: 23; SANDU, 2010: 5). La prensa también apoyó este proceso, defendiendo la emancipación con publicaciones en contra de la esclavitud (ACHIM, 1998: 99). La literatura romántica y humanista rumana contribuyó a este cambio, ofreciendo una imagen positiva de los romaníes. Obras como *Le Philodace* de EMILY KOHLY DE GUGGSBERG, Ţiganul *vândut* de CEZAR BOLLIAC, *Jupân Ion* de ION HELIADE RADULESCU y *Istoria unui Galbân* de VASILE ALECSANDRI defendieron la abolición de la esclavitud romaní y promovieron una imagen favorable de este grupo.

Este movimiento liberal e ilustrado se reflejó en diversas leyes de emancipación en Valaquia y Moldavia. En Moldavia, entre 1842 y 1844, y en Valaquia en 1843, se liberaron los esclavos nómadas y sedentarios de la Corte. Los esclavos pertenecientes a monasterios, obispados y otras instituciones públicas fueron liberados por la Ley del 31 de enero de 1844 en Moldavia y la Ley del 11 de febrero de 1847 en Valaquia, a petición del príncipe Gheorghe Bibescu (Crowe, 2016: 115; Marushiakova & Popov, 2009: 111-112). Los esclavos de los boyardos fueron emancipados el 22 de diciembre de 1855 en Moldavia, bajo el príncipe Grigore Alexandru Ghica, y el 20 de agosto de 1856 en Valaquia, bajo el príncipe Barbu Stirbei (Achim, 1998: 100-111; Necula, 2012: 7).

Tras las grandes transformaciones en los principados de Valaquia y Moldavia, se produjo la Guerra de Crimea, que concluyó con el Tratado de París el 30 de marzo de 1856. Este tratado dejó a los principados divididos y nuevamente bajo dominio otomano, provocando que Rusia perdiera sus derechos de protección en estas provincias. En este contexto, el líder político Mihail Kogălniceanu propuso que el nuevo Estado rumano adoptara una monarquía constitucional cuya independencia estuviera respaldada por las siete grandes potencias europeas. La propuesta fue admitida por unanimidad en Valaquia y con gran mayoría en Moldavia (Crowe, 2016).

En respuesta, el emperador francés Napoleón III convocó a las siete grandes potencias, que redactaron la Convención de París en 1858. Este documento creó la unión entre los Principados Unidos de Moldavia y Valaquia, sentando las bases para un Estado unificado (Crowe, 2016: 119; Marushiakova & Popov, 2009: 115). La unión definitiva se alcanzó el 5 de febrero de 1862 con la Unión Permanente de los Principados, estableciendo Bucarest como capital y un parlamento único, gracias a las reformas políticas de Alexandru Ioan Cuza, quien promovió la consolidación de un Estado moderno y centralizado (Crowe, 2016: 120). La Constitución de 1864 de los Principados Unidos consolidó la unión de Moldavia y Valaquia, eliminando definitivamente los vestigios de la esclavitud (Marushiakova & Popov, 2009: 115).

Con la emancipación, los romaníes dejaron de ser esclavos y obtuvieron el estatus jurídico de hombres libres, siendo integrados fiscalmente como el resto de la población (Achim, 1998:112). Sin embargo, esta libertad formal los dejó en una situación crítica, ya que la mayoría carecía de tierras y residencia (Petcut, Grigore et al., 2003: 7). Durante la segunda mitad del siglo XIX, las políticas estatales intentaron sedentarizar a los romaníes, ya fuera asignándoles tierras de sus antiguos amos o tierras monásticas. Aunque un gran número de romaníes pudo evadir estas políticas para mantener sus ocupaciones tradicionales, los que fueron convertidos en campesinos enfrentaron duras condiciones, soportando altas cargas fiscales y trabajos forzosos que los llevaron a huir de estas propiedades (Achim, 1998: 113-114).

En 1864, la Ley Rural introdujo el modelo capitalista de propiedad de la tierra en Rumania, permitiendo que algunos romaníes adquirieran pequeñas parcelas estatales. Sin embargo, la mayoría, al carecer de capital, continuó con sus oficios artesanales en condiciones económicas marginales, alejados de las ciudades y en situación de exclusión (CROWE, 2016: 120; SANDU, 2010: 10). La situación era tan precaria que algunos romaníes desposeídos llegaron a ofrecerse para revenderse a sus antiguos dueños (CROWE, 2016: 122). En definitiva, la abolición de la esclavitud resolvió el aspecto legal de la servidumbre, pero dejó sin respuesta los problemas económicos y sociales que afectaban a los romaníes (SANDU, 2010: 10).

Los nuevos intereses políticos y sociales del siglo XIX se oponían a la esclavitud, y en Rumanía los términos «țigan» y «esclavo» eran prácticamente sinónimos. Por ello, la élite política emergente desarrolló el discurso del «buen gitano», inspirado en el romanticismo, como un intento de mitigar la imagen negativa de esta categoría. Aunque este discurso colocaba a los romaníes dentro de la humanidad, no los igualaba plenamente con el resto de la sociedad. Este concepto del «buen gitano» es comparable al mito del «buen salvaje», donde se valora al romaní que posee ciertos rasgos positivos, pero que sigue siendo considerado un extraño que necesita ser «civilizado».

Así, el «buen gitano» es valorado por sus características atractivas para la sociedad, pero aún mantiene elementos que lo colocan fuera de la modernidad. Las políticas de asentamiento forzado y asimilación cultural y lingüística subrayan esta perspectiva. Como señala LIÉGEOIS (1987: 165-166), estos intentos de mejorar la imagen, como reemplazar términos estigmatizantes como «nómada» por «gente viajera», suelen ser un preludio de políticas de asimilación.

Este proceso de construcción de la alteridad «țigan», sostenido en la figura del «buen gitano», puede entenderse a través de la idea de «gramática orientalista» de Gerd Baumann. BAUMANN (2004) sugiere que el orientalismo no es una oposición rígida de «nosotros buenos, ellos malos», sino una inversión especular, en la que «lo que nosotros tenemos de bueno, ellos lo tienen de malo; pero lo que nos salió mal a nosotros aún sigue bien en ellos». Así, se da una ambivalencia en la que el «Otro» produce simultáneamente rechazo y atracción: su exotismo repele, pero también fascina (RAMÍREZ GOICOECHEA, 2011: 201).

En el caso de los romaníes, el ideal del «buen gitano» combina el rechazo a su estilo de vida, visto como poco «civilizado», con una cierta admiración por aspectos culturales percibidos como auténticos o encantadores, de los que carecía la sociedad rumana. Esto se ilustra en obras literarias como *Istoriei unui galbân* și *unei parale* de VASILE ALECSANDRI, en la que el autor comenta sobre el encanto y lo pintoresco de los gitanos, señalando cómo su exotismo atraía y repelía al mismo tiempo (SANDU, 2005: 18). Del mismo modo, en *Bucaresti* și *Stambul* (1861), RICHARD KUNISCH expresa su asombro ante la despreocupada vida de los romaníes, quienes, pese a su pobreza, mantenían una espontaneidad que él encontraba casi infantil (IONESCU, 2000: 164).

Este discurso romántico, impulsado por la élite liberal, contribuyó a mejorar la percepción pública de los romaníes y a legitimar la abolición de la esclavitud. Sin embargo, aunque el discurso reconocía la humanidad de los romaníes, seguía excluyéndolos de la categoría de «civilizados». En última instancia, el nuevo modelo político, enfocado en la modernización, implicaba un proceso de asimilación cultural en el que los romaníes debían abandonar sus tradiciones para integrarse en la sociedad mayoritaria.

6

«ŢIGAN» COMO SINÓNIMO DE «CRIMINAL»: LOS ROMANÍES DURANTE EL RÉGIMEN DEL MARISCAL ANTONESCU

En el año 1918 Rumanía se constituyó como Estado-nación y la Constitución rumana de 1923 reconoció formalmente la igualdad jurídica de todos los rumanos de la nación sin distinción por razón de origen étnico, religión, idioma o clase social. Además, la nueva nación rumana se vio obligada a reconocer los derechos de las minorías en el marco del Tratado de las Minorías de París de 1919 para poder incorporarse a la Sociedad de Naciones. No obstante, en la práctica, la situación de los distintos grupos minoritarios en Rumanía del siglo XIX no era homogénea. Los judíos y los magiares eran considerados «enemigos de la nación» debido a su hegemonía en el comercio, en el caso de los primeros, y a la habilidad política, en el caso de los segundos (Crowe, 2016: 127). Estos grupos se percibían como amenazas para los intereses nacionales rumanos, mientras que los romaníes, ubicados en el escalafón más bajo de la jerarquía social, no representaban un desafío significativo en términos de poder o influencia y, por lo tanto, no eran considerados un problema a combatir (Ringold, Orenstein et al, 2005: 90).

Durante los siguientes años, antes de la II Guerra Mundial, la situación de los romaníes fue diversa. Hubo un gran sector de esta población que abandonó la vida comunitaria y cultural romaní hasta el punto de asimilarse totalmente a la sociedad rumana dominante (Achim, 1998: 151). Otro sector continuó practicando un estilo de vida nómada, hablando el idioma romaní y practicando sus ocupaciones tradicionales, pero no libres de obstáculos. Las políticas de asentamiento impulsadas a partir de 1934 reflejaban el deseo del gobierno rumano de restringir la movilidad de la población romaní, en un intento de reforzar la supervisión estatal y promover la sedentarización. Estas normativas exigían que los romaníes obtuvieran autorizaciones de la

Inspección de la Gendarmería para poder viajar, limitando así su tradicional vida nómada y su derecho a desplazarse libremente. Además, se les retiró a los *bulibasha*, líderes romaníes tradicionales, el reconocimiento oficial de su poder. Aunque estos líderes ya no contaban con una autoridad formal ante las instituciones del Estado, en muchos grupos romaníes la palabra del *bulibasha* continuaba siendo respetada y acatada, evidenciando la resistencia de las estructuras de autoridad internas de los romaníes frente a la creciente intervención del Estado en sus formas de vida (ACHIM, 1998: 152; CROWE, 2016: 128).

Además, cabe destacar que antes de la II Guerra Mundial hubo un movimiento de etnogénesis cultural romaní abanderado por intelectuales, artistas, comerciantes y emprendedores culturales que no renunciaron a su origen romaní. La fundación de la Asociación General de Gitanos en Rumanía representó un intento significativo por parte de la comunidad romaní para mejorar sus condiciones de vida y promover su identidad cultural. Ejemplo de ello fue la propuesta de crear una Universidad Popular romaní, un museo nacional romaní, un Consejo de Condados y otro Consejo Supremo de Ancianos para gestionar los conflictos internos de la comunidad (SANDU, 2010: 11). Sin embargo, aunque esta asociación obtuvo reconocimiento legal en 1935, no consiguió consolidarse en la práctica. La Unión General de los Romaníes en Rumanía (UGRR), fundada por Gheorghe Niculescu, retomó los principios de la asociación previa, pero con mayor apoyo y participación social. Activa hasta 1941, la UGRR implementó varias medidas para mejorar la situación social, económica y cultural de los romaníes, con un fuerte énfasis en fomentar una conciencia de identidad étnica (CROWE, 2016: 129; Liégeois, 1987: 203). La UGRR rechazó el término «ţigan» por su carga peyorativa y abogó por el uso del término «Rom» en documentos oficiales y materiales educativos (ACHIM, 1998: 157). No obstante, el éxito de la UGRR dependió en gran medida del apoyo de los líderes locales, como los *bulibasha* y *vatafi*, y de la implicación de una parte limitada de la comunidad romaní (ACHIM, 1998: 158).

Sin embargo, esta revitalización étnico-cultural se vio truncada con la irrupción al poder político del dictador mariscal Ion Antonescu en el año 1940, en un contexto en el que la órbita política e ideológica de la Alemania nazi, como la ideología racista basada en la teoría del determinismo biológico, comenzaba a interferir en las políticas rumanas (CROWE, 2016: 132; SANDU, 2010: 12).

Durante el régimen de Antonescu, las políticas implementadas estaban profundamente marcadas por una visión excluyente y autoritaria, orientadas a promover lo que se consideraba «rumano» y «autóctono», mientras que se excluía y estigmatizaba a las comunidades «extranjeras», como los judíos y los romaníes. El antisemitismo del mariscal Antonescu se manifestó en diversas ocasiones, siendo una de las más explícitas su declaración en una reunión del Consejo de ministros el 15 de abril de 1941, donde expresó su deseo de masacrar a los judíos y restablecer el orden después de la matanza, según INTERNATIONAL COMISSION ON THE HOLOCAUST IN ROMANIA (ICHR, 2004B). En ese mismo año, Antonescu también planteó «el Problema Gitano», acusando a los romaníes de ser una amenaza para el orden público debido a su supuesta involucración en delitos graves. Bajo su administración, los romaníes fueron sistemáticamente asociados con la criminalidad y la desobediencia social (Achim, 1998: 168). Esta demonización no solo fue una cuestión de estigmatización social, sino también lingüística: en el discurso oficial del régimen, el término «țigan» se asoció directamente con «peligroso» e «indeseable», términos que reflejaban la visión del Mariscal sobre esta población, que debía ser erradicada en la forma de vida y valores que representaba, como la vagancia, la mendicidad, la negativa a trabajar y la prostitución (Achim, 1998: 169; Fraser, 2005: 269). Esta concepción justificaba la exclusión y persecución de los romaníes, consolidando su estatus como un «Otro» dentro de la estructura social rumana.

Efectivamente, el discurso político de Ion Antonescu no estaba centrado únicamente en una cuestión étnica o racial per se, sino que su enfoque se dirigía principalmente hacia las «cuestiones sociales problemáticas» que consideraba desestabilizadoras para el orden y la estabilidad del país. En este sentido, los romaníes eran considerados no solo como un grupo étnico distinto, sino como un colectivo cuyas condiciones sociales y legales, tales como la marginalidad, la pobreza, la vagancia y la percepción de criminalidad, los hacían «indeseables» y «peligrosos» para el régimen.

El gobierno de Antonescu, por tanto, no perseguía a los romaníes exclusivamente por su identidad étnica, sino por lo que representaban en términos de transgresión al orden social establecido. La percepción del régimen de que ciertos comportamientos (como la mendicidad, la falta de trabajo estable o la vagancia) contravenían los ideales de una sociedad ordenada y disciplinada fue lo que llevó a los romaníes a ser señalados y perseguidos. Esto resalta cómo el régimen de Antonescu utilizaba la exclusión social y la estigmatización como herramientas para justificar las políticas represivas, apuntando no tanto a una «limpieza racial», sino a una supresión de lo que se consideraba «un comportamiento problemático» para la cohesión social del país (ICHR, 2004a: 265).

Entre 1942 y 1943, bajo el régimen de Ion Antonescu, se llevaron a cabo las políticas más crueles hacia los romaníes, marcadas por deportaciones masivas. El 8 de julio de 1941, Antonescu solicitó la eliminación de las minorías, ordenando la deportación de unos 25.000 romaníes a campos en Odessa y Transnistria, áreas ocupadas por el régimen (Helsinki Watch Report, 1991: 13; Schlager, 2002: 6). Para implementar el plan, se registró a la población romaní, dividiéndola entre nómadas y sedentarios. Los nómadas fueron considerados «indeseables» debido a su estilo de vida itinerante, mientras que los sedentarios se registraron solo si tenían antecedentes penales o carecían de medios de subsistencia (ICHR, 2004a: 269). Este proceso refleja la estigmatización y persecución sistemática de los romaníes, basándose no solo en su identidad étnica, sino en su estatus social y estilo de vida, lo que los convirtió en blanco de la represión del régimen.

Durante su juicio de guerra, Antonescu justificó las deportaciones de romaníes como una medida de seguridad debido a los robos y asesinatos en Bucarest y otras ciudades, apoyado por la demanda pública de protección contra más ataques (HELSINKI WATCH REPORT, 1991: 13; ICHR, 2004A: 13). En su declaración, Antonescu abordó la «cuestión gitana» como un problema social que debía resolverse para mantener el orden y la seguridad, sin aludir a razones raciales o étnicas. No obstante, es crucial considerar la relación entre Antonescu y Hitler, ya que el régimen nazi influenció sus políticas. En Alemania, los romaníes eran considerados una amenaza para la pureza racial alemana. El Dr. Robert Ritter, al frente del Centro de Investigación para la Higiene Racial, clasificó a los romaníes como una población propensa al crimen. En 1938, un decreto de Heinrich Himmler estableció que los romaníes mestizos tenían más probabilidades de ser criminales (FRASER, 2005: 258-259; HANCOCK, 2012: 40-41). Los nazis consideraron a los romaníes como una raza ajena a la aria y un colectivo «asocial», marcándolos como indeseables por ambas razones (GUY, 2001: 9). Como resultado, el 15 de diciembre de 1941, cuando Himmler ordenó la deportación de los romaníes de Europa occidental a Auschwitz-Birkenau para su exterminio, donde el 4 de agosto de 1944, cerca de 2900 fueron gaseados y cremados (HANCOCK, 2012: 42-46).

Considerando los hechos ocurridos en Alemania y la ideología nazi que influyó en las políticas del régimen de Antonescu, se podría incluso sugerir que la deportación de los romaníes a Transnistria no fue una medida puramente social. Si realmente hubiera sido una decisión basada solo en criterios «sociales», todos los grupos considerados «indeseables» de Rumanía, sin importar su origen étnico, habrían sido objeto de un proceso de selección y deportación similar (ICHR, 2004A: 270). Esto implica que, detrás del aparente objetivo de mantener el orden y la seguridad, podría haber existido una motivación racial o étnica en las decisiones tomadas por Antonescu. Es importante recordar que antes de la llegada del régimen fascista, los romaníes no eran considerados un «problema» por la sociedad rumana, sino que este concepto fue elaborado por el propio régimen (ACHIM, 2002: 61). En este sentido, Antonescu tampoco era ajeno a la percepción que la sociedad rumana tenía en esa época respecto a los romaníes y difícilmente podía motivar sus políticas en un criterio étnico o racial, ya que eso hubiera provocado movilizaciones y oposiciones al régimen por parte de ciertos sectores económicos importantes. Es sabido que diversos políticos, académicos y las administraciones de algunas empresas relevantes, como la Compañía Ferroviaria de Rumanía, hicieron llegar cartas y memorandos a Antonescu oponiéndose a las medidas que afectaban a los romaníes, especialmente a los sedentarizados (ACHIM, 2002).

En 1942, se deportó alrededor del 12 % de la población romaní de Rumanía, según el Instituto Central de Estadística, lo que representó aproximadamente 11,441 romaníes nómadas y 13,176 romaníes sedentarizados (ICHR, 2004A: 271). En Transnistria, se establecieron Colonias Gitanas bajo la supervisión de la gendarmería local, donde los deportados tenían cierta libertad de movimiento dentro de la comuna para trabajar y ganarse la vida (ICHR, 2004B: 274). Sin embargo, todos los romaníes entre 12 y 60 años debían realizar trabajos, como en talleres, agricultura o recolección de materiales. Abandonar la colonia o ausentarse del trabajo era motivo para ser internados en campamentos represivos (ICHR, 2004B: 275). Las duras condiciones de vida provocaron que más de un tercio de los deportados murieran de frío, desnutrición y tifus (FRASER, 2005: 268). Los sobrevivientes pudieron regresar a Rumanía en el verano de 1944, tras la caída de Antonescu y el cambio de régimen. Con el nuevo gobierno, la «cuestión gitana» dejó de ser una prioridad para las autoridades, y los romaníes fueron vistos nuevamente como una categoría social marginada, en lugar de una minoría étnica. Aunque se prestó atención al control del nomadismo y la integración laboral de los romaníes, los partidos políticos de la época no discutieron sobre los deportados, sino que centraron sus debates en la legislación antisemita y los pogromos contra los judíos (ACHIM, 2002: 61-65).

En conclusión, el discurso de Antonescu se centró en cuestiones sociales y no raciales. No obstante, una interpretación sin contexto podría llevar a conclusiones erróneas. La influencia del régimen nazi en la política de Antonescu es clave para entender su enfoque. Mientras que en Alemania los romaníes eran clasificados como una raza ajena a la aria y vinculados a la criminalidad, el régimen rumano adoptó ciertas políticas que los catalogaban como una amenaza social. Aunque Antonescu justificó sus medidas en términos de garantizar el orden y la seguridad pública, señalando problemas como la prostitución, mendicidad y criminalidad, surge la pregunta de por qué solo deportó a romaníes con antecedentes penales o sin medios de subsistencia, sin aplicar las mismas políticas a no-romaníes con características similares. Esta pregunta sugiere que las políticas de Antonescu estaban motivadas por razones raciales y étnicas. Siguiendo el concepto de «autoracialización» este racismo puede entenderse como un proceso en el cual un grupo se considera a sí mismo como la «Raza», mientras que el «Otro» es visto como la «no-Raza», inferior e impuro (PIASERE, 2018: 31). A diferencia de la «heteroracialización» de la época de la esclavitud, este modelo de racismo no busca la integración del «Otro», sino su purificación o eliminación.

Como se explicó anteriormente, los romaníes no representaban un problema para la sociedad rumana hasta la llegada de Antonescu al poder. Fue el propio general quien construyó «el problema gitano», incluso en contra de una parte significativa de la población rumana. Al estar en el poder, Antonescu, consciente de la percepción social de los romaníes, comprendió que los motivos raciales no bastaban para justificar las políticas antigitanas. Por ello, alimentó el miedo, el odio y el rechazo mediante un discurso que vinculaba a los romaníes con la criminalidad y el desorden público. La «identificación virtual» de la categoría «țigan» fue reforzada con nuevos estereotipos como la «criminalidad», «peligrosidad», «mendicidad» y «vagancia», que sirvieron para legitimar la persecución, deportación, trabajos forzados y, en última instancia, la eliminación de los romaníes.

7

DE «CAMARADAS» A «PARÁSITOS»: LA SITUACIÓN DE LOS ROMANÍES DURANTE EL RÉGIMEN COMUNISTA

Tras la detención del mariscal Antonescu, las fuerzas rumanas se unieron al Ejército Rojo para expulsar a la Wehrmacht de su territorio. Posteriormente, el rey Miguel I de Rumanía encargó al general Nicolae Rădescu la formación de un nuevo gobierno, que promulgó un Estatuto para las Minorías Nacionales el 6 de febrero de 1945. Este documento reconocía la igualdad plena de todos los ciudadanos rumanos, independientemente de su etnia, idioma o religión (Crowe, 2016: 135).

Sin embargo, las relaciones entre Rădescu y el gobierno soviético se deterioraron, principalmente debido a desacuerdos relacionados con el armisticio (Vladimirov, 2018). La caída de su gobierno, provocada por la presión del sector comunista, allanó el camino para que Rumanía se declarara República Popular el 20 de diciembre de 1947. Este cambio político resultó en la abolición de los partidos opositores al Partido Comunista Rumano (PCR) (Crowe, 2016: 136).

Aunque inicialmente muchos romaníes apoyaron al PCR, confiando en que un gobierno comunista mejoraría su situación socioeconómica, el Comité Central del PCR no los incluyó en la lista oficial de nacionalidades reconocidas tras definir sus políticas en diciembre de 1948. De este modo, aunque el PCR se benefició del apoyo político romaní, esta comunidad quedó excluida de los derechos culturales otorgados a otras minorías reconocidas (Achim, 2002: 66).

Desde la perspectiva comunista, los romaníes no fueron considerados una minoría étnica, sino una minoría social necesitada de apoyo para superar la pobreza estructural. Entre 1950 y 1960, la mayoría de la población romaní experimentó mejoras significativas en su situación social y económica (Achim, 1998: 190). Debido a la demanda de mano de obra no calificada, los romaníes se integraron ampliamente en cooperativas agrícolas e industrias, lo que les permitió acceder a salarios regulares, invertir en viviendas y garantizar la escolarización de sus hijos (GUY, 2001: 9-10).

Sin embargo, mientras que las políticas comunistas impulsaban avances estructurales en empleo, vivienda, salud y educación, también promovían la desaparición de elementos culturales romaníes, directa o indirectamente. Las políticas asimilacionistas se dirigieron especialmente a los romaníes nómadas. En 1946, para fomentar la sedentarización, se confiscaron carros y caballos, dificultando la movilidad itinerante (HELSINKI WATCH REPORT, 1991: 18). Posteriormente, en 1951, se implementó un programa para dividir clanes y bandas nómadas en pequeños grupos, facilitando su monitoreo policial. Estas comunidades fueron obligadas a asentarse en los márgenes de las aldeas, donde enfrentaron el rechazo de los campesinos locales (CROWE, 2016: 137). Estas políticas buscaban controlar a los ciudadanos e integrar a los antiguos nómadas en el sistema socialista emergente.

Otro aspecto conflictivo entre la vida económica y cultural de los romaníes y el sistema comunista fue la incompatibilidad de sus ocupaciones tradicionales con la economía socialista. Bajo este sistema, las empresas privadas fueron abolidas y las industrias domésticas nacionalizadas, mientras que los materiales necesarios para los trabajos tradicionales quedaron estrictamente controlados (HELSINKI WATCH REPORT, 1991: 27). Según el CENTER FOR DOCUMENTATION AND INFORMATION ON MINORITIES IN EUROPE (CEDIME-SE, 2001: 9), estas ocupaciones, fundamentales para la identidad romaní, fueron prohibidas bajo amenaza de prisión o trabajos forzados.

Durante los años setenta, bajo el liderazgo de Nicolae Ceaușescu, los romaníes fueron reconocidos como un grupo con necesidades especiales, lo que llevó a la creación de un programa para su integración social (ACHIM, 1998: 195; MARUSHIAKOVA & POPOV, 2008). Aunque nunca se hizo público, un informe de 1983 reveló que las medidas incluían la sedentarización, la inserción laboral, la legalización de matrimonios tradicionales, la escolarización de los niños y el monitoreo de la higiene (CROWE, 2016: 139-140). El objetivo declarado de estas políticas era acabar con lo que se describía como una «vida parasitaria» (ACHIM, 1998: 196), consolidando así un proceso de asimilación cultural iniciado por el primer gobierno comunista.

Sin embargo, los últimos años del régimen de Ceaușescu estuvieron marcados por una profunda crisis económica, que incrementó el desempleo y la pobreza generalizada. El comunismo en Rumanía llegó a su fin en 1989, tras la Revolución de la Primavera, con la ejecución de Nicolae Ceaușescu y su esposa Elena por cargos de abuso de poder, malversación y genocidio.

En resumen, los romaníes desempeñaron un papel crucial en el desarrollo y consolidación de la nueva estructura política comunista en Rumanía. Clasificados jurídicamente como una «minoría social» en lugar de una «minoría nacional» por razones políticas, su posición como el estrato más bajo del sistema rumano permitió al gobierno centrar su atención en sus problemas sociales mientras ignoraba deliberadamente cuestiones de identidad y cultura. Este enfoque los convirtió en aliados estratégicos del régimen comunista y en un pilar para el crecimiento económico y productivo del país, bajo la lógica de que mejorar su situación social y económica contribuiría a la eliminación de las clases sociales, un objetivo clave del socialismo.

Desde esta perspectiva, los romaníes no debían ser expulsados, como ocurrió bajo el régimen de Antonescu, sino integrados dentro de la estructura social para avanzar los objetivos políticos del estado. Este proceso de inclusión estratégica puede relacionarse con la «gramática del englobamiento» propuesta por BAUMANN (2004: 29-30). Esta teoría describe cómo un grupo hegemónico incorpora a otros grupos étnicos dentro de su sistema político jerárquico, minimizando su alteridad para mantener el control central. Según RAMÍREZ GOICOECHEA (2011: 202), este proceso implica relaciones de dominación, desigualdad y violencia, donde las diferencias étnicas de los grupos englobados se consideran ficciones que se subsumen bajo lo universal (BAUMANN, 2004: 31).

En el caso de los romaníes, no representaban una amenaza para el régimen comunista, sino un recurso útil para sus objetivos. Sin embargo, a pesar de los intentos de asimilación cultural, muchos romaníes continuaron reproduciendo su estilo de vida tradicional. Frente a esta resistencia, Nicolae Ceaușescu recurrió a medidas más agresivas de integración cultural y elaboró un discurso peyorativo hacia la comunidad, subrayando las tensiones inherentes a la relación entre el estado y los romaníes.

La estrategia comunista aplicada a los romaníes en Rumanía, que podría calificarse como un ejercicio de ingeniería política, impactó significativamente en su representación social y cultural. Como se mencionó previamente, durante la primera etapa del comunismo, los romaníes fueron representados como el estrato social más bajo del sistema y clasificados jurídicamente como «minoría social», no «minoría nacional». Este encuadre los colocó en el imaginario colectivo como los «pobres» y «marginados». Por ello, las políticas del régimen se enfocaron en mejorar sus condiciones sociales y económicas con el objetivo declarado de romper con los estratos sociales. Sin embargo, estas medidas también implicaron un proceso de asimilación cultural. Aunque justificadas por motivos sociales, estas políticas afectaron profundamente aspectos identitarios, como la desaparición de ocupaciones tradicionales —y con ello, su autonomía económica— y la imposición del sedentarismo, lo que significó la pérdida del valor de la libertad de movimiento, un componente clave de su identidad étnica.

En la segunda etapa del comunismo, surgieron nuevos estereotipos hacia los romaníes, como el de «parasitarios», acuñado por NICOLAE CEAUȘESCU para referirse a aquellos que no se habían asimilado culturalmente. Ahora, además de ser percibidos como un problema social, se les consideraba un problema cultural. En respuesta, el régimen implementó políticas asimilacionistas más directas, como la regulación de sus prácticas matrimoniales, promoviendo normas legales alineadas con el Estado y despojando a los romaníes de tradiciones clave para su cohesión comunitaria.

A medida que avanzaba el régimen y se profundizaba la crisis económica, la hostilidad hacia los romaníes y los estereotipos negativos se intensificaron. La categoría de «țigan», que ya cargaba con connotaciones de marginalidad, pobreza y dependencia estatal, se asoció también con la criminalidad y peligrosidad, estigmas impulsados inicialmente durante el régimen de Antonescu. La recurrencia a actividades ilícitas por parte de algunos romaníes para enfrentar la pobreza reforzó esta imagen negativa en el imaginario colectivo (Ringold, Orenstein et al., 2005: 91). Así, el comunismo no solo perpetuó, sino que amplificó la discriminación estructural y los prejuicios históricos contra los romaníes.

8

DE «PARÁSITOS» A «CHIVO EXPIATORIO»: LA DURA TRANSICIÓN HACIA LA DEMOCRACIA

El fin del régimen comunista en Rumanía marcó el inicio de una difícil transición hacia un modelo democrático-liberal con economía de mercado capitalista, un proceso descrito como traumático debido a las profundas desigualdades sociales que emergieron rápidamente (VIRUELA, 2004). Dentro de este nuevo contexto, los romaníes obtuvieron derechos fundamentales, como la posibilidad de organizar partidos políticos, formar asociaciones culturales, dirigir medios de comunicación propios y ser reconocidos como minoría nacional por la Constitución de 1991. Sin embargo, en la práctica, enfrentaron condiciones estructurales adversas y una creciente violencia motivada por razones étnicas (HELSINKI WATCH REPORT, 1991).

La transición hacia la democracia estuvo marcada por disturbios y enfrentamientos. Un ejemplo notable fue la Mineriada de enero de 1990, cuando mineros, convocados por el Frente de Salvación Nacional (FSN), irrumpieron en Bucarest para manifestarse contra el comunismo (ȘTEFĂNESCU, 2004: 21). Durante estos eventos, el FSN acusó públicamente a los manifestantes opositores del nuevo sistema democrático de ser provocadores y gitanos. Estas declaraciones fueron retransmitidas por la televisión nacional (TVR1), consolidando la narrativa de los romaníes como enemigos del progreso democrático (NICOLAE & SLAVIK, 2003: 13).

Los medios de comunicación se convirtieron en un vehículo principal para perpetuar estereotipos negativos sobre los romaníes, representándolos como ladrones, mendigos, comerciantes ilegales y practicantes de magia negra (HELSINKI WATCH REPORT, 1991: 62). Este estigma se reforzó aún más cuando, en 1995, el ministro de Asuntos Exteriores decretó que los romaníes debían denominarse oficialmente «țigan» para evitar confusiones entre «roma» y «rumanos». Esta denominación, considerada ofensiva por muchos, institucionalizó un término despectivo (NICOLAE & SLAVIK, 2003: 14). El discurso que culpabilizaba a los romaníes como enemigos del pueblo y del progreso alimentó la violencia contra esta comunidad. Entre 1990 y 1993, se registraron numerosos ataques contra aldeas romaníes, donde civiles rumanos destruyeron hogares, los incendiaron y asesinaron a varios residentes (ANGOSO GARCÍA, 1998; RADUCANU, 1997; SCHLAGER, 2002). Estas agresiones no solo profundizaron la exclusión social de los romaníes, sino que consolidaron su posición como uno de los grupos más estigmatizados y vulnerables en la nueva Rumanía democrática.

Tras la caída del comunismo, las políticas asimilacionistas dirigidas a los romaníes fueron reemplazadas por problemas estructurales generados por el nuevo sistema democrático-liberal. Entre los efectos más visibles estaban el desempleo masivo y la segregación en áreas clave como la educación, vivienda y salud (GUY, 2001: 13). El primer informe significativo sobre la situación de los romaníes en Rumanía, elaborado por HELSINKI WATCH REPORT (1991), destacó cinco áreas problemáticas principales. En primer lugar, el ausentismo escolar, atribuido a la discriminación que sufrían los estudiantes romaníes tanto por parte de compañeros como de profesores. En segundo lugar, las condiciones de vivienda deficientes, caracterizadas por la falta generalizada de acceso a agua potable y electricidad, además de discriminación en la asignación de viviendas de protección oficial. En tercer lugar, la discriminación laboral, tanto directa (basada en características culturales o estéticas) como indirecta (debido a la falta de capacitación, lo que perpetuaba un ciclo de pobreza y analfabetismo en generaciones sucesivas). En cuarto lugar, los ataques racistas y discursos de odio, amplificados por los medios de comunicación. Y, en quinto lugar, la discriminación en el sistema judicial y policial, lo que resultaba en un trato diferenciado con consecuencias negativas graves.

El acceso a derechos básicos como vivienda, educación y salud dependía estrechamente del nivel económico, y los romaníes fueron particularmente vulnerables a la pobreza tras las privatizaciones de granjas colectivas y otras industrias. Según WILL GUY (2001), los romaníes fueron los primeros en perder sus empleos en este proceso y los últimos en ser recontratados. Como consecuencia, la pobreza aumentó drásticamente, obligando a muchos a depender de ayudas estatales o a buscar empleo en el mercado negro, perpetuando estereotipos de vagancia y criminalidad.

Esta representación social negativa se institucionalizó aún más con declaraciones públicas de figuras políticas. En 1998, Corneliu Vadim Tudor, senador rumano, propuso «aislar a los delincuentes gitanos en colonias especiales» para evitar que Rumanía se convirtiera en un «campamento gitano». En 2001, el alcalde de Craiova, Ion Bulcea, llegó a alentar la exterminación de los romaníes (NICOLAE & SLAVIK, 2003: 14).

Estos discursos de odio se mantuvieron a pesar de que Rumanía ya formaba parte del Consejo de Europa y había ratificado instrumentos como el

Convenio Europeo de Derechos Humanos (1993) y el Convenio Marco para la Protección de las Minorías Nacionales (1995). Además, se habían establecido estructuras gubernamentales para proteger los derechos de las minorías, como el Departamento para la Protección de las Minorías Nacionales (1996), la Oficina de Protección para los Romaníes (1996) y la Comisión Interministerial para Minorías (1997), con una delegación específica para los romaníes (CEDISME-SE, 2001:43; Fosztó & Anastasoaie, 2001: 306).

Sin embargo, el contraste entre las medidas legales y la realidad cotidiana de los romaníes refleja la profundidad de los prejuicios estructurales y culturales que persistían en la sociedad rumana.

La última década del siglo XX estuvo marcada por un fuerte incremento del desempleo en Rumanía, que afectó desproporcionadamente a la población romaní. Esto llevó a una revitalización parcial de las ocupaciones tradicionales de los romaníes, cuyo porcentaje aumentó del 3,9 % en 1992 al 10,3 % en 1998, aunque aproximadamente el 27 % permaneció sin ningún tipo de ocupación (CEDISME-SE, 2001, p. 13). Entre 1998 y 2003, la mejora en el empleo fue limitada, con un 24 % de romaníes desempleados y un 16 % dependiendo exclusivamente de ayudas estatales (Ringold, Orenstein et al., 2005: 96). Un obstáculo adicional al empleo para los romaníes era la falta de documentación oficial, como carnets de identidad o tarjetas de trabajo, que eran requisitos esenciales para acceder a empleos legales y beneficios sociales (Creţan, 2009: 39). Esta situación exacerbó la exclusión social y reforzó el círculo de pobreza en el que se encontraba gran parte de la población romaní. Por otra parte, la privatización y el colapso de las granjas colectivas dejaron a muchos romaníes desempleados, forzándolos a depender del trabajo informal o ayudas estatales. En 2014, el desempleo entre romaníes era del 30 %, frente al 10 % de la población no romaní. Aunque algunos trabajaban en la agricultura o en la economía informal, la falta de documentación legal, como carnés de identidad o tarjetas de trabajo, les impedía acceder a empleos formales y beneficios sociales (Creţan, 2009: 42).

En el ámbito educativo, se observó una ligera mejora hacia finales de los años 90. En 1998, la asistencia a la educación obligatoria alcanzaba el 47 % entre los niños romaníes, en comparación con el 60 % de los niños rumanos *gadjé* (CEDISME-SE, 2001, p. 13). Para abordar esta brecha, se implementó el programa PHARE (2002-2004), diseñado para promover el acceso a la educación entre grupos desfavorecidos y ofrecer una «segunda oportunidad» a adolescentes que habían abandonado la escuela prematuramente (Ringold, Orenstein et al., 2005: 105). Sin embargo, las limitaciones económicas de las familias romaníes continuaron siendo un factor determinante. Muchos padres no podían afrontar los costos básicos asociados con la educación, como materiales escolares, ropa, zapatos y alimentación (Ringold, Orenstein et al., 2005: 101). Esta barrera económica no solo perpetuaba la desigualdad educativa, sino que también limitaba las posibilidades de movilidad social para las futuras generaciones. A finales del siglo XX, menos de la mitad de los niños romaníes asistían a la educación obligatoria. Aunque programas como el PHARE (2002-2004) impulsaron mejoras en la matriculación, en 2014 solo el 10 % de los romaníes completaban la educación secundaria superior, en comparación con el 52 % de la población no romaní. Los altos costos asociados con la educación, como útiles escolares y ropa, continuaron siendo una barrera significativa para muchas familias romaníes, perpetuando el ciclo de pobreza y exclusión.

La transición obligó a muchas familias romaníes a desplazarse a los márgenes de pueblos y ciudades, viviendo en condiciones precarias sin acceso a agua corriente, alcantarillado ni electricidad. Durante una década, aproximadamente el 40 % de los hogares dependieron de ayudas sociales (CREȚAN, 2009: 37). Este desplazamiento no solo respondía a la falta de recursos, sino también a un deseo de autonomía y de minimizar la interferencia de las autoridades en sus vidas. Sin embargo, esta marginalización reforzó la exclusión social y las malas condiciones de vida, que persistieron incluso después de la adhesión de Rumanía a la Unión Europea. En 2014, según consta en los informes de EMBASSY OF FINLAND BUCHAREST (EFB, 2014) muchos asentamientos romaníes carecían de documentos de propiedad, infraestructura básica y acceso a servicios públicos, exacerbando su vulnerabilidad.

Según el EUROPEAN ROMA RIGHTS CENTRE (ERRC, 2016) el acceso a la salud siguió siendo crítico, agravado por la falta de seguro médico, que afectaba a casi la mitad de la población romaní. La exclusión sanitaria se reflejaba en prácticas discriminatorias, como la segregación en salas de hospitales y la incapacidad de acceder a medicamentos o programas de vacunación. Las barreras administrativas, como la ausencia de certificados de nacimiento o tarjetas de identidad, también dificultaban el acceso a servicios básicos de salud.

Desde 2001 hasta la adhesión de Rumanía a la UE en 2007, se implementaron estrategias para mejorar la situación estructural de los romaníes, financiadas por organismos internacionales. Sin embargo, el progreso fue limitado y desigual. Aunque hubo mejoras en la educación primaria y una ligera reducción de la pobreza, los avances en vivienda y empleo fueron insuficientes. Además, problemas como el mal uso de los fondos de la UE destinados a infraestructuras y la falta de un monitoreo efectivo de las estrategias nacionales reflejaron deficiencias en la implementación de políticas inclusivas (EFB, 2014: 11). La retórica racista y la estigmatización de los romaníes continuaron siendo una constante. Instituciones como la policía fueron acusadas de uso excesivo de la fuerza y de racismo estructural, mientras que las denuncias de abusos rara vez prosperaron en el sistema judicial (ERRC, 2016: 29). Este contexto de exclusión e impunidad perpetuó la marginación de la población romaní, obstaculizando su integración plena en la sociedad rumana.

La situación de los romaníes en Rumanía sigue siendo un reflejo claro de las profundas desigualdades estructurales, reforzadas por representaciones sociales históricas y estigmatizantes de la categoría «ţigan». Tras la caída del régimen comunista y la transición hacia un modelo democrático y capitalista, la población romaní fue rápidamente señalada como chivo expiatorio de los males del país. Este proceso de deslegitimación y estigmatización de los romaníes como «enemigos del pueblo» se convirtió en una estrategia política utilizada por la élite para desviar la atención de los problemas sociales y económicos del país. Al mismo tiempo, los medios de comunicación, organizaciones y figuras políticas contribuyeron a reforzar un discurso de odio y exclusión hacia los romaníes.

La categoría «ţigan» ya tenía una fuerte carga negativa desde tiempos anteriores, pero fue durante la transición cuando se consolidó como el símbolo del mal social, el obstáculo al progreso y la causa de los conflictos nacionales. La estigmatización de los romaníes como culpables de la crisis del país permitió a la élite política enfocar la atención pública en un «enemigo común», desviando la responsabilidad de la difícil situación del país. Este proceso de chivo expiatorio no solo facilitó la creación de una narrativa de odio, sino que permitió que la violencia contra los romaníes fuera aceptada o incluso justificada por parte de algunos sectores de la sociedad. La imagen de los romaníes como «enemigos del pueblo» tuvo consecuencias devastadoras en su vida cotidiana. Las agresiones físicas y las destrucciones de viviendas fueron solo una manifestación visible de este rechazo. Sin embargo, las formas de discriminación más insidiosas fueron las estructurales y simbólicas, que continúan afectando a los romaníes en su acceso a recursos, derechos y oportunidades.

Una de las consecuencias más notorias de esta estigmatización fue la generalización de estereotipos negativos que continúan moldeando la percepción pública. En una encuesta realizada en 2012, casi la mitad de los rumanos entrevistados manifestaron sentirse incómodos con personas romaníes, percibiéndolos como perezosos, agresivos y deshonestos (Marin & Csonta, 2012: 20). Estos estereotipos no solo se limitan a la opinión pública, sino que también se reflejan en las políticas y prácticas sociales, creando un ciclo de exclusión que es difícil de romper. El discurso del odio y los prejuicios sobre los romaníes han tenido un impacto directo en las instituciones. La discriminación institucional es un fenómeno evidente en la educación, el empleo, la vivienda y el acceso a servicios públicos, donde los romaníes son sistemáticamente desfavorecidos. Además, los actos de violencia racialmente motivada, aunque menos visibles, continúan siendo una preocupación constante, y la impunidad ante estos actos perpetúa la desigualdad.

En definitiva, el impacto de la estigmatización de los romaníes como «ţigan» ha sido devastador, no solo en términos de violencia física, sino también en términos de discriminación estructural y simbólica. Este proceso ha creado barreras difíciles de superar para la comunidad romaní, que sigue luchando por la igualdad de derechos y la integración plena en la sociedad rumana.

TERCERA PARTE

LA COMUNIDAD SPOITOR DURANTE EL COMUNISMO EN RUMANÍA: ORGANIZACIÓN SOCIAL, ECONÓMICA Y RESOLUCIÓN DE CONFLICTOS

9

LOS SPOITORI Y EL NOMADISMO PERIPATÉTICO

La población spoitor, actualmente asentada en la comuna de Grădiștea (Rumanía), llevó un estilo de vida itinerante hasta finales del régimen comunista, aproximadamente hasta 1987-1988. Según los informantes, realizaban pequeños viajes en carros tirados por búfalos, generalmente dentro de una zona relativamente limitada en la provincia de Brăila, especialmente entre las comunas cercanas a Grădiștea. En cada carro viajaba una unidad familiar nuclear (padres e hijos). Los asentamientos provisionales se ubicaban cerca de los ríos, donde instalaban tiendas de paja *(curte)*, lo que les permitía descansar lejos de los *gadjé* y reunirse con parientes u otros miembros del grupo que viajaban en diferentes carros. Así lo relatan los informantes más ancianos de la comuna.

> «Éramos viajeros, íbamos de un sitio a otro con el carro y los búfalos, nos quedábamos una semana en un sitio y otra semana en otro sitio. Vivíamos cerca del carro, en tiendas. En la tienda vivía con mi esposa e hijos, pero nos juntábamos con otros spoitori de la zona (...) todos nos juntábamos al borde del río. (...)» (Marius, 70 años, spoitor).
>
> «Antes trabaja limpiando ollas y vivíamos en tiendas, nos íbamos con las vacas y búfalos en carro de un lugar a otro, no como ahora que estamos quietos. Con mi marido y mis hijos íbamos de un sitio a otro. (...) Luego acampábamos con más de los nuestros, los hermanos de mi padre, sus hijos y otros spoitori que viven también en el pueblo, nos juntábamos por la tarde» (Marisa, 70 años, spoitor).

Según la Real Academia Española (RAE)[9], el adjetivo «nómada» describe a un individuo, tribu o pueblo sin un lugar fijo para vivir, que se dedica principalmente a la caza y al pastoreo. En una definición más breve, también se entiende como aquel que está en constante desplazamiento. En antropología,

9 Esta definición fue consultada en la Real Academia Española: *Diccionario de la lengua española*, 23.ª ed., [versión 23.7 en línea]. <https://dle.rae.es> [24 de abril 2020].

el estilo de vida nómada a menudo se asocia con los forrajeros, grupos sociales no centralizados que sobreviven mediante la caza, recolección y pastoreo (KOTTAK, 2011; LEWELLEN, 2009; LLOBERA, 1999). Sin embargo, cuando hablamos de los romaníes, estos términos deben ser contextualizados.

El nomadismo de los romaníes ha sido un componente importante de su identidad, tal como se presenta en el imaginario popular y en estudios clásicos sobre «gitanología» (DE VAUX, 1970; HEUSCH, 2019; YOORS, 2009). La bibliografía tradicional ha asociado el nomadismo con la autenticidad romaní, considerando que los romaníes sedentarizados perdían un rasgo cultural esencial, y se convertían en una categoría liminal, difícil de clasificar entre los *gadjé* (no romaníes) y los propios romaníes. Según esta visión esencialista, el nomadismo sería una tendencia natural de los romaníes, lo que justificaría su resistencia a integrarse en un lugar (DIMITRIOS, 2011). Así, se ha mantenido la imagen de los romaníes como «gente sin patria», o románticamente, «gente independiente y libre» (KABACHNIK & RYDER, 2013). Sin embargo, la mayoría de los romaníes nómadas en Europa se sedentarizaron después de la Segunda Guerra Mundial, sin que esto haya hecho desaparecer su sentido de pertenencia al grupo (PIASERE, 2009). Como señalan GROPPER & MILLER (2001: 85), la autenticidad de los romaníes no depende de rasgos inmutables, ya que la creencia de que los grupos nómadas no cambian es una falacia. En este sentido, SAHLINS (1999) critica la visión de muchos académicos que ven el progreso como una característica de las grandes sociedades, mientras que los cambios en los grupos tribales se consideran como una pérdida cultural. No obstante, no entraremos aquí en los factores que llevaron a la sedentarización de los romaníes, sino en el significado de ser o haber sido «nómada» para los spoitori, sin limitarnos a las definiciones convencionales de los diccionarios o manuales de antropología.

Según JAN YOORS (2009), el nomadismo de los romaníes tiene una «dimensión mundial», a diferencia de otras tribus nómadas que se mueven dentro de áreas restringidas, generalmente desiertos o páramos. Para YOORS, el viaje de los romaníes no es solo un deseo de conocer el mundo, sino que tiene como fin el encuentro con familiares y el establecimiento de alianzas matrimoniales. Aunque el autor destaca este aspecto, su enfoque presenta varios problemas. En primer lugar, la «dimensión mundial» del nomadismo de los romaníes que describe puede aplicarse a los grupos que él estudió, pero no puede generalizarse a todos los romaníes nómadas de su época, ni mucho menos a la actualidad. En segundo lugar, la idea del viaje sin fin, tal y como la presenta, se acerca más a la visión romántica del nomadismo que a la realidad. Como señala OKELY, «los romaníes no viajan sin rumbo fijo, como sugieren los románticos o los antigitanos» (1983: 125). En tercer lugar, no se puede afirmar que la única finalidad del viaje sea promover alianzas matrimoniales con familiares desconocidos. Esta visión excluye otros factores relacionados con la itinerancia, como las decisiones políticas, el rechazo social o las demandas económicas (LIÉGEOIS, 1987).

La movilidad ha sido clave en la adaptación de los romaníes a condiciones cambiantes, y ha estado vinculada a aspectos como su actividad económica y las necesidades de alojamiento (Liégeois, 1987). En el caso de los spoitori, la movilidad estaba estrechamente relacionada con su actividad económica, como lo relatan los informantes spoitori a continuación.

> «Nosotros *"spoiamos"*, los rumanos no nos querían cerca, pero nos daban azúcar, trigo, harina a cambio de spoir. Vivíamos cerca del carro en tiendas. También teníamos vacas y búfalos para la leche y mantequilla» (Marius, 70 años, spoitor).
>
> «*"Spoiamos"* calderos, nos íbamos con carro por ahí, a los rumanos. El *bulibasha* o los viejos se unían y decidían a qué pueblo ir» (Marian, 62 años, spoitor).

En este contexto, se destacan dos actividades económicas principales de los spoitori: 1) la actividad de «spoir» (limpieza de utensilios de cobre y aluminio) y 2) la cría de bovinos. El término «spoitor» es el etnónimo que los romaníes de la aldea de Grădiștea utilizan para autoidentificarse. Proviene de la palabra «spoir» (lavar), por lo que «spoitor» puede traducirse como «limpiador de vajilla» o «lavaplatos» (Achim, 1998; Burtea, 2016). Los servicios de los spoitori, como subgrupo socio-ocupacional, eran frecuentemente solicitados por la sociedad *gadjé*. Se organizaban para viajar a aldeas específicas donde sabían que los *gadjé* necesitaban estos servicios. A cambio, recibían productos de primera necesidad. En este caso, la movilidad no implica un viaje sin destino fijo ni constante, buscando nuevos familiares para consolidar lazos sociales, sino pequeños viajes rutinarios y dirigidos, enfocados en encontrar clientes *gadjé* que requerían un servicio que solo los spoitori podían ofrecer.

No era casualidad que se asentaran temporalmente cerca de los ríos. Además de aprovechar el agua para hidratarse y para la limpieza tanto personal como de los bovinos, las piedras finas y embarradas de los ríos se utilizaban para limpiar la vajilla de los *gadjé*. La técnica consistía en calentar las ollas de cobre o aluminio sobre el fuego, luego empapar un trapo con agua y las piedras traídas de los ríos y frotar las ollas hasta dejarlas completamente limpias.

Los *gadjé* de la comuna de Grădiștea también conservan recuerdos de los spoitori antes de su asentamiento final. Las relaciones interétnicas entre spoitori y *gadjé* se basaban principalmente en razones económicas, y la duración de estas interacciones solía ser mínima, caracterizándose por una dinámica entre necesidad y desconfianza. Es decir, el «spoitor» era visto como un extraño pasajero, alguien que debía mantenerse fuera de los límites de la aldea, pero cuya presencia se volvía necesaria en momentos específicos. Desde la perspectiva de los informantes *gadjé*, se puede observar que los conocimientos, habilidades y técnicas de los spoitori eran valorados positivamente, lo que hacía que su trabajo fuera demandado con cierta regularidad. Así lo recuerdan los informantes *gadjé*:

> «No conocíamos personalmente a los spoitori... solo porque venían a *spoir*, hacían sus cosas y se iban. Nosotros les dábamos lo que teníamos que nos

sobraba, cosas que cultivábamos o alguna herramienta si les hacía falta» (Ionel, 82 años, *gadjé*).

«Todo el pueblo daba sus ollas a los spoitori cuando venían para que las limpiaran, lo hacían muy bien. Venían por el pueblo e iban avisando por la calle o gritaban desde la puerta para que salieras con tus ollas» (Loredana, 73 años, *gadjé*).

Como se mencionó anteriormente, los informantes spoitori han relatado que viajaban de un lugar a otro, pero esos destinos no eran desconocidos ni lugares por descubrir, sino espacios previamente explorados y conocidos. Estos lugares constituían las coordenadas para sus viajes, los cuales se realizaban dentro de unos límites claros. A pesar de su estilo de vida nómada, en constante movimiento y acampando en diferentes puntos, los spoitori reconocían tanto su propio territorio como el de las demás familias spoitori en las cercanías. Cruzar los límites establecidos tácitamente significaba romper con la convención no escrita que regulaba la distribución territorial entre las familias spoitori, lo que podía generar conflictos internos dentro del grupo.

«Nos movíamos por Grădiștea e íbamos por Ibrianu, Maraloiu, Racovita... todos estos pueblos de por aquí, ya que en las otras partes había otros spoitori, si se juntaban se peleaban...otros estaban por Șuțești, otros por Movila, otros en Vișani» (Marius, 70 años, spoitor).

«Cuando yo era muy pequeña no teníamos casas como hoy. Íbamos en carro con mi madre, padre y hermanos. Nos movíamos siempre cerca de Vișani con los búfalos y *spoiamos* para los rumanos» (Giani, 50 años, spoitor).

«Yo era de por Vișani, luego cuando me casé ya vine aquí cerca de Grădiștea donde vivían mis suegros. Pero luego hay más spoitori por Movila, Șuțești... trabajaban y acampaban por ahí» (Denisa, 51 años, spoitor).

La idea romanticista del nomadismo romaní como una vida de libertad e independencia total se desvanece cuando se comparan con los relatos de los informantes spoitori. Aunque se percibía la movilidad como una forma de libertad, esta estaba limitada por convenciones intergrupales sobre la distribución territorial. Las familias spoitori identificaban puntos de referencia específicos, como localidades concretas (Grădiștea, Vișani, Șuțești), para situarse dentro de un territorio compartido. Además, la práctica de un estilo de vida móvil fue restringida por decisiones políticas del Estado rumano, que prohibió el nomadismo y consideró delictivas las ocupaciones tradicionales romaníes, viéndolas como una amenaza a los valores socialistas de la época (Achim, 1998; Reyniers, 1998). Aunque las medidas del Estado no siempre fueron eficaces, las restricciones dificultaban realizar largos viajes sin enfrentarse a obstáculos por parte de las autoridades. De esta manera, la imagen de independencia total de los grupos romaníes pierde relevancia en el caso de los spoitori, que dependían económicamente de sus clientes *gadjé*.

El tipo de nomadismo practicado por los spoitori debe entenderse dentro del contexto propuesto por Hayden (1979), quien reconfiguró la categoría «nómada». Este autor introdujo la noción de «nómadas de servicio», diferenciándolos de los nómadas tradicionales, como los cazadores-recolectores y pastores. La principal característica de los nómadas de servicio es su dependencia casi total de la población sedentaria. A diferencia de los pastores, cuyas interacciones con los sedentarios son menos intensas, los nómadas de servicio mantienen vínculos más estrechos con la población local, ya que su actividad económica se basa en la explotación del entorno social, no del natural. Este tipo de nómada se desplaza por áreas densamente pobladas para ofrecer bienes y servicios, lo que requiere relaciones estables con los sedentarios. Además, los nómadas de servicio suelen operar en mercados limitados, lo que les permite evitar la competencia mediante una distribución territorial que les otorga derechos exclusivos, ya sea individualmente o en subgrupos.

A partir del concepto de «nómadas de servicio», otros autores han ampliado esta categoría, añadiendo nuevos elementos y proponiendo etiquetas adicionales. Por ejemplo, RAO (1987) introdujo el término «nomadismo peripatético», que describe una estrategia que combina la movilidad espacial con un comercialismo económicamente no sostenible, mientras mantiene la endogamia social. A diferencia de los pastores, cuyo sustento depende de la mano de obra, el ganado y los pastos, en el peripateticismo los elementos clave son la mano de obra, los clientes y las habilidades o bienes que se pueden ofrecer. En este sentido, los romaníes encajarían en esta tipología de nómadas, ya que su economía no es autosuficiente ni independiente, sino que dependen de la economía mayoritaria y de otros grupos para obtener sus recursos (OKELY, 1983). Los nómadas peripatéticos, incluidos los romaníes, explotan recursos sociales en lugar de naturales, ofreciendo productos y servicios especializados a la población sedentaria a cambio de alimentos, dinero o ropa (GMLECH & GMLECH, 1987). Así, las relaciones económicas entre los peripatéticos y los sedentarios se caracterizan por la alta valoración de las habilidades requeridas para explotar el entorno social, y estas prácticas se integran en la identidad del grupo romaní (SALO, 1987).

GMLECH & GMLECH (1987) diferenciaron tres tipos de viaje en función de las distancias recorridas por los grupos romaníes: 1) viaje local, 2) viaje regional, y 3) viaje a larga distancia. Esta clasificación busca mostrar que los viajes no representan un horizonte ilimitado, sino que dependen de factores internos y externos al grupo. En cuanto a estos factores, SALO (1987) destacó dos elementos clave: (a) la variación regional en el valor de los recursos y (b) el acceso a estos recursos. El primero se refiere a cómo la población sedentaria, los clientes potenciales, valora los bienes o servicios ofrecidos por los grupos romaníes. El segundo factor se refiere a las restricciones políticas y jurídicas (como la falta de permisos para viajar, acampar o practicar el nomadismo) y a otros mecanismos de control social informal (por ejemplo, el rechazo de la población sedentaria) (SALO, 1987: 102). Además, los grupos peripatéticos también se ven afectados por convenciones internas, como las normas de distribución territorial y el respeto entre grupos romaníes, que buscan evitar la saturación de recursos en un mismo nicho económico[10] (PIASERE, 1987).

Considerando todos estos aspectos señalados más arriba, el concepto de «nomadismo peripatético» es el que mejor describe el estilo de vida de los spoitori antes de su asentamiento definitivo por las siguientes razones.

En primer lugar, el principal nicho económico de los spoitori era la prestación de servicios como «lavaplatos» dirigidos específicamente a clientes *gadjé*, quienes valoraban sus conocimientos, técnicas y habilidades. Las unidades familiares spoitori dependían del entorno social para su sustento, más que del entorno natural, aunque también necesitaban pastos para sus búfalos. Es decir, sus recursos provenían principalmente de los *gadjé*, lo que hacía que la movilidad estuviera estrechamente vinculada a su organización económica.

En segundo lugar, según SALO (1987) sobre la variación regional del valor de los recursos, se puede observar que, a pesar de las condiciones difíciles, los spoitori pudieron explotar sus servicios en la zona rural de Brăila. Por ejemplo, informantes *gadjé* de Grădiştea destacaron la habilidad de los spoitori para limpiar utensilios de cobre y aluminio, lo que indica que los recursos que ofrecían eran altamente valorados. Además, aunque el nomadismo y las actividades tradicionales de los romaníes fueron prohibidos en toda Rumanía durante el comunismo, las autoridades rurales de la región no hicieron tanto énfasis en forzar su abandono, a diferencia de lo ocurrido en las grandes ciudades y sus alrededores.

En tercer lugar, los viajes de los spoitori se realizaban dentro de coordenadas conocidas y limitadas por las convenciones de distribución territorial entre los diferentes subgrupos. Esto significa que los desplazamientos no eran aleatorios, sino que se ajustaban a un área determinada, generalmente abarcando un número limitado de aldeas. Siguiendo la clasificación de GMLECH & GMLECH (1987), estos viajes corresponderían al tipo regional. Los grupos spoitori solían establecer un solo pueblo como punto de referencia para facilitar la distribución territorial, como Grădiştea, Vişani, Şuţeşti o Movila. Estas localidades servían como las coordenadas del espacio y, al mismo tiempo, delimitaban su movilidad, funcionando como enclaves para organizar su entorno social y marcar las áreas económicas accesibles o restringidas.

En cuarto lugar, a diferencia de lo que se podría suponer según ciertos imaginarios populares y teorías clásicas de la gitanología, el espacio era un elemento crucial en la vida cotidiana de los spoitori. El estatus local de los spoitori, similar al de los romaníes de Paraklamos descritos por THEODOSIU (2004: 34), estaba «moldeado y definido tanto por su localización en la fron-

10 «Nicho económico» entendido en la acepción elaborada por GUYER (2004: 178): «nicho en mi propio uso se refiere a la producción especializada y por lo tanto a ganarse la vida».

tera como por su movimiento a través del área». Para los spoitori, el viaje no representaba un continuo descubrimiento de nuevos lugares, sino que ocurría dentro de un paisaje geográfico y sociocultural que ya formaba parte de su experiencia, y en el cual ellos también eran una parte activa. Elegir a dónde ir implicaba conocer el destino, tener expectativas y ser conscientes de las fronteras infranqueables. Como destaca Lisón Tolosana (1997:14), «el determinante geográfico-espacial es uno de los más importantes, antiguos y permanentes indicadores y coeficientes de identidad» siendo también un «espacio de experiencia inicial y habitual, horizonte de memoria y expectativas». Así, lejos de la idea de que el espacio no tiene relevancia para los nómadas romaníes, el nomadismo de los spoitori antes de su asentamiento definitivo encaja con la concepción de Kabachnik & Ryder, quienes afirman que los nómadas buscan lugares que faciliten su forma de vida itinerante, ya que «los lugares son tan importantes para los nómadas como para los sedentarios» (2013: 89).

10

NIVELES DE INTEGRACIÓN SOCIAL Y DE IDENTIFICACIÓN ENTRE LOS *SPOITORI*

Las entrevistas realizadas a los spoitori de Grădiştea revelan cuatro niveles de integración en su organización social previa al asentamiento: 1) unidad nuclear móvil y de techo (*căruță* y *curte*); 2) familia compleja patrilocal *(salas)*; 3) banda territorial *(kumpania)*; y 4) comunidad imaginada (spoitor). Estos niveles están interrelacionados, siendo la filiación agnaticia, con algunos matices bilaterales, y las alianzas matrimoniales el pilar fundamental que articula todos los niveles de integración social. Como señala Narotzky (1983: 53), «este entretejido de lazos de alianza, de filiación, de consanguineidad juega un papel importante en la organización económica, política, religiosa y social de la comunidad».

a) Unidad nuclear móvil y de techo

Durante las entrevistas, los informantes spoitori revelaron que los pequeños viajes realizados para ofrecer sus servicios se llevaban a cabo en carros tirados por búfalos *(căruță)*. Cada carro estaba ocupado por los padres y sus hijos aún solteros. Al llegar a los lugares de acampada, construían tiendas provisionales *(curte)* con ramas de paja cerca del río, donde se resguardaban tanto los padres como los hijos solteros.

«Éramos nómadas, íbamos de un sitio a otro, nos quedábamos una semana en un sitio y otra semana en otro sitio. Vivíamos cerca del carro, en tiendas (curte). En la curte vivía con mi esposa e hijos, yo tenía 15 años, pero nos juntábamos con otros spoitori de la zona (...) todos nos juntábamos al lado del puente (...)» (Marius, 70 años, spoitor).

«Antes trabaja limpiando ollas (de caldero) y vivíamos en tiendas, nos íbamos con las vacas en carro de un lugar a otro, no como ahora que estamos quietos. Con mi marido e hijos íbamos de un sitio a otro. (...) Luego acampábamos con más de los nuestros, los padres de mi marido, sus hermanos e hijos y otros spoitori que iban con nosotros» (Marisa, 70 años, spoitor).

Una primera impresión tras leer los extractos de las entrevistas podría llevar a pensar que la familia nuclear (compuesta por padres e hijos solteros) era la unidad familiar predominante entre los spoitori en la era pre-asentamiento. Sin embargo, la realidad es más compleja y depende de diversas circunstancias, como se explicará a continuación.

b) Familia compleja patrilocal

A partir de los extractos de entrevistas tratados previamente, se puede observar que los asentamientos provisionales no se realizaban de manera individualizada. En un mismo campamento se reunían varias unidades familiares spoitori. Los informantes mencionan que acampaban junto a «otros spoitori de la zona» y parientes cercanos, como «padres de mi marido, sus hermanos e hijos...». Así, los campamentos provisionales se formaban según criterios de parentesco y distribución territorial.

En consecuencia, los campamentos consistían en varias tiendas *(curti)* levantadas por diferentes unidades familiares nucleares. Estas unidades podían estar vinculadas por filiación agnaticia o pertenencia a la misma banda territorial *(kumpania)*, sin necesidad de ser parientes directos, pero compartiendo la misma organización territorial.

«Poníamos las tiendas cerca de los Mocanu, los Constantin claro... pero ellos hacían lo suyo con los suyos, nosotros con lo nuestro, mis padres, hermanos, tíos, primos... los nuestros ¿sabes? Si a uno le habían dado una botella de *tuica*, todos bebían de ahí, si a otro le habían dado cigarrillos pues también los compartía» (Marius, 70 años, spoitor).

«Por la tarde nos reuníamos otra vez todos donde pasábamos la noche, cocinábamos, comíamos y los viejos bebían. Compartíamos comida, bebida, cosas... con mis primos, mis tíos... porque un día te iba mal y no ganabas nada y entonces ellos (parientes) te daban para que no te faltase de nada, otro día era al revés (...). Los pequeños siempre al lado de nuestra abuela y madres (...) si hacías algo malo te regañaban» (Giani, 50 años, spoitor).

En este contexto, las unidades familiares nucleares instalaban sus tiendas cerca de sus parientes con quienes colaboraban en las tareas diarias y compartían lo obtenido durante el día. Esta organización remite a la diferenciación que propone San Román (1997) entre «techo» y «familia». Mientras que «familia» se refiere a un grupo doméstico, el «techo» hace referencia a las personas que comparten la misma vivienda. En este caso, la tienda *(curte)* funcionaría como «techo», es decir, como el espacio destinado a dormir para los miembros de una unidad familiar nuclear.

Por lo tanto, resulta más adecuado concebir la unidad familiar spoitor no como una familia nuclear rígida, sino como una familia extensa o compleja, flexible y circunstancial *(salas)*. Dada la limitación de espacio de los carros y tiendas, se hacía necesario dividir a los parientes en unidades pequeñas, es decir, en unidades nucleares. Por razones prácticas, los miembros de cada unidad nuclear dormían juntos en una misma tienda, cumpliendo así la función de «techo» según SAN ROMÁN. Sin embargo, la noción de «familia» parecía extenderse más allá del núcleo padre/madre-hijos solteros. Aunque no todas las unidades familiares spoitori del campamento estaban vinculadas por parentesco directo, la distribución de las tiendas seguía un patrón de proximidad y lejanía basado en las relaciones de parentesco. Es decir, aunque no todos dormían en la misma tienda, las tiendas de los parientes cercanos se instalaban juntas, reforzando la estructura de proximidad familiar. Así lo ilustra una informante spoitor:

> «Cada uno plantaba las tiendas con los suyos, mis hermanos y yo dormíamos con mis padres, casi no cabíamos, pero en invierno iba bien porque te calentabas, y al lado, en forma de circulo estaban las tiendas de mis abuelos, tíos y primos, hacíamos todos juntos. Luego estaban otras familias que también se ponían como nosotros, pero más apartados, dos familias más eran, que también iban siempre con nosotros, yo de pequeña jugaba con las otras niñas de esas familias, luego me casé y me tuve que ir de allí» (Carmen, 54 años, spoitor).

Este tipo de organización presenta grandes similitudes con la descrita para los Osada de Eslovaquia por BUDILOVÁ & JAKOUBEK (2005). En ambos casos, los padres y sus hijos viven bajo el mismo techo, ya sea en chozas *(chyzka)* en el caso de los Osada o en tiendas *(curti)* entre los spoitori. Sin embargo, para los Osada, este núcleo familiar no constituye una unidad nuclear simple, sino la base de una familia compleja o extensa, que incluye a la pareja fundadora, sus hijos casados con sus esposas e hijos solteros, y, en algunos casos, a los hijos casados de los hijos (nietos de los fundadores) y sus descendientes (bisnietos de los fundadores). Así, esta familia puede incluir hasta cuatro generaciones. Alrededor de la choza *(chyzka)* de los padres fundadores, se agrupan otras chozas construidas por los hijos, junto con sus esposas e hijos solteros. De manera similar, entre los spoitori, las tiendas *(curti)* se organizaban en un patrón de proximidad que recordaba el modelo de las chozas de los Osada.

En el caso de los Osada, el espacio entre las chozas forma un pequeño patio denominado «*dvorecek*», que corresponde a la unidad de una familia compleja patrilocal. Aunque los informantes spoitori no han utilizado un término específico para describir el espacio entre sus tiendas, se ha señalado que cada tarde las unidades familiares se agrupaban cerca unas de otras y compartían todo lo que poseían. Los niños, ya sean hermanos o primos, pasaban tiempo juntos y podían ser reprendidos por cualquier miembro de la familia compleja si era necesario[11]. Las mujeres preparaban juntas la comida con utensilios y alimentos compartidos, mientras que los hombres se reunían para compartir cigarrillos y alcohol al final del día. Este círculo de interacción íntima estaba reservado exclusivamente para los miembros de la familia compleja patrilocal, quienes se identificaban bajo el mismo epónimo, como los Marzac, los Mocanu o los Constantin, reflejando una estructura social similar a la de los Osada.

En este contexto, todos los miembros de una misma familia compleja spoitor, identificados por un apellido común, mantenían relaciones de reciprocidad generalizada. Se apoyaban mutuamente en términos económicos, colaboraban en las tareas cotidianas y compartían la responsabilidad de educar y cuidar a los niños de todos los miembros de la familia. Siguiendo las definiciones de familia compleja o extensa como aquel grupo doméstico que incluye tres o más generaciones de personas emparentadas y sus cónyuges, que conviven bajo un mismo techo (KOTTAK, 2011; LLOBERA, 1999), y considerando que todos los miembros tienen un papel en la reproducción social, ayudándose y cooperando en todos los aspectos de la vida (SAN ROMÁN, 1997), podemos identificar la categoría de «familia compleja» como un nivel de integración grupal dentro de la organización social de los spoitori.

c) La banda territorial *(kumpania)*

A partir de los extractos de las entrevistas presentados hasta ahora, podemos identificar un tercer nivel de integración más amplio que abarca diferentes familias complejas spoitori: la banda territorial *(kumpania)*. Estas bandas estaban distribuidas por diversas áreas, donde tenían reconocido el derecho de acampar y desplazarse con fines económicos[12]. En este nivel de integración, las diferentes familias complejas patrilocales[13] no solo se reconocían

11 Como señala RAMÍREZ GOICOECHEA (2011: 107): «En las familias extensas y en unidades domésticas que incluyen miembros de diferentes generaciones, es frecuente que los niños sean cuidados por diversas figuras, individualmente o grupalmente, según la edad, la disponibilidad, el ámbito de enseñanza/aprendizaje, etc. (...) Muchos hermanos, primos, vecinos, más mayores quedan al cargo de los pequeños mientras sus cuidadores adultos realizan tareas de producción/reproducción».

12 Este derecho de explotación del nicho económico se reconocía entre las diferentes bandas territoriales, lo que implicaba una distribución territorial organizada. Cada banda tenía un área específica donde podía ofrecer sus servicios y explotar los recursos disponibles sin interferir con las actividades de otras bandas. Esta organización permitía una coexistencia armónica, basada en la cooperación y el respeto mutuo entre las distintas unidades familiares, evitando la competencia directa y asegurando el acceso a los recursos necesarios para su subsistencia.

13 En el caso de los spoitori que acampaban cerca de Grădiștea la banda territorial estaba formada por cuatro familias complejas patrilocales [Mocanu, Marzac, Marzac (2) y Constantin].

como miembros del mismo grupo ocupacional (spoitor), sino también como vecinos legítimos con el derecho de compartir un asentamiento provisional. Además, era necesario que estas familias se organizaran para evitar solapamientos en sus rutas y asegurar que sus desplazamientos y servicios comerciales no entraran en conflicto, respetando así la distribución territorial y las convenciones tácitamente establecidas.

En el tercer nivel de integración, la figura del *bulibasha* desempeñaba un papel clave como líder o autoridad máxima dentro de la banda territorial *(kumpania)*. Mientras que en las unidades familiares nucleares y complejas la autoridad recaía en el padre de familia o en los parientes más ancianos, el *bulibasha* tenía la responsabilidad de coordinar y mediar entre las distintas familias complejas que componían la banda territorial. Su rol implicaba supervisar las interacciones y asegurarse de que los miembros de la banda respetaran los acuerdos de distribución territorial y colaboraran de manera efectiva en la explotación del nicho económico común. De este modo, el *bulibasha* ejercía una autoridad que no solo tenía que ver con las relaciones familiares internas, sino también con la organización y gestión colectiva de los recursos y la movilidad de la banda.

> «Mi padre era quien mandaba sobre mí y mis hermanos... claro que le hacíamos caso siempre porque si no te pegaba y le teníamos miedo... pero quien más mandaba sobre nosotros era el abuelo, todos respetaban a ese viejo, no como ahora que no hay respeto. Lo que decía el abuelo iba a misa. (...) A nuestro *bulibasha*, también le hacíamos caso, pero no siempre, solo cuando lo necesitaban los mayores... le hacían caso, pero no era un policía. Ese viejo decía: vamos aquí, vamos allí... vosotros iréis a Racovita y vosotros a Ibrianu, pero siempre nos movíamos cerca de Grădiștea» (Marius, 70 años, spoitor).
>
> «Era el *bulibasha* quien nos decía donde teníamos que ir a *spoir* y si teníamos que acampar en otro sitio, bueno se lo decía a nuestros abuelos y padres, yo era pequeño (...) nuestro *bulibasha* era el viejo de los Mocanu, todos le respetaban porque era quien sabía más, el más viejo de todos (...) sí siempre nos movíamos por aquí, por Grădiștea, Ibrianu, Maraloiu...y otros spoitor iban con su *bulibasha* por otras partes, casi nunca nos veíamos con los de Șuțești y menos con los de Movila que estaban más lejos» (Ovidiu, 54 años, spoitor).

La figura del *bulibasha*, como se menciona, puede entenderse como un liderazgo informal, basado en el respeto y la *auctoritas*, pero sin la capacidad de imponer decisiones a través de la coerción. Este rol, aunque significativo, no se trataba de una autoridad absoluta. La autoridad del *bulibasha* era más bien simbólica y consultiva, y su influencia dependía del reconocimiento que las diferentes familias complejas dentro de la banda territorial le otorgaran. El hecho de que este liderazgo recayera, generalmente, en el hombre de mayor edad dentro de la banda territorial no solo refleja el respeto por la experiencia y la sabiduría acumulada, sino también una forma de organización social basada en la experiencia y en las relaciones de parentesco, en lugar de en la fuerza o el poder jerárquico estricto. Este tipo de liderazgo destaca por ser flexible y consensuado, lo que permitía a las familias dentro de la banda tomar decisiones de manera autónoma en muchos aspectos, sin que ello generara necesariamente conflictos o disputas internas. La toma de decisiones, en muchos casos, era compartida entre el *bulibasha* y los padres de familia, lo que reflejaba un sistema de colaboración y entendimiento mutuo dentro de la banda territorial.

Este tipo de organización social parece estar basado en una distinción clara entre los lazos internos de una familia compleja y los vínculos entre diferentes familias complejas dentro de una misma banda territorial. Las relaciones de reciprocidad y ayuda mutua que predominan entre los miembros de una misma familia compleja patrilocal (por ejemplo, compartir comida o ayudar en las tareas) no se extienden con la misma intensidad a las familias de la misma banda territorial, lo que sugiere que cada familia mantenía cierta autonomía, incluso dentro de una misma banda. La ausencia de intercambios de búfalos, como se verá más adelante, entre los miembros de una misma banda territorial refuerza esta idea de que hay límites sociales implícitos que regulan las interacciones económicas y sociales dentro de la banda. Es posible que la falta de tales intercambios esté vinculada al deseo de evitar conflictos potenciales dentro de la banda, ya que los intercambios de bienes importantes, como los búfalos, podrían generar disputas. La convivencia pacífica dentro de los campamentos depende, en parte, de estos límites.

d) La comunidad imaginada spoitor

Además de la identidad asociada a la familia compleja patrilocal, cuya pertenencia se refleja a través del epónimo que da nombre al grupo familiar (ej.: los Mocanu, los Marzac, los Constantin), y a la banda territorial, identificada por la localidad de referencia (ej.: los de Grădiștea, los de Vișani, los de Șuțești), los spoitori también comparten un sentido de pertenencia a una comunidad más amplia y unificada: la comunidad spoitori.

Este sentimiento de pertenencia puede considerarse como una comunidad imaginada, en la que, como señala Anderson (2005: 24), «ni los miembros de la nación más pequeña nunca llegarán a conocer la mayor parte del resto de sus compatriotas, no les serán presentados, y tampoco escucharán hablar de ellos nunca, y, aun así, en la mente de cada uno vive la imagen de su comunión».

El etnónimo «spoitor», que identifica al grupo y permite a sus miembros reconocerse como tales, actúa como un marcador claro de su identidad. Este etnónimo no solo distingue a los spoitori de otros grupos, sino que también facilita su autoidentificación (Proschan, 1997; Ramírez Goicoechea, 2011). A lo largo de los siglos, los diversos subgrupos romaníes de Rumanía se han diferenciado entre sí principalmente mediante criterios ocupacionales, los cuales han dado origen a sus etnónimos, como los *corturari*, *lautari*, *aurari*, *lingurari*, entre otros. Así, los marcadores de identidad en estos grupos suelen ser: 1) la ocupación tradicional que desempeñan y 2) el etnónimo derivado de esa ocupación. Sin embargo, también existen otros criterios de carácter tanto «objetivo» como «subjetivo» utilizados por los informantes para diferenciarse de otros subgrupos, lo cual será explorado más adelante.

De las entrevistas se puede inferir que la pertenencia a la comunidad spoitori se adquiría por nacimiento y se consolidaba a través de alianzas matrimoniales endogámicas dentro del subgrupo, lo que confería a esta membresía un carácter relativamente permanente. Sin embargo, dentro de la misma comunidad, existía una notable diversidad de unidades sociales a las que un mismo individuo podía pertenecer simultáneamente, como la unidad nuclear, la familia compleja y la banda territorial, siendo la relevancia de cada una de ellas dependiente del contexto y la situación. Esta diversidad, desde una perspectiva horizontal, también facilitaba el cambio de membresía entre grupos a lo largo de la vida, especialmente en el caso de las mujeres, que experimentaban un cambio de grupo tras el matrimonio, un posible retorno al grupo de origen tras un divorcio, y un nuevo cambio tras un segundo matrimonio. En menor medida, los hombres también podían experimentar cambios, aunque esto estaba condicionado por principios bilaterales de filiación agnaticia.

11

PARENTESCO Y MATRIMONIO COMO PILAR DE LA ORGANIZACIÓN SOCIAL: PRESCRIPCIONES, PROHIBICIONES Y CONFLICTOS

El parentesco, entendido como el conjunto de principios que definen las uniones legítimas entre individuos y la filiación de la prole nacida de esas uniones (GODELIER, 2000), configura un sistema de posiciones relativas que organiza la reproducción y, en muchos casos, la producción, constituyendo la base de la estructura social en la mayoría de los pueblos no industrializados (GONZÁLEZ ECHEVERRÍA, 2000).

Este es el caso de muchos grupos romaníes, donde la familia es la unidad básica de organización social en todas sus dimensiones: como unidad económica (donde se realiza el trabajo y se practican solidaridades), unidad educativa (donde se asegura la reproducción social) y unidad de seguridad (que protege al individuo) (LIÉGEOIS, 1987). Además, para estos grupos, las alianzas matrimoniales son esenciales tanto para establecer o conservar vínculos políticos entre diferentes grupos familiares, como para definir los derechos de filiación que afectan a los cónyuges y a sus grupos de pertenencia (BELUSCHI-FABENI, 2013).

A continuación, se detallarán algunos de los aspectos más relevantes respecto a la estructura de parentesco, reglas matrimoniales y residenciales, así como conflictos habituales surgidos de estas relaciones.

a) Formalización matrimonial mediante la tradición

Los spoitori de la era pre-asentamiento celebraban el matrimonio de acuerdo con sus propias tradiciones, alejadas del rito oficial reconocido por el Estado. Los informantes no solían dar gran importancia al relato de la ceremonia de boda, destacando que las uniones eran, en su mayoría, arregladas por los padres de los futuros esposos. Por lo tanto, el evento se vivía como algo predecible, e incluso a menudo traumático, para los cónyuges. A continuación, tres informantes spoitori comparten brevemente sus experiencias sobre el día de su ceremonia matrimonial.

> «¿Cómo fue la boda? Vino la familia de mi marido donde estábamos nosotros. Uno cogió una botella de vino, se sentaron sobre el césped y bebieron hasta el día siguiente, todos borrachos» (Carmen, 54 años, spoitor).
>
> «La boda solo duró una noche, los padres de él, los míos y los viejos bebieron mucha *tuica* y al día siguiente ya estaba casada y me fui con ellos... con mi marido y sus padres. Yo no quería irme, tenía 11 años, yo quería quedarme con mis padres y me intenté escapar dos veces para verlos» (Lorna, 55 años, spoitor).
>
> «Cuando me casé con doce años recuerdo que se reunieron mi familia con la familia de mi marido y bebieron, comieron y bailaron. Yo no tuve que hacer nada, solo los mayores. Ellos te casan y tú lo aceptas, aunque no te guste. A mí no me gustaba mi primer marido, yo era muy pequeña, no estaba pensando en chicos, más tarde me separé de él» (Cristina, 49 años, spoitor).

La celebración del matrimonio comenzaba con las arduas negociaciones sobre el «precio de la novia» *(excrex)*, un tema que se tratará con mayor detalle más adelante. La ceremonia se llevaba a cabo en el campamento donde se encontraban los familiares de la futura esposa. Este evento marcaba, generalmente, el primer encuentro entre los novios, quienes en muchos casos no se conocían antes del día de la boda.

La ceremonia consistía en reunir a los familiares de ambos, quienes compartían comida y bebida, siendo el destilado de ciruela, «*palinka*», la bebida preferida. Podría ser que esta bebida alcohólica tuviera un gran significado ritualístico destinado para estas ceremonias pues entre los roma *korturare* estudiados por Beluschi-Fabeni (2013) también está presente en las ceremonias nupciales. En este caso, a pesar de ser una práctica recurrente en otros grupos, no se ha identificado la práctica de rituales relacionados con la demostración de la virginidad de la esposa.

b) Las reglas prescriptivas, prohibitivas y residenciales de las alianzas matrimoniales

El sistema de prescripciones y proscripciones matrimoniales es fundamental para comprender la estructura de parentesco en los grupos sociales, ya que determina las opciones conyugales aceptadas dentro del grupo. En el caso de los spoitori, los novios solían contraer matrimonio a una edad muy temprana, con los padres de los futuros cónyuges pactando la unión. Esto lleva a la siguiente interrogante: ¿seguían los padres alguna regla prescriptiva o prohibitiva en la elección de los cónyuges para sus hijos e hijas? Los relatos a continuación, extraídos de entrevistas realizadas a dos informantes spoitori, proporcionan información valiosa para un análisis más profundo de este sistema de elecciones matrimoniales.

> «Mis padres eligieron a mi marido, yo no quería casarme porque no quería ir a vivir con otra familia que no conocía. Si te venía un cojo, un cuatro ojos o un ciego tenías que casarte con él porque ellos querían. Cuando me casé creo que yo tenía doce años y él diez. Mis padres conocían a la madre de mi marido porque antes se movían por la misma zona que ella, por los alrededores de Vișani. (...) Yo era de por Vișani, por ahí nos movíamos...mi marido vivía por Grădiștea (...). Claro que solo nos casamos entre spoitori» (Giani, 50 años, spoitor).
>
> «Cuando me casé tenía doce años y él tenía once, también spoitori. No nos casábamos entre primos, no es como ahora que sí se lleva esto. Él y sus padres eran de por aquí...yo antes de casarme vivía por Șuțești, solíamos acampar y trabajar cerca de Șuțești. Antes te casabas muy joven porque no había escuela, ahora es diferente» (Florica, 52, años spoitor).

En primer lugar, se observa que el campo de posibles opciones matrimoniales estaba limitado a miembros del mismo subgrupo romaní (étnico-ocupacional). Así, los matrimonios se realizaban exclusivamente entre spoitori, sin que se haya registrado ningún caso excepcional de uniones con miembros de otros grupos ocupacionales romaníes. La endogamia, en función del grupo étnico-ocupacional, es un criterio regular en la elección de cónyuges. Además, los informantes spoitori perciben a los miembros de otros grupos romaníes como una alteridad potencialmente peligrosa y perjudicial, lo que refuerza la falta de matrimonios intergrupales entre spoitori y otros grupos ocupacionales.

En segundo lugar, se observa que, dentro del límite endogrupal, las alianzas matrimoniales respetaban otros dos niveles o espacios internos del subgrupo. Es decir, las opciones conyugales se buscaban: a) fuera del propio grupo de filiación agnaticia (es decir, fuera de los parientes descendientes de la línea paterna) y b) fuera de la propia banda territorial *(kumpania)*. Este patrón de matrimonio aseguraba tanto la preservación de la identidad grupal como la ampliación de redes sociales y económicas dentro del subgrupo spoitor[14].

---

14 La categoría analítica que parece más adecuada para entender las reglas matrimoniales de los spoitori es la de «sistema elemental o prescriptivo», tal como lo define Lévi-Strauss (1969). Este sistema no solo señala los cónyuges prohibidos, sino que también especifica con quién se debe casar uno. En este contexto, los cónyuges prohibidos serían aquellos con los que se comparte una filiación patrilineal común, así como aquellos que, sin compartir filiación, pertenecen a la misma banda territorial con derechos de explotación comercial. Por otro lado, el campo de cónyuges aceptables quedaría limitado a los miembros de la comunidad spoitor, fuera de estos niveles proscritos. Sin embargo, esta hipótesis aún requiere más datos para ser confirmada de manera categórica.

Para continuar con el análisis de las reglas matrimoniales, es necesario determinar si existía alguna regla de residencia postmarital. Los siguientes extractos de entrevistas a informantes spoitori son ilustrativos en este sentido:

> «En aquél entonces nosotros acampábamos en Şuţeşti pero cuando me casé empecé a vivir con mi marido y sus padres a las afueras de Grădiştea donde acampaba su familia con otros spoitori» (Cristina, 49 años, spoitor).
>
> «Al día siguiente de casarme fui a vivir con la familia de mi marido. Con mis suegros... que andaban por aquí Grădiştea y me tuve que ir de Vişani» (Carmen, 54 años, spoitor).

Como indican las informantes, tras el matrimonio, la esposa dejaba el campamento de su familia para unirse al grupo de su marido, lo que revela que, entre los spoitori, prevalecía la regla de residencia postmarital patrilocal. Esto significa que las mujeres abandonaban su grupo local de origen y se trasladaban a la unidad doméstica de la que su esposo ya formaba parte como soltero (González Echeverría, 2000). Esta regla de residencia postmarital permite entender con mayor claridad las dos reglas matrimoniales observadas: la búsqueda de cónyuge fuera del propio grupo de filiación y fuera de la misma banda territorial.

En relación con el primer nivel de prohibición matrimonial, vinculado al grupo de filiación agnaticia, varios informantes han destacado que antes del asentamiento definitivo no se casaban entre familiares. Sin embargo, una indagación más profunda a través de las entrevistas demuestra la existencia de matrimonios entre primos hermanos que no compartían filiación agnaticia.

> «Nos casábamos entre spoitori siempre pero no entre primos, no no... entre familia nunca. Mi esposa venía de Vişani, yo vivía por aquí Grădiştea, acampábamos cerca del río Buzau, no nos conocíamos ella y yo. (...) Ahora que lo pienso... es verdad... ella era mi prima... mi padre y su madre eran hermanos...» (Marian, 62 años, spoitor).
>
> «El padre de mi mujer, mi suegro... y mi madre eran hermanos, sí. Pero bueno que no nos habíamos visto nunca nosotros dos...ella vivía en Vişani y nosotros por aquí Grădiştea, tampoco éramos parientes del todo» (Fanel, 52 años, spoitor).

El matrimonio entre primos que no compartieran líneas de ascendencia paterna era una práctica común entre los spoitori, aunque no se considerara una relación de parentesco cercana. Era frecuente que los varones se casaran con sus primas cruzadas patrilaterales[15],es decir, con las hijas de las

15 Esta prohibición no afectaba a las alianzas matrimoniales entre un varón pretendiente y las hijas solteras de la hermana de su padre *(primas cruzadas patrilaterales)* porque éstas pertenecían al grupo de filiación del marido de su tía paterna. Considerando, además, que el marido de su tía paterna pertenecía a otra banda territorial.

hermanas de su padre. Sin embargo, no se ha registrado ningún caso en el que un varón spoitor se casara con su prima paralela patrilateral, es decir, con la hija del hermano de su padre. Además, los matrimonios entre primos cruzados matrilaterales, es decir, con las hijas del hermano de su madre, también eran comunes[16]. En contraste, no se han documentado matrimonios entre primos paralelos matrilaterales[17], es decir, con las hijas de las hermanas de su madre.

Tabla 3. Correspondencia de tipología matrimonial

Tipo de matrimonio	Número Informantes spoitori (<45 años) casados según el tipo de elección
Matrimonio entre primos cruzados patrilaterales	8
Matrimonio entre primos cruzados matrilaterales	11
Otros	3

En relación con el segundo nivel de exclusión conyugal, vinculado a la búsqueda de cónyuge fuera de la banda territorial *(kumpania)*, no se puede afirmar con certeza que existiera una regla explícita al respecto. Sin embargo, en las entrevistas no se ha identificado ningún matrimonio entre grupos de filiación distintos dentro de una misma banda territorial. Una posible hipótesis sugiere que la exogamia por razón de banda territorial podría haber funcionado como un mecanismo para evitar conflictos derivados del matrimonio, como el precio de la novia o el divorcio, con el fin de preservar la paz

16 Desde la posición de un varón, la prohibición de matrimonio no se aplicaba a las hijas solteras del hermano de su madre *(primas cruzadas matrilaterales)* porque éstas pertenecían al grupo de filiación del tío materno y, por ende, a un grupo de filiación distinto del varón pretendiente. Además, dicho grupo de filiación formaría parte de otra banda territorial, asumiendo el hecho de que la madre del varón pretendiente habría abandonado su banda territorial de origen tras contraer matrimonio.

17 Ahora bien, ¿por *qué no eran regulares los matrimonios entre un varón y las hijas solteras de la hermana de su madre (primas paralelas matrilaterales) si en principio pertenecían a dos grupos de filiación patrilineal distintos?* Para responder a esta cuestión es necesario observar de nuevo las reglas de residencia post-marital practicadas entre los spoitori en la era pre-asentamiento. No era de extrañar que dos hermanas terminaran siendo cuñadas o perteneciendo a una misma banda territorial *(kumpania)* tras contraer matrimonio. En el primer de los casos la hija soltera de la tía materna pertenecería al mismo grupo de filiación que el varón pretendiente y, por lo tanto, fuesen simultáneamente *primos paralelos matrilaterales* y *primos paralelos patrilaterales*. Es decir, hablaríamos de una alianza matrimonial proscrita. En el segundo de los casos, aun cuando su *prima paralela matrilateral* perteneciese a otro grupo de filiación distinto al suyo, ambos grupos de filiación pertenecerían a la misma banda territorial *(kumpania)*. No se puede afirmar que se tratara ésta última de una práctica prohibida, pero al menos sí desalentada. Podemos intuir que estas son las razones que constatan la ausencia de matrimonios entre *primos paralelos matrilaterales*.

y la buena convivencia dentro de los campamentos. Otra hipótesis, alineada con las teorías del matrimonio como alianza política, podría sostener que la exogamia entre bandas territoriales distintas buscaba establecer vínculos estrechos y puentes entre los grupos de filiación. Ambas hipótesis podrían ser compatibles y complementarias.

En conclusión, para que se concretara un matrimonio, tanto el padre del futuro esposo como el de la futura esposa debían pertenecer a grupos de filiación patrilineal diferentes y a bandas territoriales distintas. Es importante resaltar que, con alta probabilidad, estos grupos de filiación ya habrían establecido alianzas matrimoniales entre generaciones anteriores, ya que los grupos colindantes eran limitados y las opciones matrimoniales también lo eran.

Además, los cónyuges no se percibían como parientes cercanos, a pesar de ser primos. Esta percepción subjetiva de los informantes puede estar vinculada al hecho de que los futuros esposos se conocían por primera vez en el momento de la boda, ya que habían nacido y crecido en diferentes bandas territoriales. Así, la filiación diferenciada y la distancia social por razón territorial parecían convertir a las primas cruzadas patrilaterales y matrilaterales en esposas potenciales, sin que fueran vistas como parientes cercanos[18]. Muchos informantes no fueron conscientes de los lazos de parentesco con sus cónyuges hasta el momento de las entrevistas.

c) Conflictos recurrentes derivados de las alianzas matrimoniales

La ruptura matrimonial era una práctica socialmente aceptada y, en algunos casos, frecuente entre los spoitori. Aunque no es posible establecer un conjunto cerrado de razones que justificaran el divorcio, los testimonios recabados destacan como causa principal el maltrato reiterado hacia las esposas, ya fuera por parte de sus maridos o de sus suegros.

> «Mi marido ahora es Minoi si... pero la primera vez me casaron con uno de una familia extraña, no los conocía porque no podíamos "coger" entre primos como ahora. Mi suegra me enviaba a hacer dinero... decía que para eso me había cogido y el padre de mi marido me pegaba, y por eso al separarme mis padres no le devolvieron nada (precio de la novia). Me fui embarazada, ahora mi hija tiene sus niños, pero vive fuera, se casó y se fue» (Roxi, 55 años, spoitor).
>
> «Yo nunca me he separado, pero claro que si te pegan como le pasó a mi hermana o te engañan te puedes separar. (...) Mi hermana se fue con mis padres y como todos sabían que sus suegros la pegaban no les devolvieron nada de lo que dieron por ella *(precio de la novia)*» (Cristina, 49 años, spoitor).

18 Este hecho aguarda cierta similitud con el apunte que hace Juan Gamella (2008) entre los Roma Caló de España.

Los extractos analizados evidencian dos aspectos recurrentes generadores de disputas matrimoniales entre los spoitori: 1) la separación motivada por el maltrato físico hacia la esposa, ya sea por parte del marido o de sus suegros, y 2) la ausencia de devolución del «precio de la novia» cuando se considera que existieron razones justificadas para el divorcio. Este último aspecto parece estar socialmente aceptado, consolidando una relación directa entre la gravedad de las causas y la retención del pago realizado a los padres de la esposa.

En uno de los relatos, además del maltrato, se menciona el adulterio como motivo suficiente para la disolución del matrimonio. Sin embargo, este factor no fue referido por otros informantes ni identificado durante el desarrollo de las entrevistas y la observación participante, lo que sugiere que podría tratarse de un caso excepcional o de una cuestión menos relevante en el marco de la comunidad estudiada.

Un motivo destacado de divorcio era la conflictiva relación entre nueras y suegros, aunque no se presentaran evidencias de maltrato físico. Estas desavenencias surgían, en general, del incumplimiento de las expectativas impuestas a las nueras respecto a sus tareas domésticas. Cuando una nuera no cumplía con estas demandas, se generaban tensiones dentro de la familia. En tales circunstancias, eran los suegros quienes solían tomar la decisión de repudiar a la nuera, «expulsándola» del grupo familiar y obligándola a regresar con sus padres, lo que formalizaba la separación.

> «Yo me casé a los 12 la primera vez... pero ella no hacía las cosas que tenía que hacer para la casa, no hacía nada y mis padres estaban hartos. Tuve una hija con ella, estuve casado 11 años. Luego conocí a Giani (actual esposa) y me separé. No le devolvimos nada (precio de la novia) porque no hacía lo que tenía que hacer y había pasado mucho tiempo... teníamos un hijo juntos (...) mi primera hija se quedó con su madre porque estaban muy apegadas» (Florin, 49 años, spoitor).
>
> «Sabes... siempre he sido diferente al resto, yo me valgo por mí misma... de pequeña me casaron con un tonto, no sabía hacer nada y su madre quería que le diera todo lo que ganaba *spoiendo* pero yo no quería compartir nada porque esos no trabajaban nada, así que empecé a guardarme cosas para mí. Un día mi suegra me llamó y me dijo "sé que tienes algo de dinero guardado, me lo das o te vas". Le dije que eso era mío, que lo había ganado yo y que no se lo iba a dar. El día siguiente ya me estaban llevando con mis padres y les dijo que no colaboraba en nada y que no me querían con ellos. Mi padre me dio una paliza y me dijo que volviera con ellos porque iba a perder el único búfalo que tenía, mi padre era un pobre borracho. Al final les devolvieron el búfalo que dieron por mí porque dije que si volvía me iría otra vez de allí, que los odiaba y mi padre no me volvió a hablar más en mucho tiempo» (Denisa, 51 años, spoitor).

El divorcio estaba socialmente aceptado y, además, relativamente común. En situaciones más graves, la familia de origen de la esposa podía respaldarla, lo que daba inicio al proceso de divorcio. En este contexto, las disputas entre familias giraban principalmente en torno a la devolución del «precio de la novia». Los padres del esposo solicitaban la devolución, mientras que los padres de la esposa podían negarse dependiendo de las circunstancias específicas de cada caso. No existía un principio normativo aplicable de manera categórica, ya que cada situación requería una valoración particular de las posiciones de todas las partes involucradas.

El maltrato físico hacia la esposa constituía la principal razón de divorcio y, en estos casos, no se devolvía el «precio de la novia» a la familia del marido. Por otro lado, los casos en los que la esposa era rechazada y expulsada por los suegros debido a su desempeño como nuera o esposa seguían una dinámica distinta. En tales situaciones, los padres del marido tenían derecho a reclamar la devolución del «precio de la novia». Por esta razón, los padres de la esposa intentaban evitar el divorcio si era iniciado por su hija, ya que, además de preservar las relaciones interfamiliares, si la situación llegaba a ser insostenible y los suegros la expulsaban, los padres de la esposa quedaban exentos de devolver el «precio de la novia».

d) Principios y reglas de la filiación: ¿linaje o pseudo-linaje?

La filiación se entiende como uno de los principios estructuradores de las relaciones de parentesco, basado en el reconocimiento cultural de consanguinidad o en relaciones genealógicas centradas en la conexión progenitor-prole (Llobera, 1999). Funciona como un mecanismo de reclutamiento que determina la pertenencia de las personas a un grupo de parientes de manera automática, mediante una filiación lineal que se remonta a un antepasado común (González Echevarría, 2000: Llobera, 1999). De este modo, la filiación se convierte en un criterio de adscripción a un grupo de descendencia a través de una única línea, generalmente la masculina o paterna (Narotzky, 1983). En consecuencia, la filiación confiere una identidad parental que diferencia a sus miembros de otros grupos de parientes (Gamella, 2007).

La filiación agnaticia predominaba como mecanismo de reclutamiento de parientes entre los spoitori. Este tipo de filiación, a través de la línea paterna, se manifiesta de manera más clara en su relación con el sistema de alianzas matrimoniales y las normas de residencia postmarital que se han descrito y analizado previamente.

> «Yo quiero más a mis hijos porque ellos se quedan contigo siempre, a tu lado y te ayudan cuando eres mayor. Las niñas en cambio se van, se van con sus suegros» (Marius, 70 años, spoitor).
>
> «No me pude quedar embarazada así que adoptamos a mi hijo de otra familia spoitori que no podía hacerse cargo de él... nosotros queríamos un niño porque así siempre sería de los nuestros *(de la familia)*... por eso todos quieren más a los niños que a las niñas» (Lorna, 55 años, spoitor).

Se evidencia una marcada ideología patriarcal entre los informantes spoitori del periodo pre-asentamiento, donde el varón recibía un mayor reconocimiento que la mujer, al ser considerado el garante de la continuidad familiar, portador y transmisor de la identidad familiar y futuro cabeza del grupo. Como se mencionó previamente, tras el matrimonio, las mujeres abandonaban su familia de origen y su banda territorial, mientras que los hombres permanecían en estas estructuras. Además, el apellido del varón otorgaba identidad al grupo familiar extenso, proporcionando cohesión y sentido de pertenencia a sus miembros hasta la actualidad (ej., los Marzac, los Mocanu, los Constantin, entre otros).

No obstante, diversos autores de prestigio han cuestionado el uso de términos como «linaje», «patrigrupo» o «patrilinaje» para definir los grupos de filiación patrilineal romaníes. Al respecto, GAMELLA señala:

> «Este modelo, que concuerda con algunos elementos del discurso y la práctica común de los gitanos (patrilocalidad, inflexiones patrilineales en las formas de nombrar, algunos elementos de la antigua concepción gitana de la fecundación...) es incompleto y, en la medida en que reifica como corporaciones lo que son procesos flexibles de agrupación y coalición, inadecuado» (2008: 27).

Al recuperar dos extractos mencionados previamente, se puede constatar una cierta flexibilidad en torno a la filiación de los hijos.

> «Tuve una hija con ella, estuve casado 11 años, pero me separé (...) mi primera hija se quedó con su madre porque estaban muy apegadas (...) no sé nada de mi hija, yo me casé con Tinca y tuvimos a dos chicos y una niña, de estos si me he encargado yo» (Fanel, 52 años, spoitor).
>
> «Primero me casaron con mi primera mujer y tuvimos tres hijos varones, pero me separé (...). Los dos grandes vinieron conmigo, el otro era bebé y por eso se quedó con ella, no sé nada de él» (Petre, 66 años, spoitor).

Ambos casos coinciden en que, tras la separación del matrimonio, uno de los hijos permaneció con la madre en lugar de con el padre. Esto sugiere que, aunque la filiación patrilineal era una práctica común, no constituía un principio rígido e inquebrantable. En consecuencia, un individuo spoitor podía pertenecer al grupo familiar de su madre o de su padre según las circunstancias específicas. Esto evidencia la prevalencia de una ideología agnaticia, pero con elementos bilaterales, lo que permitía cierta flexibilidad en la elección de la línea de descendencia entre la paterna y la materna. Esta maleabilidad, común en muchos grupos romaníes, ha llevado a cuestionar el uso del término «linaje», y a considerar la categoría de «pseudo-linaje» como una descripción más precisa (OLIVERA, 2012).

12

UNA ECONOMÍA SUSTANTIVISTA MULTINIVEL: ENTRE LA RECIPROCIDAD INTRAGRUPAL Y EL INTERCAMBIO INTERÉTNICO

En esta sección se muestra cómo la identidad y la etnicidad funcionaban como principios estructurantes de la actividad económica de los spoitori durante la época comunista. Para ello, entendemos la 'economía' en un sentido sustantivo, es decir, como todo proceso institucionalizado de interacción tanto entre personas como entre personas y la naturaleza, orientado a organizar y garantizar las condiciones materiales necesarias para la reproducción social de un grupo (POLANYI, 2009). En este sentido, la actividad económica no puede separarse de otros aspectos de la cultura, como la política, la religión, la moral o el parentesco.

La satisfacción de las necesidades básicas de cualquier grupo humano requiere un sistema organizado de comportamiento que, en el ámbito de la antropología económica, se divide en tres dimensiones fundamentales: 1) producción de bienes y servicios; 2) distribución de bienes y servicios; y 3) consumo (GÓMEZ PÉREZ, 2001; KOTTAK, 2011; LLOBERA, 1999).

La producción de bienes y servicios se define como «la forma de obtención de unos determinados medios de subsistencia» mediante la movilización de mano de obra, herramientas, habilidades, organización y conocimiento (NAROTZKY, 1983: 41). Sin embargo, siguiendo a POLANYI (2009), la actividad económica de los spoitori, vinculada al nomadismo peripatético, debe analizarse principalmente como una forma institucionalizada de intercambio y no únicamente como una forma de producción. La «distribución» se refiere a la fase del proceso económico en la que se lleva a cabo la asignación de bienes y servicios (LLOBERA, 1999). POLANYI (2007, 2009), quien estableció una distinción entre los significados «formal» y «sustantivo» del término «económico»[19], identificó tres formas principales de integración institucionalizada de la economía humana en su dimensión empírica: 1) reciprocidad, 2) redistribución, y 3) intercambio.

Según POLANYI (2009: 98), la reciprocidad se describe como «el movimiento de bienes y servicios entre puntos correspondientes de un agrupamiento simétrico». Esto implica que un grupo se organiza en subgrupos simétricos, en los que los miembros del subgrupo A mantienen relaciones de mutualidad con sus contrapartes del subgrupo B, y viceversa. Este modo de integración económica se refiere al intercambio de recursos entre personas previamente unidas por vínculos y obligaciones sociales (LLOBERA, 1999), generalmente basadas en lazos de parentesco o comunidad, aunque también puede servir para establecer nuevos vínculos con personas ajenas con fines políticos (KOTTAK, 2011).

SAHLINS (1977) distinguió tres subtipos de reciprocidad: 1) reciprocidad generalizada, 2) reciprocidad equilibrada y 3) reciprocidad negativa. La reciprocidad generalizada se caracteriza por la ausencia de un plazo definido para la devolución, así como por la falta de una equivalencia exacta en cantidad o calidad de los bienes intercambiados. Aquí, la dimensión social prevalece sobre el aspecto material, y el acto de dar entre iguales sociales no conlleva expectativas inmediatas de retribución. Este tipo de reciprocidad, que se da principalmente entre parientes cercanos, destaca la importancia de la interdependencia entre las partes. Por otro lado, la reciprocidad equilibrada implica una retribución de valor similar al bien o servicio recibido dentro de un plazo finito, generalmente no muy extenso. En este tipo de transacciones, los aspectos sociales y materiales tienden a estar más equilibrados que en la reciprocidad generalizada. La distancia social entre las partes es mayor, extendiéndose más allá de los miembros de un hogar o banda, lo que genera una expectativa de retribución en un tiempo razonable para evitar tensiones en la relación. Finalmente, la reciprocidad negativa se guía por un principio egoísta de una de las partes involucradas, con el objetivo de obtener algo con el menor costo posible. Para ello, las partes pueden emplear estrategias deshonestas, engañosas, astutas o incluso recurrir a la violencia.

---

19 Según POLANYI (2009) el significado formal de «economía» surge del carácter lógico de la relación medios-fines como cuando se usa el término «economizar» en el sentido de «ahorrar», por esta razón dicho término está vinculado a otro, el de la «escasez». Es decir, el significado formal de economía significa «obtener el máximo resultado de los propios medios escasos». La concepción formalista, que funde la satisfacción de las necesidades materiales con la escasez y la economización, se ha estipulado como un concepto universalmente válido universalmente cuando realmente solo lo es en aquellas sociedades con un sistema de mercado. La concepción substantiva de «economía», en cambio, parte del hecho elemental de que los seres humanos no pueden subsistir sin un entorno físico que le sustente. Es decir, el origen de esta definición de lo económico demuestra la dependencia del hombre con la naturaleza y sus semejantes para lograr su sustento debido a que el hombre sobrevive gracias a una interacción institucionalizada entre él mismo y su ambiente natural.

La redistribución implica un modo de organización centralizada en el que «se consigue dentro de un grupo en la medida en que la asignación de bienes (incluyendo la tierra y recursos naturales) se recojan en una mano y se distribuyan mediante la costumbre, la ley o una decisión central apropiada» (SAHLINS, 1977: 103). En términos prácticos, este modelo de distribución económica implica que los bienes y servicios se trasladan desde el nivel local a un centro, de las personas comunes hacia una autoridad central, y posteriormente se redistribuyen entre los miembros del grupo, desde dicha autoridad central hacia las personas (KOTTAK, 2011; LLOBERA, 1999).

La tercera forma de integración económica que presenta Polanyi es el intercambio, también conocido como «intercambio de mercado». Este proceso implica «un movimiento bidireccional de bienes entre personas para que ambas partes obtengan el máximo beneficio» (POLANYI, 2009: 106). En este contexto, se distinguen dos formas principales: el trueque, donde las personas intercambian mercancías directamente buscando maximizar su beneficio, y el «intercambio de mercado», que surge cuando los recursos se intercambian de acuerdo con precios regulados por la ley de oferta y demanda, con el dinero como valor común y medio de transacción (KOTTAK, 2011; LLOBERA, 1999; POLANYI, 2009).

Entre los spoitori de la era pre-asentamiento se identificaron hasta cuatro esferas de actividad económica, cada una de ellas estructurada según la distancia social (identidad/etnicidad) entre las partes involucradas en las transacciones, lo que a su vez reflejaba diferentes formas de integración económica. Estas esferas eran: 1) reciprocidad generalizada dentro del marco de la familia compleja; 2) reciprocidad negativa entre miembros de distintas bandas territoriales; 3) reciprocidad equilibrada diferida entre miembros de diferentes bandas territoriales; y 4) intercambios interétnicos entre los spoitori y los *gadjé*.

a) Esfera 1. Reciprocidad generalizada en la familia patrilocal

Los informantes spoitori señalaron de manera reiterada la costumbre de ofrecer y compartir bienes básicos, como alimentos, tabaco, alcohol y herramientas, con miembros de la misma familia compleja patrilocal, sin esperar una retribución inmediata ni del mismo valor. Como se ha observado, al ofrecer sus servicios, las familias se organizaban en unidades nucleares, y, dependiendo de la jornada, algunas de estas unidades podían obtener más recursos que otras. Esto implicaba que los recursos básicos para la subsistencia diaria no estaban garantizados de manera uniforme, ya que la fortuna de cada unidad nuclear fluctuaba según el trabajo realizado ese día. Compartir y ofrecer bienes entre los miembros de la familia era una estrategia para asegurar la supervivencia colectiva del grupo doméstico.

> «Por la tarde nos reuníamos otra vez todos donde pasábamos la noche, cocinábamos, comíamos y los viejos bebían. Compartíamos comida, bebida, cosas... con mis primos, mis tíos... porque un día te iba mal y no ganabas nada y entonces ellos (parientes) te daban para que no te faltase de nada, otro día era al revés (...). Los pequeños siempre al lado de nuestra abuela y madres (...) si hacías algo malo te regañaban» (Giani, 50 años, spoitor).
>
> «Antes lo que tenías lo compartías, tu podías tener algo tuyo, alguna joya, la ropa y era tuyo, de nadie más, pero el resto que ganábamos lo compartíamos con mis primos, sus padres, mis abuelos y ellos también compartían lo que habían ganado durante el día» (Romica, 57 años, spoitor).

Este conjunto de interacciones se enmarca en las relaciones de reciprocidad generalizada. En primer lugar, la circulación de bienes y servicios en esta esfera ocurría entre personas previamente vinculadas por lazos de parentesco y que pertenecían a un mismo grupo doméstico. En segundo lugar, no existía una contra obligación estipulada por un tiempo definido ni por una cantidad o calidad que correspondiera al valor o utilidad de los bienes y servicios ofrecidos; en cambio, la supervivencia del grupo y su reproducción social tenían prioridad sobre tales aspectos. Este tipo de obligaciones es habitual entre parientes cercanos, ya que cuando las relaciones superan los límites del parentesco, como en la amistad o los vínculos entre socios, se introduce la obligación de retribuir favores en el futuro o saldar deudas previas, entre otras cuestiones (SAHLINS, 1979).

En resumen, la primera esfera de actividad económica se desarrollaba entre los miembros de una misma familia compleja patrilocal, cuyas relaciones se fundamentaban en la reciprocidad generalizada. Esto implicaba el ofrecimiento de bienes y servicios sin expectativas de un retorno inmediato ni de una compensación equitativa en cantidad o calidad. Estos bienes y servicios resultaban esenciales para la supervivencia y la reproducción social del grupo.

b) Esfera 2. Reciprocidad negativa entre de distintas bandas territoriales

La cría de búfalos constituyó una parte importante de la actividad económica de los spoitori. En primer lugar, estos animales desempeñaban un papel crucial como animales de tiro, necesarios para desplazarse mediante carros. En segundo lugar, las hembras proporcionaban leche, que se utilizaba tanto para el consumo directo como para la producción de mantequilla. Es relevante mencionar que los spoitori no consumían la carne de búfalo. Sin embargo, los búfalos también eran un bien transaccionable. Estas transacciones se realizaban exclusivamente entre miembros de la comunidad spoitor pertenecientes a diferentes bandas territoriales.

En esta segunda esfera de actividad económica, los búfalos eran los únicos bienes objeto de intercambio, quedando excluidos otros productos y servicios. Los búfalos podían intercambiarse por otros de igual o diferente sexo, y de edad similar o distinta. Además, la cantidad involucrada en la negociación no estaba limitada: un búfalo podía ser intercambiado por dos, o incluso dos búfalos por otros dos, entre otras combinaciones posibles.

> «Cuantos más búfalos tenías o más jóvenes y fuertes mucho mejor, eras más rico, era más fácil casar a tus hijos o encontrar mejores nueras, porque no es como ahora que se da dinero para casar a un hijo con una chica, antes de daban búfalos (...). Yo cuidaba muy bien a mis búfalos, pero a veces salían enfermos o eran viejos y nos íbamos a los spoitori de Visan y Șuțești a cambiarlos por otros mejores o más jóvenes, yo les decía que el mío era mejor que el suyo y era mentira, siempre salía ganando, era muy bueno en esto» (Marius, 70 años, spoitor).

Los informantes indicaron que la riqueza de una familia se medía, en gran parte, por la cantidad de búfalos que poseía, ya que esto incrementaba sus posibilidades de establecer alianzas matrimoniales a través del reclutamiento de mujeres. Además, señalaron que el propósito de las transacciones de búfalos era intercambiar aquellos cuyo valor se había devaluado debido a enfermedad, vejez o mal estado por otros en mejores condiciones. En última instancia, el objetivo era convencer a la otra parte de que los búfalos que recibía eran de mayor calidad que aquellos que entregaba. Este proceso se describía como un juego de astucia y engaño recíproco.

> «También íbamos a buscar otros spoitori de más lejos para cambiar búfalos. Recuerdo una vez de pequeña que unos spoitori de otro pueblo vinieron a buscar pelea a nuestro padre porque decían que les había engañado dándoles un búfalo enfermo y querían volver a cambiarlo, pero no hicimos caso» (Romica, 57 años, spoitor).

Dada la complejidad de esta esfera de actividad económica y los valores en juego, es pertinente acudir a ciertas nociones propuestas por Pierre Bourdieu, tales como el campo, el capital y el *habitus*. El «campo» se define como un espacio social donde los agentes compiten por diferentes formas de capital que son relevantes dentro de dicho espacio, con el fin de mantener o modificar la distribución de esos capitales y, con ello, su posición en la estructura social (Bourdieu, 1997; Costa & Murphy, 2015; Gutiérrez, 1997; Fernández Fernández, 2013; Wacquant & Bourdieu, 1992).

El «capital» se refiere a cualquier bien, ya sea material o inmaterial, que los agentes valoran económica o simbólicamente y que es objeto de deseo, acumulación o intercambio. Esto implica que cualquier bien que sea socialmente significativo para los agentes puede ser disputado dentro de un campo específico (Bourdieu, 1986). Bourdieu distingue cuatro tipos de capital: a) el capital económico, que se refiere a las propiedades materiales de las que dispone un individuo; b) el capital cultural, que abarca los conocimientos adquiridos mediante la experiencia y la sociabilidad; c) el capital social, que comprende la red de relaciones y contactos sociales y la posición de un individuo dentro de un grupo social; y d) el capital simbólico, que es el capital económico o cultural cuando es reconocido y valorado socialmente dentro de un espacio determinado, otorgando prestigio y poder al agente que lo posee. La creación de capital simbólico solo puede generarse dentro de un campo específico, en el que los agentes participantes comparten un conjunto de *HABITUS*, es decir, sistemas interiorizados de actuar, percibir, valorar y pensar, desarrollados a lo largo de sus vidas (FERNÁNDEZ FERNÁNDEZ, 2013; GUTIÉRREZ, 1997).

En el caso que nos ocupa, el campo puede definirse como el «campo de transacciones de búfalos», en el cual los miembros de la comunidad spoitor reconocían quiénes podían participar, cuáles eran los objetivos y cómo alcanzarlos. Ahora bien, surge la pregunta: ¿qué capital o capitales se disputaban en este campo? Aunque podría pensarse que, dado que los búfalos representaban riqueza al ser animales de tiro y productores de leche, solo el capital económico estaba en juego, esta percepción es insuficiente. Los relatos de los informantes, al recordar estas transacciones, se caracterizaban por un tono jocoso y de auto-enaltecimiento al evocar los momentos en que resultaron victoriosos en las negociaciones.

El aspecto importante radicaba en la sensación de ser el ganador tras demostrar habilidades de negociación que combinaban astucia, engaño y conocimientos específicos adquiridos sobre el «mundo de los búfalos». La capacidad para verificar si la información proporcionada por la otra parte sobre el estado de sus búfalos era veraz dependía del nivel de experiencia previa y del conocimiento adquirido, lo que pone de manifiesto la relevancia del capital cultural. En este contexto, las habilidades, capacidades y conocimientos relacionados con la negociación y los búfalos se integraban al capital económico, enriqueciéndolo.

En algunos casos, la victoria era reconocida colectivamente cuando, con el tiempo, una de las partes reclamaba haber sido engañada. En otros casos, la percepción de victoria era más bien subjetiva, limitada al negociador y su familia. En cualquier situación, la victoria generaba prestigio y reconocimiento para el ganador, mientras que la contraparte perdía reputación. De este modo, la combinación de capital económico y capital cultural se transformaba en capital simbólico, otorgando al agente vencedor prestigio y poder dentro del campo de transacciones.

En definitiva, dado el vínculo sociocultural previo entre las partes involucradas —aunque este fuera más débil que las relaciones entre miembros de la misma familia compleja— y la manifestación de actitudes astutas y engañosas durante las negociaciones para obtener un beneficio al menor coste, las interacciones en esta segunda esfera pueden clasificarse como un tipo de relaciones de reciprocidad negativa. Los búfalos se utilizaban como valor de cambio exclusivamente entre miembros del mismo subgrupo. Además, parece ser que era común que estas transacciones intragrupales se llevaran a cabo entre spoitori pertenecientes a diferentes bandas territoriales. En principio, un búfalo solo podía ser intercambiado cuando el objeto de cambio de la contraparte era también otro búfalo o un número mayor de ellos.

> «Ahora ya no se cambian búfalos, ya nadie tiene en el pueblo, solo uno pero los tiene para él y ya... pero antes todos teníamos, bueno mis padres tenían, todos los spoitori mayores tenían, yo tenía los de mis padres (...) sí, se iban a otros pueblos para cambiarlos, a ti te gustaba uno de los de Vișani y tu ibas y les decías: oye, yo tengo uno muy joven, te interesa cambiar el tuyo por el mío porque vivirá más tiempo y el tuyo ya es mayor, bueno... estas cosas hacían, cada uno quería quedarse con lo mejor, es normal, se emborrachaban, discutían, a veces cambiaban y otras veces no, pero si te llevabas uno bueno y al otro le dabas uno enfermo entonces querías que te devolvieran el bueno pero como el trato ya estaba hecho pues nada... adiós, unos enfadados y los otros contentos» (Aurel, 51 años, spoitor).

En resumen, esta segunda esfera de actividad económica involucraba a miembros de distintas bandas territoriales, lo que implicaba una mayor distancia social entre las partes en comparación con la primera esfera, aunque seguían estando vinculadas por lazos socioculturales. En este contexto, el capital económico, cultural y simbólico de las partes entraba en juego a través del intercambio de búfalos, utilizando la astucia y el engaño. Por tanto, estas relaciones se enmarcan en las relaciones de reciprocidad negativa.

c) Esfera 3. Reciprocidad equilibrada diferida en las alianzas matrimoniales

Las alianzas matrimoniales, como se ha descrito previamente, se realizaban entre spoitori pertenecientes a diferentes bandas territoriales. Los matrimonios eran precedidos por un proceso de negociación para acordar el «precio de la novia», también conocido antropológicamente como *excrex*, siendo este una transferencia que los padres del futuro esposo debían realizar a favor del patrimonio de los padres de la futura esposa. El valor del *excrex* se establecía en términos de búfalos, y la cantidad y calidad de estos dependían, en gran medida, de dos factores: 1) el capital económico de las familias involucradas, y 2) los atributos de la novia socialmente valorados, tales como su buena educación, actitud trabajadora y el respeto asociado a su familia.

Cuanto mayor era el capital económico de la familia del futuro esposo, mayores eran las probabilidades de alcanzar un acuerdo matrimonial. De igual modo, cuanto mayor era el capital económico de la familia de la futura esposa, más elevado era el valor del *excrex* exigido. Esto generaba que las alianzas matrimoniales se establecieran entre familias con un estatus económico y un prestigio similar. A continuación, se presentan algunos ejemplos basados en entrevistas con informantes spoitori:

> «Me casé con 14 años, pero no quería. Les dieron un buey a mis padres, yo no conocía a mi marido, era de otra familia. Dieron solo un buey porque mi familia

y la de mi marido eran muy pobres. Mi marido tenía 13 años (...) él es spoitor sí» (Julia, 54 años, spoitor).

«Recuerdo que mis suegros dieron a mis padres un buey y una cría por mi porque sabían que era buena niña y trabajaba bien» (Florica, 52 años, spoitor).

«Antes se daban búfalos a los padres de la chica cuanto se casaba, uno, dos, dependiendo de si la chica sabía hacer bien las cosas, si era bonita... ahora se da dinero, nadie quiere búfalos, todos quieren dinero» (Ovidiu, 54 años, spoitor).

El *excrex* no debe ser entendido como una compra, sino como una estrategia matrimonial mediante la cual se recluta a un cónyuge a través de la transferencia de bienes del novio o su grupo de parientes al grupo de parientes de la novia (LLOBERA, 1999). Esta institución cumple varias funciones, como crear o reforzar alianzas entre dos grupos de parientes políticos (BOHANNAN, 1996; HARRIS, 2011; HELLER, 2005), compensar la pérdida de mano de obra joven y útil (BOHANNAN, 1996; GÓMEZ PÉREZ, 2001) y actuar como una «garantía» en sistemas matrimoniales basados en intercambios asimétricos (NAROTZKY, 1983).

En primer lugar, el *excrex* permitía forjar alianzas matrimoniales, ampliando así la red de relaciones y contactos sociales a través de los nuevos lazos establecidos entre familias políticas de distintas bandas territoriales. En esta tercera esfera, el capital económico se empleaba como medio para generar capital social. En segundo lugar, los informantes destacaron que el *excrex* compensaba la pérdida que representaba el matrimonio de las hijas, al dejar un vacío en la ayuda que brindaban en las tareas del grupo doméstico. En tercer lugar, los datos recolectados indican que el sistema matrimonial de los spoitori se caracterizaba por intercambios asimétricos[20], ya que las alianzas matrimoniales se celebraban entre familias de diferentes bandas territoriales. En este tipo de sistema, el grupo A entregaba una mujer al grupo B, el grupo B hacía lo propio con el grupo C, y C a su vez entregaba una mujer al grupo A, cerrando así un ciclo. Como señala NAROTZKY, «el grupo que recibe a la mujer entrega una riqueza en prenda que corresponde al grupo donador y que solo será retribuida cuando se cierre el ciclo» (1983: 59). En este sentido, el *excrex* funcionaba como una contraprestación dentro de un sistema de relaciones de reciprocidad diferida (GONZÁLEZ ECHEVARRÍA, 2000).

El *excrex*, además de generar capital social y actuar como una forma de «resarcimiento», también funcionaba como una «garantía» dentro de una red de relaciones de reciprocidad equilibrada diferida por varias razones: a) existía un vínculo sociocultural previo entre las partes involucradas, el cual se reforzaba mediante esta práctica; b) se establecía una contra obligación, aunque diferida en el tiempo, relacionada con la expectativa de que el vacío que dejaba

20 Estos intercambios se diferencian del llamado *intercambio restringido* «que es un sistema simétrico en el que el grupo queda dividido, a efectos de intercambios matrimoniales, en cierto número de subgrupos pares entre los que la relación del intercambio es recíproca» (NAROTZKY, 1983: 58).

una mujer en su grupo de origen sería eventualmente ocupado por la recepción de otra mujer a través de una futura alianza matrimonial; y c) el *excrex* recibido, como capital económico, solía invertirse en futuras alianzas matrimoniales, lo que generaba expectativas de encontrar una nueva miembro para el grupo con características similares a la mujer que había dejado el grupo.

Sin embargo, también se han documentado casos en los que el búfalo fue sustituido por un valor monetario. Estas situaciones ocurrían principalmente cuando las familias eran consideradas económicamente pobres, un estado definido como la insuficiencia de búfalos. En tales casos, el *excrex* podía ser reemplazado, por ejemplo, por una suma de 2.000 Lei rumanos, que equivalen a aproximadamente 50 euros en la actualidad. Cabe destacar que, en la época en que tuvo lugar este matrimonio, esta cantidad representaba un valor monetario considerablemente elevado.

> «Me casé con 13 años y mi marido tenía 12 años, cuando me casé ni lo había visto, mi padre me vendió. Le dieron 2 mil LEI a mi padre, mi suegro era muy pobre, como nosotros, por eso no quiso dar ningún búfalo» (Lorna, 55 años, spoitor).

En la actualidad, el *excrex* se mide exclusivamente en términos de valor económico. Este cambio está vinculado a las nuevas formas de producción y distribución a través de las relaciones de compadrazgo, que se abordarán en apartados posteriores. En suma, la tercera esfera de transacciones, que también involucraba a miembros de distintas bandas, implicaba el uso del capital social mediante el fortalecimiento de vínculos entre familias políticas a través de alianzas matrimoniales. En este contexto, el *excrex*, valorado en búfalos y ofrecido a los padres de la novia, actuaba no solo como «indemnización» sino también como una «garantía» para futuras alianzas matrimoniales, dentro de un sistema de reciprocidad equilibrada diferida.

d) Esfera 4. Intercambios interétnicos entre spoitori y gadjé

Anteriormente se describió y analizó el «nomadismo peripatético» practicado por los spoitori antes de su asentamiento definitivo. Este tipo de nomadismo estaba estrechamente vinculado a los servicios de limpieza de vajilla que ofrecían a los clientes *gadjé*, quienes a cambio proporcionaban una contraprestación en especie. Este tipo de interacción económica interétnica no encaja dentro de los modelos de distribución previamente mencionados (reciprocidad y/o redistribución); en su lugar, se inscribe dentro de una forma de «intercambio».

NAROTZKY (1983) establece una distinción entre «distribución» e «intercambio». Desde esta perspectiva, la reciprocidad y la redistribución se consideran formas de «distribución» porque las transacciones se llevan a cabo entre personas que comparten algún tipo de relación social continua. En cambio, el «intercambio» se caracteriza por la relación temporal y limitada entre las partes, que se establece únicamente a través de la transacción y desaparece con su finalización. Según la autora, en los tipos de distribución (reciprocidad y redistribución) «la transacción aparece como una actividad puntual en un continuo social preexistente» (NAROTZKY, 1983: 49).

Las relaciones interétnicas entre spoitori y *gadjé* estaban marcadas por la desconfianza mutua y un claro distanciamiento social. No existía un vínculo social previo entre las partes negociantes, aunque ambas encontraban un interés mutuo en realizar este intercambio de servicios por bienes. Este tipo de relación correspondía a la forma más simple de intercambio, el trueque, en el que lo relevante era únicamente el aspecto material y no la dimensión social de la relación. Así, se trataba de una transacción puntual entre dos partes sin un vínculo social preexistente.

La identidad, como fenómeno experiencial, implica procesos complejos de categorización, comparación y diferenciación, de los que surgen valoraciones positivas o negativas desde un «yo/nosotros» situado y relacional (BARTH, 1976; IZAOLA, 2017). En este contexto, resulta clave analizar cómo los informantes spoitori percibían a los *gadjé* y viceversa durante la era pre-asentamiento. Este enfoque permite comprender la construcción relacional de la alteridad entre spoitori y *gadjé* en un marco específico (durante el régimen comunista) y en situaciones concretas (contactos esporádicos para intercambios económicos). Estas interacciones generaban representaciones mutuas y formas de relación (categorizaciones) que facilitaban comparaciones y valoraciones, positivas o negativas, entre ambos grupos.

Durante la época comunista, las interacciones entre spoitori y *gadjé* eran limitadas, esporádicas y funcionales, centradas principalmente en transacciones comerciales, como se describió anteriormente. Estas transacciones constituían el principal punto de contacto interétnico, aunque los spoitori no eran el único subgrupo romaní en contacto con los *gadjé* de Grădiștea. Los testimonios reflejan una percepción de miedo hacia «lo gitano» por parte de los *gadjé*, asociado a un mundo móvil y peligroso que amenazaba la estabilidad de lo conocido. Sin embargo, esta percepción no era uniforme, como se ha mencionado, y dependía según los diferentes subgrupos romaníes.

Por ejemplo, los spoitori y calderari eran considerados un «mal necesario», debido a su habilidad para realizar tareas específicas y útiles, como limpiar utensilios o fabricar calderos de cobre, esenciales para actividades cotidianas como la cocina o la preparación del destilado alcohólico llamado «tuica». En cambio, los laiesi eran vistos como una amenaza constante y amplia, asociados con comportamientos negativos como la brujería o el robo, y generaban mayor desconfianza. Una informante *gadjé* describe cómo los spoitori eran inicialmente percibidos con recelo, pero con el tiempo fueron integrados en cierta medida:

> «Claro que teníamos miedo de los gitanos porque no los conocíamos [...], pero ahora los spoitori son de los nuestros, tenemos miedo de los otros». (Fina, 69 años, *gadjé*).

Esta integración parcial contrasta con la persistente desconfianza hacia los laiesi, mencionados como peligrosos y sucios. Por su parte, Alexandru (67 años, *gadjé*) destaca la funcionalidad de las relaciones con los spoitori, limitadas al intercambio de servicios y bienes: «Nosotros les dábamos lo que teníamos que nos sobraba [...] hacían sus cosas y se iban». Así, los spoitori y calderari, aunque útiles, permanecían en una posición liminal dentro de la percepción *gadjé*.

En resumen, la jerarquización de la alteridad por parte de los *gadjé* en Grădiştea refleja una estructura basada en la funcionalidad de los distintos subgrupos romaníes. Los spoitori y calderari, aunque temidos, eran relativamente aceptados debido a la utilidad de sus servicios, siempre y cuando las interacciones fueran esporádicas y prácticas. Los calderari, como fabricantes y comerciantes de utensilios de cobre, y los spoitori, especialistas en limpiar estos utensilios, ofrecían servicios prácticos y valorados. En cambio, los laiesi ocupaban la posición más baja en esta jerarquía, ya que sus aportes, como la quiromancia, eran percibidos como poco útiles o irrelevantes. Además, su estilo de vida nómada y las características asociadas a ellos, como la suciedad, el desorden y el peligro, reforzaban esta percepción negativa. De modo que la relación de los *gadjé* con los romaníes no era homogénea ni totalizadora, sino selectiva y desigual, basada en una lógica pragmática que segmentaba a los subgrupos dentro de la categoría amplia de «gitanos». Esta segmentación revela que la funcionalidad percibida era el criterio clave para la aceptación o el rechazo de estos grupos.

El miedo hacia los laiesi, y en general hacia «lo gitano», estaba estrechamente vinculado a su movilidad. Según MAFFESSOLI (2004), el nómada representa un desafío al orden establecido, conceptualizado como opuesto al Estado-moderno, que busca ordenar, identificar y controlar el entorno social. La sedentarización, promovida por el régimen comunista en Rumanía, respondía a este imperativo estatal de estabilidad y dominación. Como señala MAFFESSOLI, «lo político desconfía de la vida errante, de lo que escapa a la mirada» (2004: 24). Desde una perspectiva microsociológica, los *gadjé* adoptaron una lógica similar: lo que se mueve y no se detiene queda fuera de los márgenes de comprensión y, por tanto, más allá del control y del mundo conocido. Este miedo hacia lo móvil refuerza el distanciamiento hacia aquellos grupos percibidos como incontrolables, especialmente los laiesi, quienes encarnaban el máximo grado de alteridad y peligro en el imaginario *gadjé*.

La figura del «extraño» sociológicamente construida ofrece una clave para entender la percepción y posición de los romaníes en el imaginario de los *gadjé* de Grădiştea. Según BECK (2000), el «extraño» se define por su oposición al orden social, poniendo en peligro la seguridad de la vida cotidiana. Esta categoría no depende de las características intrínsecas del sujeto, sino de cómo el orden social define quiénes son incluidos y quiénes son excluidos (IZAOLA, 2017: 46). En este contexto, los romaníes, aunque presentes en Rumanía desde la Edad Media, han sido sistemáticamente distanciados socialmente, transformándose en «próximos» que son, sin embargo, excluidos como «otros». BAUMAN (1997) describe este proceso como una «producción social de la distancia», mediante el cual individuos cercanos, como los vecinos judíos en la Alemania nazi, son transformados en «otros» abstractos a través de estereotipos y prejuicios. Este proceso ha sido aplicado históricamente a los romaníes en Rumanía, donde la figura del «gitano» ha sido estigmatizada como un «parásito» y «criminal» durante el régimen comunista, especialmente aquellos no asimilados al ideal rumanizado.

Dentro de esta dinámica, los laiesi representaban al «extraño» por excelencia: peligrosos, caóticos y sucios, asociados al desorden y el temor. Por el contrario, los calderari y spoitori, aunque también considerados «extraños», ocupaban un nivel menos extremo en esta jerarquía de otredad. Su utilidad económica y las interacciones funcionales que mantenían con los *gadjé*, aunque limitadas, los hacían tolerables en comparación con los laiesi, cuyo contacto era evitado. La escala de la otredad reflejaba esta diferenciación: mientras los laiesi eran el polo más distante y negativo, los calderari y spoitori, al desempeñar roles funcionales como comerciantes o limpiadores de utensilios, eran menos extraños. Sin embargo, su aceptación se limitaba estrictamente al ámbito del trueque y a encuentros puntuales. Como señala ALLPORT (1971), los prejuicios persisten cuando las opiniones preconcebidas no se confrontan con experiencias que las cuestionen. En este caso, los contactos esporádicos con los spoitori y calderari pudieron atenuar algunas percepciones negativas hacia ellos, mientras que la falta de interacción con los laiesi consolidaba su asociación con estereotipos negativos.

Los relatos de los informantes *gadjé* y spoitori reflejan una interacción interétnica marcada por desconfianza y una dinámica profundamente asimétrica. Para los *gadjé*, el contacto con los spoitori se limitaba exclusivamente al ámbito funcional del trueque, extinguiéndose una vez concluidas las transacciones económicas. Estas relaciones, por tanto, carecían de continuidad o profundidad más allá de su utilidad inmediata. Por el contrario, los spoitori describen una experiencia más hostil y compleja. Según sus testimonios, el entorno *gadjé* se percibía como peligroso, caracterizado por insultos, agresiones físicas y un abuso sistemático de poder, particularmente por parte de la policía. Tal como relata Marius (70 años, spoitor), los spoitori vivían bajo el temor constante de ser señalados o atacados, incluso sin motivo, y enfrentaban una falta absoluta de protección institucional. La única defensa contra este entorno hostil recaía en su cohesión intragrupal, que se convertía en un refugio indispensable para su supervivencia diaria.

> «La policía nos pegaba, sobre todo a los *laiesi*. Cuando Ceaușescu vivía no nos querían cerca ni para trabajar, no nos aceptaban y ahora nos quieren para trabajar en todos lados. Teníamos miedo de la policía, no robábamos nada, y aun así el rumano nos denunciaba y nos pegaban. Si ibas a la policía no te creían ni escuchaban a no ser que fuera a hablar el *bulibasha*» (Marius, 70 años, spoitor).

Esta dicotomía de percepciones pone de manifiesto lo que podría denominarse la paradoja de las miradas entrecruzadas, donde ambos grupos se observan con recelo y miedo, pero desde perspectivas diferentes y con desconocimiento de esta reciprocidad. Para los *gadjé*, el spoitor encarna al «extraño» que podría alterar la estabilidad social, aunque ocasionalmente es útil en contextos funcionales. Para los spoitori, los *gadjé* representan una fuente potencial de violencia y discriminación, pero también el medio del cual dependen para sobrevivir económicamente.

La desconfianza mutua encuentra justificación en las experiencias propias de cada grupo. Para los *gadjé*, el miedo se originaba en la alteridad y movilidad de los spoitori, asociados a la inestabilidad y a lo desconocido que amenaza el orden social. En cambio, para los spoitori, el temor radicaba en las agresiones y el abuso de poder que enfrentaban regularmente, sumados a su falta de credibilidad ante las instituciones oficiales, lo que los dejaba en una posición de vulnerabilidad constante.

13

DE AUTORIDADES, MECANISMOS DE CONTROL SOCIAL Y RESOLUCIÓN DE CONFLICTOS ENTRE LOS SPOITORI

En las sociedades acéfalas o no estatales, las relaciones políticas suelen surgir a partir de los vínculos de parentesco. Según BALANDIER:

> «Esta observación no sugiere, empero, que el parentesco, en su conjunto, tenga significaciones y funciones políticas. Incita más bien a desentrañar los mecanismos internos del parentesco, como por ejemplo la formación de grupos basados en la descendencia unilineal y los mecanismos externos, como la formación de unas redes de alianzas nacidas de los intercambios matrimoniales, que suscitan y comportan unas relaciones políticas» (1969: 63).

El análisis de este autor sugiere que el término «político» podría ser reemplazado por «sociopolítico» para reflejar mejor la complejidad de las relaciones organizativas en las sociedades no estatales, tal como lo plantea CONRAD KOTTAK (2011). Este autor argumenta que es más adecuado hablar de «organización sociopolítica» para abarcar una perspectiva más amplia que supere las limitaciones del concepto de «política» en términos de «política pública», ya que esta definición tiende a excluir a las sociedades sin Estado. Por lo tanto, el término «organización sociopolítica» permite referirse a «la regulación o gestión de las interrelaciones entre grupos y sus representantes» (KOTTAK, 2011: 205). KOTTAK aclara además que:

> «En sentido general, la regulación es el proceso que garantiza que las variables permanezcan dentro de sus rangos normales, a la par que corrige desviaciones de la norma y, en consecuencia, mantiene la integridad de un sistema» (2011: 205).

Asimismo, KOTTAK (2011) incluye dentro de la «regulación política» aspectos como la toma de decisiones, la resolución de conflictos y los mecanismos de control social.

La literatura antropológica ha mostrado un interés limitado, o en su defecto superficial, en el sistema jurídico-político de los romaníes. Elementos como los mecanismos de control social, las formas de hacer valer los derechos, los procesos informales y formales de resolución de conflictos, así como las instituciones con autoridad formal o informal para la toma de decisiones, comenzaron a recibir atención específica a partir de finales de la década de 1990. Este enfoque dio origen a un campo particular de estudio, iniciado por WEYRAUCH & BELL (1993) con el concepto de «derecho autonómico gitano».

De acuerdo con NAFSTAD (2016), la «ley gitana» ha sido considerada en los debates como un elemento clave de identidad, un medio para preservar la cohesión comunitaria y cultural, y un marcador cultural que diferencia a los romaníes de la sociedad mayoritaria. La autora identifica tres tendencias principales en la investigación sobre la ley gitana, clasificándolas de la siguiente manera: 1) Literatura etnográfica general sobre la comunidad romaní que, entre otros aspectos, aborda la ley gitana de manera secundaria, sin que sea el foco central de interés; 2) Estudios cuyo principal interés radica en la ley gitana como «legislación autónoma», lo que ha impulsado investigaciones socio-jurídicas sobre el derecho gitano desde el artículo seminal de WEYRAUCH y BELL en 1993. Esta tendencia se centra en el sistema moral y normativo del marimé, que establece una distinción dicotómica entre lo puro/impuro y lo legítimo/ilegítimo; y 3) Estudios posteriores a WEYRAUCH y BELL que amplían y matizan la comprensión de la ley gitana, incluyendo aquellos que consideran su interacción y coherencia con los derechos humanos, las convenciones internacionales y la globalización. Esta tercera tendencia pone énfasis en el significado y la función del consenso y el honor dentro del derecho gitano, más que en la centralidad del sistema *marimé*[21].

En la era pre-asentamiento de los spoitori se ha identificado la presencia de una figura específica encargada de mantener la paz, así como de prevenir y resolver disputas. Dado que el rol del mediador es de particular relevancia para esta investigación, resulta necesario realizar una comparación de los mecanismos de resolución de conflictos identificados por otros autores en diversos grupos romaníes a lo largo del tiempo. Para ello, se utilizará bibliografía que pertenece a las dos últimas categorías de la clasificación propuesta por NAFSTAD, ya que la literatura correspondiente a la primera categoría se considera demasiado ambigua y carece del nivel de detalle necesario.

---

21 Para mayor detalle respecto al sistema de contaminación *marimé* véase: WEYRAUCH (2001) y LEESON (2013). El artículo de Peter Leeson toma prestados los datos ofrecidos principalmente en la obra de Weyrauch (2001) para proponer una teoría económica del derecho romaní.

El análisis se llevará a cabo desde un enfoque diferenciado que se dividirá en dos partes principales: 1) aquellos grupos que cuentan con un mecanismo judicial formal conocido como Kris, o tribunal romaní, el cual funciona como una estructura institucionalizada de resolución de conflictos y regulación social dentro de la comunidad; y 2) aquellos grupos que, aunque carecen del tribunal romaní Kris, emplean otros mecanismos alternativos para la resolución de conflictos, tales como el *feud* (venganza regulada), el divano (asamblea o consejo) o el *bulibasha* (líder reconocido con funciones de mediación y control). Esta división permitirá un análisis comparativo que destaque las similitudes y diferencias en los enfoques de resolución de conflictos en distintos contextos romaníes. Finalmente, se describirán los mecanismos de control social y resolución de conflictos practicados por los spoitori antes de la sedentariación forzosa.

a) Tribunal romaní *(Kris)*

El Kris, o tribunal romaní, está presente en diversos grupos romaníes de distintas naciones y regiones. El término «Kris» en romanés ha sido traducido por algunos autores como «ley» o «sentencia» (Weyrauch & Bell, 2001) y como «tribunal» (Marushiakova & Popov, 2007). En el caso de Rumanía, solo una cuarta parte de los grupos romaníes mantiene esta institución (Marushiakova & Popov, 2007)[22].

Se han planteado diversas hipótesis sobre la conservación del Kris. Una de ellas sugiere que los grupos romaníes que cumplen con las condiciones de (a) tener un estilo de vida sedentario y (b) practicar matrimonios arreglados suelen conservar esta institución (Acton, Caffrey et al., 2001). Otra hipótesis, más generalizada, establece que los grupos que no tienen Kris son aquellos asentados permanentemente desde hace siglos, mientras que el Kris persiste en grupos que fueron nómadas de servicio hasta los decenios de 1950 y 1960 o que todavía llevan un estilo de vida nómada, particularmente en Europa central, sudoriental y oriental (Marushiakova & Popov, 2007). Sin embargo, estos autores consideran que la hipótesis más válida, basada en 30 años de investigación etnográfica, vincula la presencia del Kris con el uso del idioma o dialecto romaní: todos los grupos con un tribunal romaní hablan romanés, pero no todos los grupos que hablan romanés cuentan con esta institución.

Según Weyrauch & Bell (2001), el Kris, especialmente entre los Vlax Rom de Estados Unidos, se constituye de manera ad hoc mediante la elección de uno o varios jueces *(krisnitori)*. Ambas partes en el conflicto (acusado y acusador) eligen a sus jueces y deben estar de acuerdo con la selección

22 Para mayor detalle sobre la institución del Kris practicada por grupos romaníes en Rumanía véase Cahn, C. (2008) y Beluschi, F. (2012).

del contrario. La autoridad y la experiencia son criterios esenciales para la selección de los jueces. El procedimiento involucra a testigos y a una audiencia, donde las partes y los testigos pueden hablar sin límite de tiempo, y la audiencia puede participar activamente. El juramento, dotado de un carácter místico-religioso, es un elemento fundamental que asegura la honestidad, ya que su incumplimiento puede acarrear consecuencias sobrenaturales negativas. Los jueces emiten un veredicto consensuado y vinculante basado en la tradición y el razonamiento, el cual puede incluir sanciones como multas, castigos corporales o destierro temporal o permanente. El objetivo del Kris es restablecer la paz entre las partes involucradas.

Marushiakova & Popov (2007) coinciden en gran medida con esta descripción, pero advierten sobre el riesgo de generalización debido a las variaciones existentes entre diferentes grupos en Europa. Destacan que, aunque las características formales y funciones del Kris pueden variar, el principio subyacente es el «consenso». Entre las características que estos autores han observado durante tres décadas de investigación se encuentran: a) los jueces deben ser invitados con respeto, cubriendo sus gastos de viaje y alojamiento; b) los jueces son compensados por su tiempo; c) el juicio puede realizarse en diversos lugares, como casas, patios o restaurantes; d) la audiencia, que puede incluir mujeres y niños, participa activamente; e) los jueces se sientan en círculo; f) el miembro más autorizado dirige el procedimiento; g) las partes presentan su posición y convocan a testigos; h) cualquiera puede intervenir para citar precedentes o tradiciones; i) el juramento es el método definitivo para establecer la verdad; j) interrumpir a un orador, especialmente a un anciano, es un delito; k) los jueces toman una decisión conjunta; l) el objetivo es reunir a las partes a través del consenso; m) los fallos son vinculantes y su incumplimiento puede conllevar la «muerte social» o exilio; n) las apelaciones, aunque en teoría son desacato, a veces son permitidas por nuevas circunstancias; y o) las decisiones suelen implicar el pago de una multa, y el objetivo final siempre es el consenso.

b) Mecanismos alternativos al Kris

Un sistema alternativo al Kris es el sistema de venganza, conocido como «*feud*». Este mecanismo implica tomar la justicia por cuenta propia mediante la venganza de sangre, involucrando no solo a la víctima o al ofendido, sino a toda su familia en una confrontación con el ofensor y su familia (Narotzky, 1983). Este sistema ha sido registrado entre los romaníes de Finlandia (Caffrey & Mundy, 2001). Según la hipótesis de Acton, Caffrey & Mundy (2001), el sistema de venganza privada, como forma de justicia informal, se observa en grupos que combinan un estilo de vida nómada y un sistema matrimonial basado en la fuga de los novios para consolidar la unión matrimonial.

En segundo lugar, JUDITH OKELY (2005), a través de su prolongado trabajo de campo con los Traveller's de Inglaterra, identificó prácticas específicas que constituyen mecanismos alternativos para mantener el orden social y resolver conflictos. Estos mecanismos incluyen: a) estrategias de evitación, que consisten en ignorar o evitar el contacto con ciertos individuos o grupos; b) diplomacia informal mediante intermediarios, con reuniones destinadas a reducir las hostilidades; c) chismes, utilizados para controlar y desacreditar a alguien; d) robo o destrucción de propiedad, como un acto de confrontación de menor escala que la venganza de sangre; e) combates estilizados, que son enfrentamientos ritualizados con reglas específicas; y f) la atribución de la culpa a un «*gadjé*» (no romaní), utilizada como estrategia para resolver conflictos internos.

Otro mecanismo de resolución de conflictos es el Divano, definido como un proceso de arbitraje informal que puede preceder al Kris (LEESON, 2013). En este proceso, las partes en conflicto buscan la mediación de figuras de autoridad dentro de la comunidad. Solo si una de las partes no está satisfecha con el resultado, se recurre al Kris (ACTON, 2003; LEESON, 2013). No obstante, CAHN (2009) observó que entre los Giambas de Timis (Rumanía), el Divano tiene jurisdicción propia y puede ser activado por la comunidad cuando surge un problema grave, como la violencia doméstica extrema, que exige intervención inmediata. En cambio, el Kris se convoca para resolver disputas económicas o de honor. CAHN (2009) compara al Divano con el derecho penal y al Kris con el derecho civil, pero también admite, siguiendo a Thomas Acton, que incluso las disputas civiles en el Kris afectan al honor y la estabilidad comunitaria.

Por último, la figura del *bulibasha* es otra estructura relevante en algunos grupos romaníes de Rumanía. Según VIOREL ACHIM (1998), el *bulibasha* era una figura administrativa creada por las autoridades rumanas para el control fiscal y administrativo de los romaníes. Desde la Edad Moderna, en Moldavia y Valaquia, bandas romaníes con ocupaciones comunes quedaron bajo la autoridad de un «sheriff gitano» o «vataf», conocido desde finales del siglo XVIII como «*bulibasha*». Este líder supervisaba a varios jefes locales (conocidos como «jude» o «giude» en Valaquia y Moldavia y «voivode» en Transilvania), quienes eran elegidos en asambleas y tenían funciones de resolución de disputas. Tras la Segunda Guerra Mundial, el papel del *bulibasha* se redujo significativamente. Aunque continuó siendo una figura respetada y con ciertas funciones mediadoras, especialmente con las autoridades locales, su capacidad de mando disminuyó (BURTEA, 2016; ENGEBRIGSTEN, 2011). En la actualidad, algunos grupos conservan esta figura como una autoridad simbólica que representa al grupo ante la sociedad mayoritaria, aunque su poder práctico varía. El *bulibasha* puede coexistir con líderes internos responsables de mantener el orden y gestionar los asuntos económicos del grupo (ENGEBRIGSTEN, 2011). A pesar de la percepción de que no puede imponer decisiones, su influencia puede ser significativa en la práctica.

c) Mecanismos de control social y resolución de conflictos entre los spoitor: un *bulibasha* reinventado

La organización sociopolítica de los spoitori nómadas destaca por el rol del *bulibasha*, una figura que debe ser analizada con cautela, ya que, a pesar de su existencia documentada en Rumanía desde principios de la Edad Moderna, en el caso de los spoitori del pre-asentamiento no se corresponde plenamente con las descripciones tradicionales de los historiadores. En este contexto, el *bulibasha* representaba el punto máximo de cohesión y orden social de una banda territorial *(kumpania)*. No existía un único *bulibasha* para todas las bandas spoitori de una región administrativa; cada banda territorial tenía su propio líder. Por lo tanto, las unidades familiares que tenían derecho a explotar económicamente un área geográfica reconocían la autoridad de un solo *bulibasha*, más allá de las figuras de autoridad más inmediatas, como el paterfamilias de una familia nuclear o el varón más anciano de una familia patrilocal compleja. La zona geográfica de una banda era más pequeña que la de una región administrativa, lo que significaba que una misma región podía dividirse en diferentes zonas asignadas a diversas bandas. Asimismo, el *bulibasha* de los spoitori también asumía funciones asociadas a los antiguos «jude» o «giude», siendo tanto un líder externo como interno, un «*bulibasha* reinventado».

El cargo de *bulibasha* no era hereditario, sino que su reconocimiento social se basaba en tres criterios: edad, género y sabiduría adquirida con el tiempo. El *bulibasha* era siempre el hombre más anciano de una banda territorial, asociado con experiencia y sabiduría. No se mencionan mujeres en este cargo, reflejando una ideología patriarcal dominante (SAN ROMÁN, 1997). Los testimonios de los spoitori refuerzan este aspecto:

> «Un *bulibasha* había de ser hombre y mayor. Le hacían caso porque es más sabio, más viejo y la que gente pensaba que él sabía» (Ovidiu, 54 años, spoitor).
>
> «Mitoi fue nuestro último *bulibasha*, era de los Baboi (epónimo de grupo patrilineal), el más viejo de todos y el que más sabía de todo» (Giani, 50 años, spoitor).

El *bulibasha* representaba el orden moral y normativo entre los spoitori a través de una serie de funciones clave: mediador en conflictos internos dentro de la banda territorial; tomador de decisiones relacionadas con las rutas y actividades económicas; transmisor de normas y conductas esperadas; consejero y mediador en asuntos matrimoniales, y representante de la banda ante las autoridades locales *gadjé*.

En cuanto a su rol como mediador de conflictos, el *bulibasha* intervenía solo cuando las partes en disputa no lograban resolver sus diferencias de manera autónoma. Su propósito no era aplicar sanciones ni imponer castigos, sino restablecer la paz y armonía entre las familias involucradas. El *bulibasha* no tenía poder coercitivo, y su intervención buscaba la conciliación, no la confrontación o la asignación de culpa. Los testimonios de algunos informantes ilustran esta función conciliadora:

> «El *bulibasha* era el más viejo, pero ya murieron esos. Cuando alguien se peleaba él siempre ponía paz. Si uno no hacía caso se le decía que se fuera del campamento hasta que se tranquilizase y entrara en razón» (Marisa, 70 años, spoitor).
>
> «Si había problemas acudías al viejo para poner paz. Si no hacían las paces era malo. Si eres malo, te enviaba fuera del campamento para que te tranquilizaras y volvieras cuando estuvieras bien. Si alguien era muy malo, claro, no había cárceles... todos éramos familia... no éramos extraños y al final acababas hablando» (Marian, 62 años, spoitor).
>
> «Siempre decía cosas cuando alguien se enfadaba por lo que fuese... que si algunos estaban peleados era porque todos tenían algo de culpa, si uno hacía una cosa que molestase a otro era porque el otro también algo había hecho. Solo quería que todos se llevasen bien» (Petre, 66 años, spoitor).

La resolución de conflictos no se basaba en una dicotomía estricta de culpables y víctimas; más bien, se aplicaba un principio de ambivalencia, en el que todos eran considerados en cierto grado responsables. La comunidad percibía como culpable a quien desobedecía la decisión del *bulibasha*, considerándolo una falta de respeto hacia el grupo entero. La autoridad del *bulibasha* provenía del reconocimiento comunitario de su sabiduría y experiencia, lo que le otorgaba legitimidad y respeto.

El *bulibasha*, en el ejercicio de su segunda función, desempeñaba un papel fundamental en la gestión de los movimientos y asentamientos de la banda territorial. Su responsabilidad incluía decidir cuándo levantar y establecer campamento, seleccionar el destino de las rutas comerciales y distribuir a las unidades familiares durante el trayecto. Como el miembro de mayor edad de la banda, se le atribuía un conocimiento profundo del territorio, lo que era fundamental para guiar a la comunidad de manera segura y eficaz. Además, se valoraba su capacidad para mantener relaciones cercanas y fluidas con las autoridades locales, especialmente con la policía de las aldeas, lo que garantizaba la seguridad del grupo durante sus desplazamientos y les permitía acampar sin problemas.

> «"Monoi" era el más viejo, él nos decía que fuéramos de un lugar a otro a hacer los cambios, era como un cura» (Mitel, 53 años, spoitor).
>
> «Mi padre era el "viejo", los abuelos tenían 90 años. El *bulibasha* era el más viejo. Es que éramos pocos, no como ahora. El viejo decía: vamos a ese pueblo u al otro, y se hacía. Íbamos detrás de él» (Marian, 62 años, spoitor).
>
> «El *bulibasha* de los que estábamos por Vişani era el hermano de mi padre que era el más viejo. Él decía: vamos aquí y luego decía: mañana vamos allá. E íbamos con los carros a *spoir*. En Vişani no éramos como ahora, sino una familia pequeña» (Carmen, 54 años, spoitor).

El *bulibasha* también cumplía una función importante en la transmisión de saberes relacionados con el comportamiento apropiado y el cumplimiento de las normas básicas de convivencia. Si bien la unidad familiar desempeñaba el papel principal en la enseñanza de estos valores, el *bulibasha* era un consejero reconocido y un canalizador de la moral comunitaria, especialmente en la prevención de comportamientos como hurtos, robos y reyertas. Los testimonios de los informantes spoitori destacan su influencia moral:

> «Antes había *bulibasha*, era mi padre en Vișani. Él nos decía a todos lo que debíamos hacer... pedir ollas para limpiar y a cambio nos daban cosas los rumanos, no te daban dinero. Mi padre, el *bulibasha*, decía a todos que había que trabajar, no robar» (Denisa, 51 años, spoitor).
>
> «Cuando me casé y vine para aquí, estaba Minoi de *bulibasha*. Antes, nos íbamos a él si necesitábamos algo importante. Uno iba, lloraba porque le habían pegado, y él decía que no debía pegarse entre ellos y lo respetaban» (Cristina, 51 años, spoitor).

Estos relatos muestran cómo el *bulibasha* se convertía en un referente de conducta, ofreciendo orientación y resolviendo conflictos con un enfoque moral y comunitario. Su figura representaba una autoridad moral respetada que ayudaba a mantener la cohesión social y la convivencia pacífica dentro de la banda, guiando a los miembros hacia un comportamiento que favoreciera la estabilidad y el respeto mutuo.

El rol del *bulibasha* como consejero y mediador en asuntos matrimoniales era particularmente necesario y relevante entre los spoitori. Su intervención podía ser crucial en negociaciones relacionadas con el *excrex* (precio de la novia), así como en conflictos derivados de rupturas matrimoniales que implicaban la devolución del *excrex* en caso de divorcio. La mayoría de los conflictos dentro de la comunidad surgían en torno al matrimonio y sus diferentes etapas, y con frecuencia, las partes involucradas pertenecían a distintas bandas territoriales, cada una con su propio *bulibasha*. En tales situaciones, ambos *bulibasha* podían actuar conjuntamente para evitar que los enfrentamientos se agravaran. Algunos testimonios reflejan esta función mediadora:

> «Si había un mal acuerdo por el precio que debían pagar los padres del chico por la chica con la que querían que se casara entonces acudíamos al viejo *(bulibasha)* y nos decía que teníamos que hacer por nuestro bien. También hablaba con otros viejos *(bulibasha)* de Vișani y de por ahí porque entre ellos se entendían bien y ponían paz si las familias se peleaban por divorcios, pues unos querían que les devolviesen lo que habían pagado por su nuera y los otros decían que no tenían derecho a pedir nada» (Luminel, 58 años, spoitor).
>
> «El *bulibasha* siempre ponía paz y buscaba lo mejor para todos, no defendía solo a su familia, porque él era de los Mocanu, pero sobre todo era el *bulibasha* de todas las familias que vivimos ahora en Grădiștea. Siempre estaba atento a todo, si unos de los nuestros se peleaban con otros entonces iba a hablar con su *bulibasha*

para acabar con la pelea, casi siempre era por cosas del casamiento, ya sabes... que si uno quiere un búfalo o dos por su hija y los otros no quieren» (Marisa, 70 años, spoitor).

Estos relatos demuestran que el *bulibasha* no solo actuaba como mediador en conflictos intragrupales, sino que también buscaba mantener la armonía entre diferentes bandas territoriales. Su enfoque estaba dirigido a encontrar soluciones justas y aceptadas por ambas partes, promoviendo la paz y el consenso en situaciones potencialmente divisivas y difíciles, especialmente aquellas relacionadas con alianzas matrimoniales, donde las tensiones y expectativas familiares eran elevadas. La habilidad del *bulibasha* para negociar y buscar acuerdos reflejaba su capacidad para mantener la cohesión social, trascendiendo los intereses familiares y actuando en beneficio del grupo en su conjunto.

Por último, el *bulibasha* desempeñaba un papel fundamental en la representación y mediación entre su banda territorial y las autoridades locales *gadjé*, con un enfoque particular en las relaciones con las autoridades policiales. Como figura visible y respetada por las autoridades oficiales de las aldeas, el *bulibasha* servía como un punto de contacto confiable para facilitar las interacciones y mantener la estabilidad en los lugares donde su banda realizaba sus actividades comerciales. Para las autoridades, el *bulibasha* representaba un interlocutor respetable y, en muchos casos, indispensable para gestionar situaciones que involucraban a los spoitori.

Esta capacidad de mediación se hacía aún más evidente en conflictos graves, especialmente en reyertas que involucraban a otros grupos romaníes. En tales circunstancias, el *bulibasha* cooperaba con las autoridades locales para evitar una escalada del conflicto. El testimonio de un *gadjé* que ocupaba un cargo institucional local durante la era pre-asentamiento ilustra esta función:

«Antes el *bulibasha* de nuestros spoitori era Minoi, sin él no se hacía ni decía nada, de esto hace 40 años. Nosotros y la Policía del pueblo teníamos contacto con el *bulibasha*. Por ejemplo, hace muchos años, antes de los 90', unos gitanos de estos que vienen de lejos hirieron al abuelo de Mirina con arma blanca y entre el *bulibasha* y las autoridades del pueblo colaboramos para sacarlos de ahí para evitar que el conflicto fuera a más» (Stefan, 62 años, *gadjé*).

El siguiente relato de un informante spoitor ejemplifica la intervención del *bulibasha* en un caso de conflicto con la policía rural:

«El viejo siempre hablaba con la policía, con los alcaldes, los conocía a todos los de por aquí y se llevaba bien con ellos. A mi hijo unos rumanos de Ibrianu le pegaron una vez porque decían que había robado una bicicleta y era mentira, la policía también lo pegó hasta que el viejo habló con ellos y se demostró que no había robado nada, eso sí... mi hijo se llevó una buena paliza» (Marius, 70 años, spoitor).

Estos ejemplos subrayan cómo el *bulibasha* actuaba como un mediador confiable y efectivo, capaz de gestionar situaciones de tensión y representar a su comunidad ante las autoridades *gadjé*. Su papel no se limitaba a resolver problemas internos, sino que también abarcaba la diplomacia y el manejo de conflictos con externos, asegurando la estabilidad y la paz para su banda territorial.

El *bulibasha* no debe entenderse como un líder absoluto y omnipresente con autoridad para intervenir en todas las relaciones dentro de la banda territorial. Beluschi-Fabeni (200), Matras (2009), Viktor & Vránová (2009) destacan que las comunidades romaníes han sido comúnmente, y erróneamente, representadas como sociedades tribales rígidas, dominadas por un líder fuerte en un sistema jerárquico. Esta visión simplificada pasa por alto la realidad más matizada de los spoitori nómadas, donde la autoridad es fragmentaria y descentralizada.

Entre los spoitori nómadas, el rol del cabeza de familia, generalmente el padre, es fundamental en la toma de decisiones que afectan a la unidad familiar nuclear. La gestión del orden social y moral, así como la resolución de disputas entre parientes, recaía inicialmente en el cabeza de familia o el varón más anciano de una familia patrilocal compleja. El *bulibasha* intervenía principalmente cuando se le solicitaba, y su autoridad derivaba del reconocimiento comunitario, la experiencia y el comportamiento ejemplar. No tenía poder para imponer sanciones mediante coerción. Como señaló una informante spoitor:

> «Cada uno podía ir donde quisiera a spoir, el viejo no nos podía obligar a ir a un sitio concreto, pero se le hacía caso porque conocía bien las cosas como eran, era mejor hacerle caso para que las cosas nos fueran bien. No era lo mismo ir solo a un sitio que tener cerca al viejo para que hablara con la policía si había algún problema» (Marisa, 70 años, spoitor).

En lo que respecta a las decisiones sobre viajes y actividades económicas, las unidades familiares conservaban una autonomía considerable, pero la relación positiva del *bulibasha* con las autoridades locales brindaba mayor seguridad y estabilidad en sus desplazamientos, haciendo que su consejo fuera valorado.

En conflictos intragrupales, tales como disputas premaritales, maritales, post-maritales o reyertas físicas menores, la resolución recaía inicialmente en las partes involucradas. El *bulibasha* intervenía solo cuando la situación se agravaba, actuando como mediador imparcial que escuchaba a ambas partes y proponía una solución pacífica:

> «El *bulibasha* era el más viejo, tenía autoridad, pero tampoco tenía tanto como un policía (risas). Nuestro padre era quien más mandaba sobre mí y mis hermanos, también mi abuelo ponía orden, ese sí que tenía mal carácter... íbamos al *bulibasha* solo cuando no había manera de arreglar las cosas... claro... cuando las cosas se

ponían muy feas entonces el viejo escuchaba a todos, si estaban muy nerviosos los separaba un buen rato hasta calmarse, luego volvía a juntarlos y llegaban a un acuerdo» (Cosmin, 49 años, spoitor).

En conclusión, la estructura sociopolítica de los spoitori nómadas refleja un sistema no centralizado donde: (a) la autoridad es fragmentaria y temporal, ejercida por el cabeza de familia, el líder del grupo patrilineal y el *bulibasha*; (b) nadie tiene monopolio sobre la fuerza ni capacidad de imponer decisiones mediante coerción; y (c) los grupos políticos se forman en distintos contextos, como la unidad familiar nuclear, la familia patrilocal compleja y la banda territorial (LEWELLEN, 2009).

d) Otros mecanismos de control social entre los spoitor: la superstición y el juramento

El sistema de contaminación ritual denominado *marimé* tiene un lugar destacado en la conceptualización de la ley gitana, particularmente entre los Vlach Roma de Estados Unidos, según lo documentado por WEYRAUCH & BELL (2001). Este sistema, que fundamenta la *romaniya* (ley gitana), se basa en creencias y supersticiones relacionadas con el contacto no vigilado con la parte inferior del cuerpo humano, considerado ritualmente contaminante, y percibe la profanación ritual como algo físicamente contagioso. En este contexto, los no-gitanos *(gadjé)* son considerados un estado extremo de contaminación (LEESON, 2013). WEYRAUCH & BELL (2001) dividen las reglas del *marimé* en cuatro categorías: 1) tabúes relacionados con el miedo a ser contaminado por las mujeres; 2) tabúes sexuales; 3) cosas consideradas sucias o antihigiénicas; y 4) rechazo del comportamiento socialmente perturbador.

El concepto de *marimé* articula un sistema jurídico-moral que clasifica lo «sucio» no solo en un sentido físico, sino también moral. La parte inferior del cuerpo humano, por ejemplo, es vista como «impura» porque emite sustancias consideradas potencialmente contaminantes, como la orina, las heces, el semen y la sangre menstrual. Por otro lado, la cabeza se considera la parte más pura del cuerpo, y muchas de las normas sociales derivan de esta división. Entre las prácticas derivadas de esta creencia, destacan las restricciones sobre el contacto de las faldas de las mujeres con los hombres y las precauciones durante la preparación de alimentos, especialmente durante el periodo menstrual.

En cuanto a los spoitori nómadas, sin embargo, los informantes no reconocen el término *marimé* ni muchas de las prácticas detalladas por WEYRAUCH y BELL. La única práctica relacionada que algunos recuerdan es el uso de la falda como un mecanismo de control social durante conflictos. En casos de enfrentamientos físicos, una mujer podía intervenir levantando su falda por encima de la cabeza del contrincante, lo que provocaba un temor basado en supersticiones, como el riesgo de mala fortuna:

> «Antes las mujeres vestían faldas muy largas y si se la ponían encima de un hombre, uy... eso era muy malo porque significaba que te estaba maldiciendo, que algo malo pasaría en tu vida, a ti, a tu familia o perderías todo lo que tienes. Recuerdo una vez que mi padre se estaba peleando con otro spoitor porque estaban borrachos y mi madre al ver que el otro hombre pegaba muy fuerte a mi padre se levantó la falda para tirársela por encima a ese hombre, de inmediato pararon y se fueron» (Florica, 52 años, spoitor).

Otro mecanismo de control social observado entre los spoitori de la era pre-asentamiento era la maldición vinculada al juramento. Los miembros de la comunidad invocaban a los muertos para lanzar maldiciones y generar temor con el fin de mantener el orden:

> «Ahora ya no se hace lo de jurar por los muertos, bueno... algunos lo hacen en el pueblo, pero nadie los toma en serio. Antes sí, cuando yo era pequeña sí que los mayores lo hacían... decían: ¡juro por mis muertos que si haces o no haces esto... que si no nos dejas en paz... que se mueran los tuyos!... Ahora ya nadie se cree esto, yo solo creo en Dios» (Madalina, 53 años, spoitor).
>
> «Antes te maldecían, juraban por los viejos muertos, tengo mucho miedo a esto. Yo solo pido cosas buenas para mis hijos. Hay gitanos que te maldicen... no me gustan estos que hacen esto» (Carmen, 54 años, spoitor).

El juramento por los muertos funcionaba como una forma de coerción mística, invocando un temor compartido hacia las consecuencias sobrenaturales, lo que mantenía el control social y el orden dentro de la comunidad.

CUARTA PARTE

LA COMUNIDAD *SPOITOR* DURANTE LA TRANSICIÓN: SEDENTARIZACIÓN FORZOSA Y FORMACIÓN DEL COMPADRAZGO INTERÉTNICO

15

LA SEDENTARIZACIÓN FORZOSA COMO RITO DE PASO

El adjetivo «sedentario» proviene del latín *sedentarius*, que significa «el que trabaja sentado», derivado a su vez de *sedêre*, es decir, «estar sentado». Según el Diccionario de la Real Academia Española (RAE)[23], su primera acepción hace referencia a un modo de vida caracterizado por la relativa ausencia de movimiento, mientras que su segunda acepción describe un rasgo distintivo de los pueblos dedicados a la agricultura, quienes se encuentran asentados en un lugar específico. El sedentarismo, más allá de su significado descriptivo, constituye un paradigma hegemónico inscrito en el poder institucionalmente legitimado, utilizado para controlar y excluir las movilidades, lo que implica la marginación de los grupos nómadas (Kabachnik & Ryder, 2013: 89). Desde una perspectiva sociológica y antropológica, el sedentarismo ha sido definido como un «sistema de ideas y prácticas que sirve para normalizar y reproducir los modos de existencia sedentarios y sus patologías, así como reprimir los modos de existencia nómada» (McVeigh, 1997: 9).

La sedentarización, entendida como el proceso por el cual un grupo nómada o seminómada transforma su modo de vida hacia el sedentarismo, puede estar motivada por diversos factores. En el caso de los grupos romaníes, los dos factores principales que impulsan este proceso son: 1) las políticas estatales de asimilación, y 2) la necesidad de adaptación a los cambios socioeconómicos (Bartash, 2015: 23). Para las familias spoitori de la comuna de Grădiștea, su sedentarización se originó en un asentamiento forzoso promovido por las políticas asimilacionistas del régimen comunista. Este proceso supuso una adaptación obligada a las nuevas circunstancias socioeconómicas derivadas del asentamiento.

---

23 Esta definición fue consultada en la Real Academia Española: *Diccionario de la lengua española*, 23.ª ed., [versión 23.7 en línea]. <https://dle.rae.es> [13 de junio 2020].

El proceso de sedentarización de los spoitori en Grădiştea se ha desarrollado en una serie de fases relativamente secuenciales, cuya comprensión requiere considerar el largo recorrido desde la separación de su estilo de vida nómada, pasando por el asentamiento forzoso y la confiscación de sus carros, hasta su incorporación en una compleja red de relaciones interétnicas estructuradas por instituciones como el compadrazgo. Para analizar este proceso, resulta pertinente utilizar el marco conceptual de los ritos de paso.

Los ritos de paso se caracterizan como un conjunto de conductas medianamente codificadas, repetitivas, ejecutadas en contextos espaciotemporales específicos y cargadas de un fuerte simbolismo tanto para los actores como para los testigos (SEGALEN, 2014: 37-38). Aunque la sedentarización no puede clasificarse como un rito de paso en sentido estricto, sí comparte con estos su finalidad: marcar una transición significativa entre estados sociales. En el caso de los spoitori, este proceso puede comprenderse mejor al analizarlo bajo la estructura tripartita que, según VAN GENNEP (2013), caracteriza a los ritos de paso: separación, margen (o liminaridad) y agregación. Estas no son fases aisladas, sino que se integran dentro de un mismo episodio ritual, en el cual una de las fases puede predominar dependiendo de la finalidad buscada (SEGALEN, 2014: 52). TURNER (2008: 104), por su parte, enfatizó que durante la fase liminar los individuos están en un estado de ambigüedad, suspendidos entre el pasado y el futuro, mientras que en la fase de agregación se integran a la estructura social en un nuevo estatus definido, con derechos y obligaciones asociados.

El objetivo principal de los ritos de paso es marcar «la transición de un modo de vida a otro o, para ser más precisos, la transición entre diversos estatus a lo largo de la vida (que) marcan una crisis en la vida individual o colectiva» (MORENO FELIU, 2010: 64). Así, establecen transiciones entre estados relativamente estables, tales como «el status legal, la profesión, la condición, el rango y el grado» (TURNER, 2008: 103). Este marco permite entender el cambio de los spoitori desde un estado seminómada hacia uno sedentario como un proceso gradual y crítico. La pérdida del estatus de seminómada supuso, además, una reestructuración tanto de los antiguos estatus individuales y colectivos como de las relaciones sociales con los miembros de su antigua banda territorial y los *gadjé* de Grădiştea. Este cambio implicó una reformulación del mapa sociocognitivo —es decir, quién ocupa qué lugar en la estructura social— y del campo de prácticas sociales que organizan las interacciones intragrupales e intergrupales.

En el caso de los spoitori, la fase de separación comenzó con la confiscación de sus carros y su asentamiento forzoso, lo que marcó su distanciamiento del estatus seminómada. En la fase liminar, las familias enfrentaron un periodo de ambigüedad y adaptación, caracterizado por la muerte del último *bulibasha*, como autoridad comunitaria, y la creación de vínculos de patronazgo con los *gadjé*. Finalmente, la fase de agregación se concretó con su incorporación a la estructura social sedentaria, aunque en una posición subordinada, lo que implicó una reconfiguración de sus estatus y relaciones sociales a través de vínculos de compadrazgo interétnico.

En resumen, el proceso de sedentarización de los spoitori puede ser analizado como un rito de paso debido a la similitud en su estructura y finalidad. Este proceso marcó la transición de un estado social a otro, transformando no solo el modo de vida de las familias, sino también su posición dentro de la estructura social de Grădiştea. La aplicación de este marco analítico permite comprender mejor las implicaciones sociales, culturales y simbólicas de su sedentarización.

16

LA FASE DE SEPARACIÓN: DEJAR UN MUNDO ATRÁS

La «fase de separación» puede entenderse como el periodo que transcurre desde el inicio del asentamiento forzoso, dirigido por las autoridades, hasta el inicio de lo que denominamos «fase liminal», que será abordada en el próximo apartado. Este momento marcó una ruptura significativa con las dinámicas de vida que habían caracterizado a las familias spoitori hasta ese momento. Aunque algunas de sus costumbres tradicionales, como las descritas anteriormente, se han conservado o readaptado con el tiempo, el asentamiento forzoso supuso un cambio drástico en su modo de vida, que inició un proceso de reestructuración tanto en su organización social como en sus interacciones interétnicas.

Este periodo puede ser identificado como el comienzo de una transformación en el estatus del grupo y de sus miembros, derivado de la separación marcada de su estilo de vida seminómada. La imposición de un asentamiento fijo representó una ruptura con su situación anterior, que no solo afectó sus prácticas cotidianas, sino también su identidad colectiva y su lugar dentro del entramado social. A continuación, se analizarán los factores que dieron inicio y definieron esta fase de separación, así como su impacto en el grupo spoitori.

a) Confiscación de carros, asentamiento forzoso y readaptación económica

Durante el régimen comunista en Rumanía se implementaron políticas asimilacionistas dirigidas a los grupos romaníes que aún practicaban estilos de vida itinerantes considerados como propiamente «gitanos». Estas medidas buscaban erradicar la movilidad y las ocupaciones tradicionales de diversos subgrupos romaníes, recurriendo a prácticas como la confiscación de carros y herramientas de trabajo (Crowe, 2016; Pons, 1999). Sin embargo, estas políticas no lograron su objetivo plenamente (Crețan & Turnock, 2009). En respuesta, en 1977 el presidente Nicolae Ceaușescu impulsó un programa de integración social dirigido a los romaníes no asimilados (Achim, 1998; Crowe, 2016). Estas iniciativas son consideradas responsables de la formación de los actuales núcleos de asentamientos informales en Rumanía (Suditu & Vâlceanu, 2013), al obligar a los grupos nómadas a establecerse en zonas marginales de las ciudades o en áreas semiurbanas de regiones agrícolas.

Aunque no existen registros oficiales que documenten el asentamiento de las familias spoitori en Grădiștea, los testimonios de informantes spoitori y *gadjé* permiten reconstruir su proceso de sedentarización, situándolo temporalmente entre 1987 y 1988, en las proximidades de Șuțești, a 6,6 kilómetros de Grădiștea. Según los relatos, las fuerzas del orden desplegaron una serie de mecanismos que confluyeron para consolidar la sedentarización forzosa: confiscación de carros, distribución de familias en distintas localidades y control social mediante amenazas de deportación.

La confiscación de carros fue una práctica recurrente durante el régimen comunista, destinada a limitar la movilidad de los grupos nómadas y seminómadas. Este acto simbólico y práctico despojaba a los spoitori de un elemento central de su identidad cultural y económica. Paralelamente, las autoridades dispersaron a las familias, asignándolas a jurisdicciones específicas con el objetivo de ejercer un control focalizado sobre su sedentarización (Achim, 1998: 191-193). Además, las amenazas de deportación a la India se convirtieron en un mecanismo persuasivo, generando suficiente temor para garantizar el cumplimiento de las órdenes. Estas acciones forzaron un cambio abrupto en el estilo de vida de los spoitori, generando un impacto traumático y una ruptura con sus prácticas tradicionales.

Los testimonios recogen cómo estas políticas fueron percibidas por los afectados. Como relatan los informante spoitor que vivieron esa situación:

> «Un día que estábamos cambiando búfalos cerca de Șuțești vino la policía y puso a todos los spoitori en cola [...] y nos dijeron: "A partir de ahora ya no iréis más con carros, deberéis asentaros en cada comuna de donde sois, sino os enviaremos a la India"» (Marius, 70 años, spoitor).
>
> «Teníamos mucho miedo de que nos enviaran a la India [...] nosotros hemos vivido toda la vida aquí, no allá. Nos amenazaron diciendo que si no hacíamos caso nos devolverían a la India» (Marian, 62 años, spoitor).

La movilidad itinerante, aunque limitada en la práctica, era un criterio central de distinción sociocultural para los spoitori, no solo en comparación con los *gadjé*, sino también con otros subgrupos romaníes, como los «rumanizados». Estos últimos, aunque considerados de origen romaní, habían adoptado estilos de vida sedentarios y costumbres de la sociedad *gadjé*, como asistir a la escuela o trabajar en empleos formales. Una informante spoitor describe esta distinción:

> «Nosotros íbamos en carro porque éramos gitanos de verdad, de los que van de un sitio a otro [...] muchos se habían rumanizado y vivían como rumanos en casas [...], pero vestían como nosotros, hablaban gitano y solo se casaban entre gitanos» (Carmen, 54 años, spoitor).

Además, la movilidad no solo tenía un valor identitario, sino que también era funcional para la sostenibilidad económica de los spoitori. Su ocupación tradicional, centrada en la limpieza de utensilios de cobre, dependía de una ruta cíclica que les permitía ofrecer sus servicios en distintas localidades, dejando un intervalo suficiente para que su demanda se mantuviera constante. La confiscación de carros restringió esta movilidad, limitando la demanda geográficamente al área de asentamiento y haciendo insostenible su ocupación tradicional como medio de subsistencia.

A pesar de ello, las familias spoitori intentaron mantener sus servicios tradicionales hasta principios de los años 90, adaptándose gradualmente a las nuevas circunstancias económicas. Además de limpiar utensilios, comenzaron a fabricar calderos de cobre *(cazane)*, un nicho económico asociado tradicionalmente a otro subgrupo romaní, los calderari. Estos calderos eran demandados por los *gadjé* para la elaboración de jabón casero y brandy rumano *(ţuică)*. Según un informante spoitor:

> «Algunos viejos todavía subían a spoir para la gente del pueblo, pero los más jóvenes hacíamos cazane [...] tardabas más en hacerlos, pero te daban muchas cosas a cambio» (Luminel, 58 años, spoitor).

Este proceso de adaptación rompe con la imagen reduccionista que asocia a los subgrupos romaníes con habilidades exclusivamente ligadas a ocupaciones tradicionales. Demuestra, en cambio, una capacidad de resiliencia y reinvención frente a los cambios forzados, marcando el inicio de un nuevo capítulo en la historia de los spoitori como comunidad sedentarizada.

b) Ubicados en los márgenes

Tras el alto de asentamiento forzoso, las familias spoitori se vieron obligadas a instalarse provisionalmente en una llanura de la comuna de Grădiştea, conocida posteriormente como «*pe vale*». Este término, apropiado tanto por los *gadjé* como por los propios spoitori, significa literalmente «en el valle» en rumano, pero en el uso cotidiano de los *gadjé* locales se asimilaba a «*in afara satului*», es decir, «a las afueras del pueblo». El espacio que ocuparon los spoitori, situado entre el río Buzău y la carretera principal que atraviesa la comuna, fue inicialmente un área de pasto común. Sin embargo, con la llegada de los spoitori, este lugar adquirió una connotación marginal, percibido por los *gadjé* como un espacio contaminado y ajeno a la comuna.

Antes de la llegada de los spoitori, Grădiştea se caracterizaba por la ausencia de residentes romaníes. Los contactos interétnicos entre los *gadjé* locales y los spoitori se limitaban a intercambios esporádicos de bienes y servicios. Este tipo de relación, aunque funcional, estaba cargado de ambivalencia. Por un lado, los spoitori eran necesarios debido a sus habilidades tradicionales de limpieza de utensilios metálicos *(spoir)*. Por otro, eran rechazados y estigmatizados, principalmente por los estereotipos negativos promovidos y reforzados por el régimen comunista. Sin embargo, al instalarse en la comuna, los spoitori dejaron de ser visitantes itinerantes y pasaron a ser residentes, lo que alteró profundamente las dinámicas interétnicas y los esquemas de clasificación espacial de los *gadjé*.

El espacio «*pe vale*» se convirtió en una frontera simbólica que separaba el mundo de los *gadjé* del de los spoitori. Los *gadjé* percibían esta zona como un lugar peligroso y profanado, y su tránsito era evitado. A su vez, las familias *gadjé* instruían a sus hijos para no acercarse a este lugar, que anteriormente había sido un área común para actividades como el pastoreo o el juego infantil. Los testimonios de los *gadjé* muestran cómo esta percepción se construyó socialmente, a través del chismorreo y la vigilancia mutua. Como señala un informante *gadjé*:

> «Cuando ellos llegaron, los padres te decían que no podíamos bajar ahí donde estaban ellos porque tenían miedo de que nos hicieran daño o quisieran robarnos» (Laurentiu, 47 años, *gadjé*).

Simultáneamente, los spoitori también desarrollaron estrategias de autocontención, evitando subir al pueblo para prevenir posibles agresiones por parte de los *gadjé*. Este miedo era recíproco y se materializaba en actos de exclusión y rechazo. Según un informante spoitor:

> «Si subías al pueblo, a veces podías salir mal de ahí porque los niños rumanos tiraban cosas, insultaban y decían que nos fuéramos a "pe vale" otra vez» (Mitel, 53 años, spoitor).

Estas experiencias evidencian cómo las fronteras simbólicas actuaban como mecanismos de segregación, limitando la movilidad de los spoitori y reforzando su posición marginal.

El asentamiento forzoso de los spoitori no solo reconfiguró el espacio físico, sino también el simbólico. Siguiendo a LISÓN TOLOSANA (1997), las fronteras separan lo interno de lo externo, lo ordenado de lo desordenado, lo puro de lo impuro. En este caso, los *gadjé* percibían a los spoitori como elementos que desordenaban su espacio. La zona de «*pe vale*» pasó de ser un área común a un lugar excluido del hogar *gadjé*, visto como una amenaza para la seguridad y el orden. Esta percepción fue reforzada por los estigmas asociados a los spoitori, considerados «impuros» en un sentido tanto simbólico como moral. Según MARY DOUGLAS (2007), la suciedad no es inherente a los objetos o individuos, sino que se produce cuando algo está fuera de lugar. Así, los spoitori, al ocupar un espacio que no les correspondía según el sistema de clasificación de los *gadjé*, se convirtieron en una anomalía que debía ser contenida.

A pesar de estas barreras simbólicas, las fronteras no eran completamente impermeables. Los spoitori cruzaban al pueblo para ofrecer sus servicios tradicionales, que seguían siendo tolerados por los *gadjé* debido a su utilidad económica. No obstante, estas interacciones económicas eran breves y no lograban superar las tensiones subyacentes. Las fronteras simbólicas marcaban los límites de un espacio dividido, donde el contacto prolongado o la integración eran vistos como amenazas tanto por los spoitori como por los *gadjé*.

En conclusión, el asentamiento de los spoitori en Grădiștea no solo representó una transformación en su estilo de vida, sino también una reconfiguración de los espacios físico y simbólico de la comuna. Las fronteras erigidas entre los *gadjé* y los spoitori no eran materiales, sino simbólicas y morales, reforzadas por el miedo, el rechazo y las tensiones recíprocas. Este proceso ilustra cómo las dinámicas de segregación y exclusión se construyen y perpetúan a través de mecanismos simbólicos que ordenan y clasifican a las personas y los espacios en función de sistemas de poder y jerarquía social.

c) Nuevas representaciones sociales: Los *spoitori* como «marginados»

El asentamiento forzoso de los spoitori en la comuna de Grădiștea marcó un cambio radical en las dinámicas sociales y espaciales entre este grupo recién llegado y los *gadjé* locales. Este acontecimiento no solo reconfiguró el espacio físico, convirtiendo el lugar de asentamiento en un territorio simbólicamente marginado, sino que también estableció un marco de relaciones intergrupales caracterizado por la desconfianza y el rechazo. A pesar de que los contactos interétnicos continuaron en el ámbito económico, el cruce de fronteras simbólicas entre las áreas ocupadas por los spoitori y las zonas residenciales *gadjé* desencadenó respuestas de vigilancia y exclusión.

Este círculo vicioso se sostuvo sobre tres pilares principales: la persistencia de representaciones sociales negativas hacia los romaníes, asociadas a la criminalidad y el desorden; los actos cotidianos de exclusión y agresión, motivados por la percepción de los spoitori como elementos peligrosos y anómalos; y la reacción de autocontención por parte de los spoitori, quienes evitaban el contacto fuera del intercambio económico por miedo a represalias. Sin embargo, estas dinámicas no pueden ser explicadas únicamente desde el factor étnico. Como señala NORBERT ELIAS (2012), los procesos de exclusión y estigmatización también tienen como objetivo preservar los recursos y consolidar la identidad colectiva de los grupos establecidos.

NORBERT ELIAS (2012), basándose en observaciones empíricas, analizó las relaciones entre dos grupos residentes: los establecidos desde antiguo y los recién llegados, frecuentemente tratados como extraños por los primeros. Un patrón recurrente en estas interdependencias es el proceso de estigmatización que los establecidos emplean para mantener a los recién llegados en una posición de desventaja, al tiempo que refuerzan su propia identidad y superioridad grupal. Según este autor, este cierre de filas no solo asegura la exclusión de los marginados, sino que también fomenta la cohesión interna de los establecidos. En sus palabras:

> «Así, la exclusión y estigmatización de los nuevos vecinos por parte de los establecidos eran armas poderosas que éstos usaban para preservar su identidad, reafirmar su superioridad y mantener a los otros a raya. De una observación más atenta cabe inferir que también en estos otros contextos sociales existen grupos más cohesionados que otros y que esta mayor cohesión les confiere mayor poder al tiempo que su capacidad de ocupar puestos de poder que redunda en su cohesión y en su capacidad de excluir a los demás, de ahí que usemos las categorías de establecidos y marginados» (ELIAS, 2012: 60).

Este análisis subraya la importancia de la cohesión social como un factor clave en la distribución de poder entre grupos. Nuestro autor argumenta que las desigualdades no pueden explicarse únicamente en términos económicos, ni por el acceso a los medios de producción o la capacidad armamentística. Tampoco la procedencia étnica, la nacionalidad o el color de piel son siempre determinantes. En algunos casos ambos grupos comparten el mismo nivel social, educativo, nacional y étnico, pero la diferenciación surge por la «antigüedad» del grupo establecido. La permanencia de tres o más generaciones en un lugar fue suficiente para generar un alto grado de cohesión, identificación colectiva y normas compartidas, las cuales cimentaban una percepción de superioridad y alimentaban el desprecio hacia los recién llegados:

> «La "antigüedad" bastaba para generar un alto grado de cohesión, de identificación colectiva, de mancomunidad de normas, que generara en unas personas la gratificante euforia ligada a la conciencia de pertenecer a un grupo superior y el paralelo desprecio hacia los otros grupos» (ELIAS, 2012: 59-60).

La capacidad de un grupo para estigmatizar a otro depende de su posición de poder. Como señala ELIAS (2021: 62), «un grupo sólo puede estigmatizar efectivamente a otro si está bien establecido en posiciones de poder de las que el grupo estigmatizado es excluido». El estigma no solo refuerza las jerarquías, sino que también puede ser asumido por el grupo marginado, debilitando su autoestima y exacerbando su desventaja.

Los establecidos suelen considerar a los recién llegados como portadores de desorden y anomia, incapaces de cumplir con las normas del grupo anfitrión. Esto no solo motiva la exclusión intergrupal, sino también el control social dentro del propio grupo establecido, para prevenir o castigar cualquier interacción con los marginados. Este fenómeno genera lo que Elias denomina «tabúes de contaminación», que desalientan el contacto estrecho con los marginados excepto por razones estrictamente necesarias, como las laborales:

> «Por otro lado, el rechazo de todo contacto estrecho con los marginados reúne todas las características emocionales del llamado "miedo a la contaminación". Dado que los marginados son vistos como anómicos, para un miembro de un grupo establecido el contacto estrecho con ellos entraña un peligro de "infección anómica" y puede acabar resultando sospechoso de infringir las normas del grupo simplemente por tener alguna relación con miembros del grupo marginado [...]. El integrado que tenga trato con marginados se arriesga a perder el estatus dentro de su propio grupo» (Elias, 2012: 65).

El estigma y la exclusión no son fines en sí mismos, sino herramientas para conservar el acceso privilegiado a los recursos socialmente valorados. Según nuestro autor, estos recursos pueden incluir instituciones locales como el consejo municipal, la parroquia o asociaciones de ocio, que se convierten en espacios cerrados para los marginados. La cohesión interna del grupo establecido refuerza su capacidad de excluir a los recién llegados y preservar estos privilegios:

> «La finalidad de lanzar estigmas, debilitar y excluir al otro grupo recién llegado, así como de activar la cohesión interna a través del control social por parte de los establecidos, se encuentra en la búsqueda de conservación y control de los recursos socialmente valorados, "como el consejo municipal, la parroquia o las asociaciones de ocio, y excluir a los residentes del nuevo sector"» (Elias, 2012: 60).

En conclusión, este autor describe un proceso dinámico en el que los establecidos reafirman su identidad y superioridad a través de la exclusión de los marginados, utilizando el estigma y los tabúes de contaminación como herramientas efectivas de control. Este modelo permite comprender cómo las relaciones intergrupales están determinadas por las dinámicas de poder y cohesión interna, más allá de factores étnicos o económicos, y cómo estas dinámicas contribuyen a perpetuar las desigualdades estructurales.

Partiendo de la lógica «establecidos-marginados» planteada, los *gadjé* establecidos utilizaron mecanismos como la estigmatización y el control social para mantener su superioridad sobre los spoitori. El estigma no solo contribuyó a reforzar la posición de marginalidad de los recién llegados, sino que también fortaleció la cohesión interna de los *gadjé*, quienes encontraron en el rechazo a los spoitori una forma de reafirmar su identidad colectiva. La consideración de los spoitori como portadores de desorden y anomia, incapaces de respetar las normas del grupo local, justificó la implementación de prácticas de exclusión. Estas prácticas incluyeron la vigilancia constante, los rumores entre vecinos para monitorear sus movimientos y la desincentivación de cualquier tipo de contacto que no fuera estrictamente económico, bajo la lógica de evitar una «contaminación» simbólica.

El espacio de asentamiento, denominado «*pe vale*», fue resignificado por los *gadjé* como una periferia excluida de la comuna, reforzando la separación intergrupal respecto a los spoitori. Este lugar, antes utilizado por los *gadjé* para actividades comunitarias, como el pastoreo, se convirtió en un territorio simbólicamente marginado delimitado por fronteras invisibles, pero socialmente efectivas. Al mismo tiempo, los spoitori asumieron una posición de subordinación, optando por evitar en la medida de lo posible transcurrir por lugares céntricos frecuentados por los *gadjé* de la comuna para minimizar los riesgos de conflicto. Esta autocontención espacial reflejaba tanto una estrategia de supervivencia como la aceptación implícita de su posición de inferioridad en la jerarquía social local.

El rechazo hacia los spoitori no solo respondió a su identidad étnica, sino también al cambio que representaron en las jerarquías espaciales y sociales establecidas. Como explica ELIAS (2012), la llegada de un grupo nuevo altera los esquemas de orden de los establecidos, quienes evalúan a los recién llegados en comparación con ellos mismos, intensificando los procesos de estigmatización. Este estigma, que atribuía a los spoitori características de desorden y anomia, justificó su exclusión de la vida comunitaria más allá de los intercambios económicos. Los *gadjé*, con su superioridad numérica, acceso a recursos y control sobre la narrativa identitaria, consolidaron su posición de poder, relegando a los spoitori a los márgenes sociales y espaciales.

En síntesis, el asentamiento forzoso no solo transformó el espacio físico de la comuna, sino que exacerbó las desigualdades de poder y exclusión entre los spoitori y los *gadjé*. Mientras los *gadjé* reforzaban su cohesión interna mediante el rechazo al «otro», los spoitori desarrollaron estrategias de autocontención por temor al contacto directo con los residentes *gadjé* de la comuna de Grădiștea. Este proceso marcó un punto de inflexión en las relaciones interétnicas, consolidando la posición de los spoitori como un grupo marginado dentro de la comuna y redefiniendo las dinámicas sociales entre ambos grupos.

17

LA FASE LIMINAL: DE LA MUERTE DEL *BULIBASHA* AL PATRONAZGO INTERÉTNICO

La fase liminal, o de margen, constituye una etapa intermedia entre la fase de separación y la fase de agregación, caracterizada por profundas transformaciones y reestructuraciones tanto en la organización social de los spoitori como en sus relaciones con los *gadjé* locales. En este periodo, los spoitori se encuentran en una posición ambigua: ya no son definidos por los atributos que les caracterizaban antes del asentamiento forzoso, pero tampoco forman parte integral de la estructura social de la comuna de Grădiștea. Esta falta de una estructura sólida genera incertidumbre, lo que, a su vez, fomenta procesos de cambio que redefinen su identidad y sus relaciones intergrupales.

En la fase de separación, las familias spoitori mantenían aún elementos de su estilo de vida itinerante. La figura del *bulibasha* seguía desempeñando un papel central en su organización social, vivían agrupados en tiendas que recordaban los campamentos de su época de movilidad, y muchos continuaban practicando su ocupación tradicional de limpieza de utensilios metálicos, aunque con menor intensidad y en combinación con nuevas actividades económicas. No obstante, tres eventos clave marcaron el inicio de la fase liminal y desarticularon estas estructuras tradicionales.

El primer acontecimiento estuvo marcado por la muerte del último *bulibasha*. La pérdida de esta figura de liderazgo tuvo un impacto significativo en la cohesión intragrupal de los spoitori. El *bulibasha* no solo ejercía funciones organizativas y de representación, sino que también actuaba como mediador en las relaciones intergrupales con los *gadjé* y las autoridades locales. Su ausencia dejó un vacío de poder y debilitó la capacidad de los spoitori para mantener la cohesión social en un contexto de cambio.

El segundo acontecimiento fue la creación de vínculos laborales entre spoitori y *gadjé*. Durante esta etapa, los spoitori comenzaron a establecer relaciones laborales, como jornaleros, más estables con los *gadjé*, una transición que marcó un cambio significativo en sus interacciones interétnicas. Estas relaciones no solo alteraron la dinámica económica de los spoitori, que dependían cada vez menos de su ocupación tradicional, sino que también contribuyeron a la integración parcial de algunos miembros en la economía local. Sin embargo, estas interacciones seguían siendo marcadas por jerarquías de poder y prejuicios, lo que mantenía a los spoitori en una posición de subordinación.

Finalmente, en correlación al segundo acontecimiento mencionado, se produjo una redistribución de las familias en viviendas o terrenos habilitados: La reasignación de las familias spoitori desde el campamento *pe vale* hacia viviendas o terrenos en el interior de la comuna simbolizó un avance hacia la sedentarización definitiva. Este proceso, promovido en parte por las autoridades locales, facilitó la dispersión de las familias dentro del espacio urbano, debilitando aún más las estructuras tradicionales intragrupales. La integración física en la comuna también implicó un mayor contacto cotidiano con los *gadjé*, lo que intensificó tanto las tensiones como las oportunidades de interacción.

Estos tres factores transformaron el contexto social de los spoitori, marcando el inicio de una fase de ambigüedad en la que los referentes tradicionales se desdibujaban mientras nuevos patrones de organización y relación comenzaban a emerger. Durante este periodo liminal, los spoitori se encontraron en un estado transitorio, en busca de formas de adaptarse y redefinir su identidad colectiva en un entorno que, aunque ofrecía nuevas posibilidades, también presentaba desafíos en términos de aceptación y cohesión.

La fase liminal, por tanto, no solo refleja un periodo de incertidumbre, sino también un momento de oportunidades para la reconstrucción social y la renegociación de las relaciones intergrupales, elementos que serán fundamentales para entender la fase de agregación que sigue a este proceso.

a) La muerte del último *bulibasha*

Las relaciones interétnicas entre los spoitori y los *gadjé* tras el asentamiento forzoso reflejaron características propias de la figuración de «establecidos-marginados». Sin embargo, la Policía Rural y la alcaldía priorizaron la convivencia pacífica, fomentando relaciones basadas en la confianza mutua para reducir tensiones y facilitar la integración.

Las autoridades locales establecieron vínculos colaborativos con el *bulibasha*, representante de las familias spoitori, reconociendo su papel clave como mediador y garante del orden dentro del asentamiento. Este vínculo, basado en el respeto mutuo, contribuyó a proyectar una imagen más positiva de los spoitori en Grădiștea. Así lo expresó un antiguo policía local:

> «Nosotros hablábamos siempre con el *bulibasha* si había algún problema. Siempre estábamos comunicándonos. Nos llevábamos muy bien con él, siempre colaboraba con nosotros y nosotros con él para que todo el mundo estuviera contento» (Dragos, 63 años, *gadjé*).

Este enfoque colaborativo permitió a las autoridades locales gestionar eficazmente las relaciones intergrupales, consolidando una dinámica de convivencia más estable en comparación con otras comunidades vecinas. La percepción de una relación positiva entre las autoridades locales y los spoitori recién asentados también fue compartida por miembros de esta comunidad. Como recuerda Marian, un informante spoitor:

> «En Grădiștea antes éramos amigos de la policía. Cuando llegamos nos decían: "somos amigos, nos vamos a llevar bien todos (...) la Policía y el viejo *(bulibasha)* se llevaban muy bien, siempre intentaban que todo el mundo estuviera contento"» (Marian, 62 años, spoitor).

La actuación de las autoridades locales fue clave para apaciguar las tensiones surgidas tras el asentamiento. A través de negociaciones y una estrecha colaboración con el *bulibasha*, figura respetada entre los spoitori, las autoridades lograron fomentar la paz y el orden. El *bulibasha*, además de mediar entre las familias y las autoridades, desempeñaba un papel esencial en la cohesión intragrupal, aliviando tensiones internas y actuando como un símbolo de unidad en la comunidad spoitori.

La muerte del último *bulibasha* en 1990 marcó un cambio significativo en la vida de los spoitori de Grădiștea. Las autoridades locales intentaron sin éxito designar a un nuevo líder que mantuviera la colaboración y mediación necesarias para la convivencia pacífica. Sin embargo, la figura del *bulibasha* había perdido relevancia práctica, ya que las dinámicas tradicionales, como la planificación de rutas itinerantes o la organización de las familias para evitar conflictos en la oferta de servicios, se habían desvanecido.

La desaparición del *bulibasha* coincidió con un proceso de adaptación de las familias spoitori a nuevas condiciones de vida más sedentarias. Este cambio promovió una mayor independencia en la toma de decisiones y en las actividades económicas: mientras algunas familias continuaron con sus ocupaciones tradicionales, otras optaron por diversificar su economía, como la fabricación de calderos de cobre. Aunque no fue la causa principal del cambio, la muerte del *bulibasha* aceleró la fragmentación intragrupal y la transformación de las relaciones con las autoridades locales. Según Stefan, un exfuncionario local:

> «Antes Minoi era el *bulibasha* de los spoitori del pueblo, pero a los 90 años murió. Nosotros (las autoridades locales) siempre mantuvimos buena relación con él para asegurar que las familias spoitori no causaran problemas y se fueran integrando en el pueblo» (Stefan, 62 años, *gadjé*).

Por su parte, Alexandru, miembro de la policía local, destacó la dificultad de encontrar un sucesor:

> «Nosotros intentamos que Marius o Marian fueran el *bulibasha* para gestionarlo todo, pero estos eran más retraídos e individualistas» (Alexandru, 67 años, *gadjé*).

Este contexto marcó el inicio de una etapa de mayor fragmentación social y económica entre los spoitori, con la pérdida de un liderazgo unificador y la necesidad de adaptarse de manera autónoma a las nuevas realidades.

b) Los inicios del reclutamiento de mano de obra jornalera *spoitori*

La muerte del último *bulibasha* coincidió con la transición democrática en Rumanía tras la caída del comunismo, un periodo caracterizado por la apertura de fronteras y una profunda crisis económica. Este contexto impulsó la emigración masiva de la población rumana, incluyendo a muchos jóvenes y adultos de la comuna de Grădiștea, quienes buscaron mejores oportunidades en ciudades rumanas o en el extranjero (Marcu, 2009: 156; Petrescu, 2020: 13). El testimonio de Antonia, una *gadjé* de 50 años, refleja este fenómeno:

> «Cuando terminó el comunismo podíamos viajar a otros países más ricos para ganar dinero. Yo me fui con 27 años a España, dejé a mis dos hijos con sus abuelos en el pueblo porque me fui sin nada y no podía cuidarlos. Con Ceaușescu todos teníamos trabajo y aunque se ganaba poco, al menos tenías algo... después era muy difícil mantener una buena vida porque los precios empezaron a subir y todos queríamos tener mejores casas, coches y mejor vida para los hijos (...). Casi todos mis amigos y jóvenes se fueron como yo a España, Italia... Inglaterra también, ahora venimos solo en vacaciones» (Antonia, 50 años, gadjé).

Este éxodo masivo transformó las dinámicas sociales y demográficas en Grădiștea, dejando un vacío generacional significativo en el contexto de los cambios económicos y sociales que enfrentaba la comunidad local. Este fenómeno, tras la caída del régimen comunista, generó una creciente demanda de mano de obra jornalera para las tierras agrícolas de la comuna de Grădiștea[24]. Este contexto facilitó la incorporación de los spoitori como trabajadores en las propiedades agrícolas locales, marcando un cambio en sus relaciones laborales y sociales con los *gadjé*. El testimonio de Marisa ilustra este proceso:

> «Al principio cuando llegamos al pueblo vivíamos en "pe vale", luego tuvimos una casa dentro del pueblo. Nos quitaron los carros y la policía y el alcalde nos decían: ¿cómo queréis ir más con carros? ¡tenéis que asentaros de una vez, para

---

24 Debe tenerse en cuenta que tras la caída del comunismo se inició un proceso de descolectivización y proceso de restitución de propiedades agrícolas con la Ley sobre la Reforma de la Propiedad, también conocida como Ley 18/1990 o *Legea Fondului Funciar*, (Ley de Privatización del Suelo Rústico). «Esta Ley establecía la liquidación de todas las granjas colectivas, que ocupaban un 61 % del suelo agrario de Rumanía, y restituir las propiedades a las familias que las habían donado en la colectivización» (Verdery, 2007: 44).

los niños es mejor que os compréis una casa! Al principio fue difícil pero luego nos empezaron a llamar y hacíamos trabajos para los rumanos y les gustaba como trabajábamos en el campo» (Marisa, 70 años, spoitor).

Por su parte, un informante spoitor describe cómo esta transición coincidió con cambios políticos y sociales significativos:

«Antes subías al pueblo y te tiraban piedras, los rumanos corrían detrás nuestro, por eso no subíamos mucho al principio. Subimos al pueblo hace casi 30 años, primero murió Ceausecu, después el viejo *(bulibasha)* y luego empezamos poco a poco a trabajar para los rumanos» (Cosmin, 59 años, spoitor).

Este proceso de integración laboral no solo ofreció a los spoitori nuevas oportunidades económicas, sino que también contribuyó gradualmente a una mayor interacción entre ambos grupos, mitigando las tensiones iniciales que habían caracterizado su relación tras el asentamiento forzoso. Durante la década de los 90, se establecieron vínculos laborales entre spoitori y *gadjé* a través de un proceso progresivo de reclutamiento para trabajos puntuales en el sector agrícola como jornaleros. Según los testimonios, este reclutamiento se realizaba mediante 'llamadas' periódicas de los propietarios de tierras, quienes demandaban mano de obra jornalera según sus necesidades.

Para los spoitori, esta etapa implicó un proceso de aprendizaje en los modos de producción agrícola, dado que carecían de experiencia previa en este ámbito. La remuneración dependía de la valoración que el empleador hacía del trabajo realizado durante cada jornada, siendo pagada tanto en dinero como en especie. Este intercambio no solo les permitió obtener recursos, sino también establecer un primer nivel de interacción económica que marcó el inicio de su integración en las dinámicas laborales de la comuna.

«Antes la gente desconfiaba de los spoitori, luego con el tiempo vimos que eran buena gente, que no hacían nada malo... poco a poco los íbamos llamando para darles trabajo porque ya los conocíamos, ya llevaban un tiempo viviendo en *"pe vale"*. Cuando los necesitabas les decías: mañana a las 7.00 de la mañana en mi casa que tengo trabajo para vosotros, hacían su trabajo y luego les dabas algo, lo que les hiciera falta, a veces una bicicleta vieja, algo de comida y a veces dinero, no siempre. (...) Al principio era difícil porque nunca habían trabajado en el campo, les tenías que enseñar, pero aprendieron rápido ¿no ves ahora que todos trabajan de esto?» (Laurentiu, 47 años, *gadjé*).

Durante la década de los 90, los varones spoitori fueron los primeros en ser reclutados para trabajos agrícolas, mientras que las mujeres comenzaron a ser contratadas más tarde para realizar tareas domésticas y de mantenimiento en las casas de los *gadjé*. Estas labores incluían jardinería, alimentación y limpieza de animales de granja, y tareas de limpieza doméstica. Una informante *gadjé* describe esta dinámica:

> «Los hombres iban a trabajar al campo y las mujeres venían a casa para ayudarnos con las cosas de la casa. Si necesitabas quitar maleza del jardín, ellas lo hacían o si tenías que dar de comer o limpiar los animales, ellas lo hacían también... luego cuando acababa el día les dabas un poco de lo que tenías en casa, harina, azúcar, leche, huevos...» (Gala, 76 años, *gadjé*).

El reclutamiento de mano de obra spoitori no fue generalizado entre los *gadjé*, sino limitado a agricultores extensivos, horticultores y pequeños granjeros que necesitaban apoyo debido a la migración de sus hijos hacia las ciudades o el extranjero. Marin, un informante *gadjé*, detalla esta situación:

> «Nosotros siempre hemos tenido patatas, tomates, pimientos, calabacines, en verano también frutas como sandía, y como ves tenemos gallinas y cerdos. (...) Te vas haciendo mayor y necesitas quien te ayude, mis tres hijos ya no viven aquí, dos se fueron a Brăila y la otra a España, entonces... ¿quién te echa una mano? Por suerte los spoitori estaban aquí y querían trabajar, al principio tenías que estar encima de ellos para enseñarles cómo funcionan las cosas, luego ya está...» (Marin, 73 años, *gadjé*).

En paralelo, durante la transición democrática, los ayuntamientos comenzaron a recibir fondos para incentivar la escolarización de niños romaníes mediante ayudas económicas para sus familias. Este programa no solo promovió la alfabetización, sino que también fomentó el contacto interétnico entre los niños de la escuela. Mihai, un informante *gadjé*, señala cómo estas políticas influyeron en la relación laboral con los spoitori:

> «Después de la revolución el gobierno empezó a dar ayudas sociales a los gitanos a cambio de que sus hijos fueran a la escuela... y nosotros empezamos a darles trabajo en el campo...» (Mihai, 66 años, *gadjé*).

Estos factores contribuyeron a establecer nuevas formas de interacción entre los spoitori y los *gadjé*, marcando una etapa de mayor contacto y adaptación mutua, aunque en un contexto de desigualdad.

c) La redistribución residencial en unidades familiares

Las relaciones laborales informales entre los spoitori y los *gadjé* durante la década de los 90 no solo intensificaron el contacto interétnico, sino que también fomentaron vínculos de confianza mutua que transformaron la estructura residencial de los spoitori en Grădiștea. Los empleadores *gadjé*, al establecer relaciones de cercanía con sus jornaleros spoitori, comenzaron a facilitar su inserción en el núcleo de la comuna.

Este proceso incluyó la adquisición de parcelas y viviendas por parte de los spoitori, lo que fue posible gracias al apoyo de los *gadjé*, quienes asumieron roles clave como prestamistas, intermediarios y asesores. Los *gadjé* no solo ofrecieron préstamos económicos para la compra de propiedades, sino que también utilizaron sus redes de contactos para negociar precios favorables y garantizar el acceso a materiales de construcción. Asimismo, guiaron a los spoitori en la obtención de permisos administrativos necesarios, tareas para las que los spoitori carecían de experiencia. Como relata un informante un spoitor:

> «El patrón nos ayudó (...). Nosotros no teníamos todo el dinero para pagarlo, él nos dio el dinero (...), se lo hemos devuelto sí, no con dinero, pero siempre hemos trabajado mucho para él...» (Eugen, 47 años, spoitor).

Este apoyo no se limitó a la adquisición de terrenos, sino que también incluyó la rehabilitación de viviendas. Denisa, otra informante, destaca cómo la colaboración con su empleador fue fundamental para mejorar las condiciones de su hogar:

> «La casa ya estaba antes, la compramos, pero estaba muy vieja (...). El patrón conocía a mucha gente para comprar las cosas para reformar la casa, salía mucho más barato (...). Además, ¿qué íbamos a comprar nosotros si no sabíamos ni sumar ni restar?» (Denisa, 51 años, spoitor).

De este modo, las relaciones laborales entre spoitori y *gadjé* no solo consolidaron un modelo económico basado en el trabajo informal, sino que también allanaron el camino para la inserción residencial de los spoitori en el interior de la comuna. Este proceso estuvo marcado por una dependencia mutua, donde los *gadjé* garantizaron el acceso a recursos clave, mientras que los spoitori ofrecieron su fuerza laboral, consolidando relaciones de intercambio que redefinieron las dinámicas sociales y espaciales en Grădiștea.

Además, la redistribución de las familias spoitori tuvo implicaciones significativas. Por un lado, permitió su incorporación en el tejido residencial de la comuna; por otro, marcó el inicio de una transición desde un modelo de familias extensas hacia un modelo más nuclear. Las familias patrilocales, aunque mantuvieron cierta proximidad geográfica, comenzaron a dividirse entre diferentes viviendas, facilitando una independencia gradual de los núcleos familiares.

Los testimonios de los spoitori reflejan cómo estas dinámicas se llevaron a cabo en un marco de informalidad laboral y colaboración entre patrones y jornaleros. Vera, una informante spoitor, describe cómo los patrones no solo ofrecían trabajo, sino también apoyo para establecerse:

> «Ellos siempre te dan según lo que trabajes al día (...) nos ayudaron a construir la casa, nuestros vecinos que eran nuestros patronos (...). Todo el mundo hizo lo mismo, todo el mundo trabajaba para algún rumano» (Vera, 48 años, spoitor).

Aurel, por su parte, detalla la transición generacional dentro de las familias spoitori, donde los hijos, tras casarse, iniciaban su independencia económica y residencial:

> «Los hijos (varones) para irse de casa primero se casan (...). Luego si todo va bien y hacen dinero se construyen o compran otra casa cerca nuestra» (Aurel, 51 años, spoitor).

Marian, otro informante, destaca el esfuerzo y los sacrificios realizados para consolidar su espacio residencial, reflejando la estrecha relación entre el trabajo agrícola y la posibilidad de establecerse:

> «Cuando compramos una casa en Grădiştea yo era muy joven (...), ya trabajábamos en la agricultura para los rumanos (...). Cada uno quiere su espacio y tener su propia casa y si hay dinero pues mejor así» (Marian, 62 años, spoitor).

En definitiva, este periodo estuvo marcado por la transformación de las estructuras internas de los spoitori y la reconfiguración de sus relaciones con los *gadjé*, impulsadas por cambios laborales y residenciales. Por otra parte, aunque no menos importante, la destinación de ayudas sociales para la escolarización de la población romaní a escala nacional supuso la inserción de niños spoitori en el marco de la estructura educativa estatal.

d) La nueva identidad del «spoitor cliente»: La formación del patronazgo interétnico

La década de los 90 trajo consigo transformaciones significativas en la organización social de las familias spoitori asentadas en Grădiştea, así como en la dinámica de la vida local. Estos cambios, marcados por las condiciones impuestas por el asentamiento forzoso y la sedentarización, derivaron en la formación de un sistema de patronazgo incipiente, que llegó a consolidarse en el nuevo milenio. Este sistema, basado en la relación patrón/cliente, se convirtió en el marco principal para entender las interacciones entre spoitori y *gadjé*.

El patronazgo se define como una relación recíproca entre un patrón, quien utiliza su estatus e influencia para proteger y asistir a un cliente de menor rango, y este último, que retribuye con servicios, lealtad y apoyo general (Boissevain, 1966; Farinetti, 1998; Scott, 1972). Estas relaciones son características de sociedades agrícolas preindustriales, donde aseguran la subsistencia de los campesinos frente a la limitada presencia de la burocracia y el mercado (Requena, 2014: 52). Como señala Gellner (1985: 13), el patronazgo prospera en contextos donde el poder está débilmente centralizado, las economías de mercado son defectuosas y la burocracia es ineficaz, características comunes en estas sociedades agrícolas.

En este sentido, el sistema de patronazgo en Grădiştea refleja las dinámicas propias de una economía agrícola que, tras la transición democrática, empezó a depender de relaciones informales para gestionar necesidades laborales y residenciales, consolidando un nuevo tipo de vínculo entre spoitori y *gadjé*.

Según GELLNER (1985: 10-13), el patronazgo se distingue de sistemas como el parentesco, el feudalismo o el mercado. Aunque utiliza un lenguaje de parentesco, carece de lazos genealógicos. Si bien el feudalismo comparte características con el patronazgo, como el intercambio de trabajo por protección, este establece jerarquías sociales formalizadas y codificadas jurídicamente, mientras que el patronazgo opera de manera extrajurídica y particularista. A diferencia del mercado, donde las relaciones son impersonales, en el patronazgo las relaciones económicas y políticas se entrelazan con un carácter personal.

El patronazgo se caracteriza por ser una relación contractual informal, privada, voluntaria y recíproca entre patrón y cliente (BOISSEVAIN, 1966: 22; GILMORE, 1977: 446; SILVERMAN, 1965: 176). Este vínculo se establece de manera personal, cara a cara, y suele ser continuo y estable, aunque puede haber cierto margen de flexibilidad y libertad entre las partes (GELLNER, 1986: 13; REQUENA, 2014: 49; SILVERMAN, 1965: 176). Aunque típicamente diádica, la relación puede involucrar mediadores o extenderse a grupos familiares, donde tanto el rol del patrón como el del cliente abarca a miembros de sus respectivas familias (BOISSEVAIN, 1966: 26; CÁRCAR, 2008: 53).

Estas relaciones son intrínsecamente asimétricas, marcadas por una diferencia de estatus y poder que genera lazos verticales de interdependencia basados en la reciprocidad (BOISSEVAIN, 1966: 18; DEAN, 1999: 86; GILMORE, 1977: 446; GELLNER, 1985: 13; REQUENA, 2014: 49; SILVERMAN, 1965; WOLF & CLYDE, 1980: 34). Aunque instrumentales en esencia, estas relaciones suelen emplear un lenguaje que imita la familiaridad o la amistad, lo que puede enmascarar su naturaleza funcional (GELLNER, 1985: 10; RONIGER & AYSER, 1994: 3; WOLF & CLYDE, 1980: 30). El intercambio dentro del patronazgo es diferenciado, ya que incluye bienes y servicios tanto tangibles como intangibles, materiales o simbólicos. Por ejemplo, un patrón puede proporcionar ayuda económica, protección frente a abusos, acceso a recursos externos o mediación con contactos fuera de la comunidad. En contrapartida, el cliente ofrece lealtad, estima, apoyo político o trabajo (GILMORE, 1977: 446; REQUENA, 2014: 49; SILVERMAN, 1965: 176; WOLF & CLYDE, 1980: 34) En síntesis, el patronazgo establece relaciones personales y recíprocas entre desiguales, vinculadas por un intercambio que beneficia mutuamente a ambas partes dentro de un marco extrajurídico y particularista.

Además, el patrón no necesariamente pertenece a la élite terrateniente ni a una clase privilegiada. Como señala LYON (2002: 8), «el papel del patrón no es dominio exclusivo de los ricos, ni el papel del cliente está excluido de los ricos». Los patronos pueden ser pequeños propietarios cuya posición social es relativamente superior a la de sus clientes, debido al control de recursos clave como tierras, trabajo o una red de contactos influyentes (BOISSEVAIN, 1966). A este respecto, las interpretaciones marxistas ofrecen un enfoque crítico sobre el patronazgo.

Desde una perspectiva funcionalista estructural, el patronazgo es una institución que contribuye al mantenimiento del sistema al integrarse con otras estructuras similares, facilitando un intercambio mutuamente beneficioso entre patrón y cliente (LITTLEWOOD, 1979). Por otro lado, el individualismo metodológico, en oposición a la visión estática del funcionalismo, analiza el patronazgo como una relación estratégica donde ambas partes buscan alcanzar metas concretas. Si el intercambio deja de ser beneficioso para una de las partes, la relación se disuelve. En ambos enfoques, se asume que el patronazgo favorece a ambas partes y es esencialmente funcional.

Sin embargo, estas perspectivas omiten considerar cómo el patronazgo puede enmascarar formas de explotación y debilitar la conciencia de clase de los grupos subordinados. La tradición marxista, en cambio, enfatiza que las relaciones de patronazgo reflejan desigualdades estructurales. Davis describe el patronazgo como un mecanismo en el que los subordinados adoptan posturas de sumisión hacia los más poderosos para garantizar acceso a recursos. En este sentido, sostiene que:

> «Situado frente a un hombre más fuerte, el débil puede adoptar una postura de sumisión, puede ceder y, por tanto, salvar lo que pueda mediante el ejercicio de la presión moral —las presiones de la aceptación de la sumisión, la amistad, el compadrazgo incluso— para intentar controlar la prepotencia de su reconocido superior. El patronazgo, así pues, tiene lugar en cualquier momento en que unos individuos adopten una postura de sumisión hacia los que son más poderosos que ellos para tener acceso a los recursos como resultado de ello» (DAVIS, 1977: 132).

Así, el enfoque marxista subraya el carácter asimétrico del patronazgo y su capacidad para perpetuar desigualdades y relaciones de dominación bajo la apariencia de reciprocidad. LI CAUSI (1975) y GILMORE (1977), desde la perspectiva marxista y basándose en estudios realizados en el sur de Italia y Andalucía, respectivamente, concluyen que el patronazgo opera como una ideología que disfraza la explotación de los campesinos por parte de los terratenientes, perpetuando las desigualdades sociales entre ambos grupos. Según CÁRCAR (2008: 51), el vínculo patrón-cliente, desde este enfoque, constituye «una forma de opresión de clase, un instrumento que tiene por efecto la atomización de las solidaridades entre las clases subalternas y la continua dependencia hacia las élites».

El vínculo entre spoitori y *gadjé*, iniciado en la década de 1990, se configura como un incipiente sistema de relaciones patrón-cliente, caracterizado por una dimensión que trasciende lo meramente económico. En un principio, los *gadjé*, grandes y pequeños propietarios, contrataron a los spoitori como jornaleros, granjeros y encargados de tareas domésticas, remunerándolos en dinero o especies según el volumen de trabajo realizado. No obstante, estas relaciones evolucionaron rápidamente hacia una forma más compleja de interacción en la que los empleadores-*gadjé* asumieron roles de representación y protección para sus jornaleros-spoitori:

- Reubicación residencial: Los empleadores recomendaron a sus jornaleros establecerse cerca de sus viviendas, lo que facilitaba el acceso inmediato a la mano de obra para los *gadjé* y proporcionaba a los spoitori un entorno más seguro y protegido.
- Intermediación en adquisiciones: Los empleadores negociaron precios de parcelas y viviendas para sus jornaleros, aprovechando sus redes sociales y vínculos con los propietarios locales para obtener condiciones económicas más favorables.
- Provisión de materiales: Mediante sus contactos y proveedores, los empleadores gestionaron la adquisición de materiales de construcción a precios reducidos, facilitando el acceso a recursos esenciales para las nuevas viviendas.
- Asesoría jurídica y administrativa: Actuaron como intermediarios en la tramitación de permisos legales para la construcción y reforma de viviendas, simplificando los procesos administrativos para los spoitori.
- Préstamos económicos: Los empleadores ofrecieron préstamos sin intereses ni plazos estrictos de devolución, lo que permitió a los spoitori adquirir y mejorar sus viviendas, fortaleciendo la relación de dependencia entre ambas partes.

En conjunto, estas prácticas reflejan un patrón de relaciones patrón-cliente, donde la ayuda ofrecida por los empleadores-*gadjé* consolidó su posición de poder, mientras que los spoitori encontraron en esta dinámica una vía de inserción socioeconómica y protección en un entorno inicialmente hostil.

En síntesis, los empleadores *gadjé* utilizaron su capital económico (préstamos), social (redes de contactos, proveedores, autoridades) y simbólico (influencia derivada de su posición) para facilitar la inserción residencial de los spoitori, generando un vínculo de patronazgo que transformó tanto la estructura social de las familias spoitori como la organización local de la comuna de Grădiștea. Este sistema permitió a los spoitori acceder a trabajo, protección y representación en un contexto dominado por los *gadjé*, mientras que los empleadores aseguraban la fidelidad y disponibilidad de una mano de obra barata y accesible.

Sin embargo, este vínculo no logró crear una identificación mutua entre los grupos. Los *gadjé* no consideraban a los spoitori como parte del grupo local, y estos últimos tampoco se identificaban con los *gadjé*. El vínculo mantenía un carácter estrictamente instrumental y asociativo, basado en el beneficio mutuo sin alcanzar una integración social más profunda.

18

LA FASE DE INCORPORACIÓN: DEL PATRONAZGO AL COMPADRAZGO INTERÉTNICO

La fase de agregación se define por la integración de individuos o grupos en una comunidad, logrando un nuevo estatus que conlleva derechos, obligaciones y responsabilidades estructuradas. En el contexto de Grădiştea, esta fase se caracteriza por la incorporación definitiva de las familias spoitori en la estructura social local, bajo una nueva identidad formalizada como compadres de las familias *gadjé*, para quienes desempeñaban actividades productivas. Este vínculo institucionalizado supuso un cambio significativo en las relaciones sociales entre ambos grupos.

Un aspecto fundamental de este proceso fue la regularización de los matrimonios spoitori, que hasta entonces se realizaban de acuerdo con las tradiciones romaníes. Aún más relevante fue la conversión al cristianismo ortodoxo de los hijos pequeños y recién nacidos de las familias spoitori a través del bautismo, un acto en el que los patronos *gadjé* asumieron el rol de padrinos, reforzando así los lazos entre ambas comunidades.

El primer fenómeno social, aunque de menor relevancia en comparación con el segundo, permitió a las autoridades locales y estatales consolidar su control y supervisión sobre la vida de los spoitori asentados mediante la regularización de sus matrimonios. Por su parte, el segundo fenómeno tuvo un impacto más significativo, ya que marcó la incorporación de los spoitori, previamente considerados paganos, a la comunidad religiosa ortodoxa. Este proceso no solo fortaleció su aceptación dentro de la esfera religiosa, sino que también institucionalizó los vínculos entre patronos y clientes mediante la relación de compadrazgo. Este nuevo lazo adquirió un carácter más profundo, integrando elementos afectivos y espirituales, y generando una nueva identidad compartida entre patronos y clientes, que reforzaba y legitimaba la relación existente en un marco social y cultural más amplio.

a) La regularización de los matrimonios romaníes

A finales de la década de 1990, en la comuna de Grădiştea, se produjo un fenómeno de regularización matrimonial promovido por la intervención de los patronos *gadjé*. Estos actuaron como mediadores entre sus clientes spoitori y el Estado, persuadiéndolos de formalizar sus matrimonios mediante la vía civil para acceder a ayudas económicas estatales. El Gobierno, a través del Ayuntamiento, ofrecía un incentivo de aproximadamente 200 euros actuales a los romaníes que registraran legalmente su unión. Este proceso llevó a que, antes del nuevo milenio, todos los matrimonios spoitori de la comuna fueran oficializados según la legislación estatal.

> «Un día que estábamos trabajando nuestro compadre (patrón en aquél entonces) nos dijo a mi marido y a mí: "¿por qué no os casáis como los rumanos? Os darán dinero en el ayuntamiento si lo hacéis". Y así lo hicimos, 7 millones nos dieron por casarnos en el ayuntamiento» (Roxi, 55 años, spoitor).

Aunque los spoitori ya estaban casados según sus tradiciones, la formalización civil fue percibida como una oportunidad para obtener beneficios económicos inmediatos. Desde la perspectiva estatal, esta regularización tenía un objetivo adicional. Según un informante *gadjé*, entonces funcionario del Ayuntamiento, el matrimonio civil era una herramienta práctica para registrar y controlar formalmente a los habitantes spoitori de la comuna:

> «Ellos no tenían nada antes, ni contratos ni hojas de propiedad y les obligamos a casarse. El gobierno prometió 200 euros si se casaban...sobre todo por los niños, porque cuando nacía un niño parecía que no tenía padre porque no constaba, que no tenía familia...Así regulábamos su situación y manteníamos un control y registro de todos» (Mihai, 66 años, *gadjé*).

Este testimonio evidencia cómo el matrimonio civil se convirtió en un mecanismo estatal de control social, en línea con lo que KOTTAK (2011: 224) define como «aquellos campos del sistema social involucrados activamente en el mantenimiento de normas y regulación de conflictos». La regularización matrimonial, en este contexto, representó un proceso de dominación simbólica al reconducir las prácticas culturales spoitori hacia los parámetros legales y legítimos del modelo estatal. Esto no solo consolidó el dominio estatal, sino que también despojó las prácticas tradicionales spoitori de efectos jurídicos, estableciendo una clara dicotomía entre lo «oficial» y lo «no oficial», lo «legal» y lo «alegal», según los estándares del Estado dominante (SANTOS, 2010).

Las recompensas, al igual que los castigos, son mecanismos efectivos para consolidar la hegemonía, entendida en términos *gramscianos* como la aceptación, interiorización y naturalización de los valores dominantes por parte de los subordinados dentro de un orden social estratificado (GRAMSCI,

1971). En este contexto, no siempre es necesario recurrir a la violencia física para imponer los esquemas culturales de las élites. Como señala Kottak (2011: 225), siguiendo a Bourdieu y Foucault, las sociedades modernas han desarrollado formas más sutiles de control social, que incluyen técnicas de persuasión, manejo de masas y monitoreo constante de creencias, actividades y contactos.

En el caso de los spoitori en la comuna de Grădiștea, las estrategias de control social no se basaron en la coacción directa, sino en la persuasión ejercida por los patronos *gadjé* y el incentivo económico ofrecido por el Estado. Estos mecanismos, más sutiles, pero igualmente eficaces, facilitaron la incorporación de los spoitori al sistema jurídico y cultural dominante, promoviendo la regularización de sus matrimonios y, con ello, su adaptación a los parámetros establecidos por la hegemonía estatal.

b) La conversión de las nuevas generaciones spoitori al cristianismo ortodoxo

Los romaníes han demostrado históricamente una notable capacidad para adaptarse y aceptar las confesiones religiosas dominantes en las regiones donde han residido (Banica, 2019). En el caso de los spoitori de la Comuna de Grădiștea, antes de su asentamiento definitivo, no practicaban una fe organizada ni compartían un sistema de creencias religiosas institucionalizado. Sin embargo, al inicio del nuevo milenio comenzó a extenderse en la localidad la práctica del bautismo cristiano ortodoxo para los hijos pequeños de las familias spoitori. Esta costumbre fue promovida por los patronos *gadjé*, quienes se ofrecieron como padrinos de los niños spoitori.

El bautismo fue bien acogido por los padres spoitori y se ha consolidado como uno de los eventos más esperados en la localidad. Este acto simbolizó la cristianización de la mayoría de los infantes spoitori de Grădiștea y fortaleció los vínculos entre sus familias y los patronos *gadjé* mediante el lazo espiritual y afectivo del compadrazgo. Así lo expresa una informante spoitor:

> «Tenemos un nieto bautizado, nuestros compadres de ahora realmente son de Bucaresti, pero ahora viven aquí, nosotros trabajábamos para sus padres, eran nuestros patronos y cuando murieron sus hijos volvieron al pueblo y lo bautizaron» (Julia, 54 años, spoitor).

El bautismo, entendido como un rito de paso vinculado a los ciclos de la vida, se caracteriza por tres aspectos principales: a) un rito de separación, que implica la transición del bautizado desde el mundo profano e impuro (Van Gennep, 2013: 108); b) un rito de agregación o iniciación, al incorporar al recién nacido en la comunidad cristiana (Segalen, 2014: 65; Van Gennep, 2013: 108); y c) un mecanismo de purificación, destinado a erradicar conductas paganas (Segalen, 2014: 65). Elementos como el agua y la sal desempeñan un papel simbólico crucial en este ritual, representando la purificación y la protección, así como la promoción de la salud del bautizado (Segalen, 2014).

Max Weber (2014) identificó cuatro tipos ideales de acción social: racional con arreglo a fines, racional con arreglo a valores, afectiva y tradicional. En este contexto, el bautismo de los hijos de los spoitori promovido por los patronos *gadjé* puede interpretarse a través de estas categorías, ya que combina dos sentidos de acción social simultáneos.

El primero corresponde a la acción social racional con arreglo a valores. Según este enfoque, la práctica del bautismo se fundamentaría en un deber religioso compartido por los *gadjé*, quienes consideran el bautismo como un imperativo cristiano para integrar a los no cristianos en la fe. Esta motivación está respaldada por estudios como los de Banica (2019), quien también reportó esta percepción en comunidades romaníes en Rumanía. Un ejemplo de este sentido de acción es el testimonio de un informante *gadjé* que afirmó:

> «Según la religión todos tenemos que bautizar a alguien en la vida, es por hacer algo, es como un deber» (Manel, 45 años, *gadjé*).

Este deber cristiano demuestra cómo el bautismo, más allá de un acto aislado, adquiere un significado ético y espiritual en la interacción entre patronos y spoitori.

La segunda motivación detrás del bautismo de los hijos spoitori puede interpretarse como una acción social racional con arreglo a fines, según la tipología de Weber (2014). En este caso, el rito bautismal fue utilizado de manera instrumental por los patronos *gadjé* para consolidar la relación laboral y garantizar la fidelidad de su mano de obra. A través del bautismo, se establecía un vínculo espiritual sólido entre padrinos y ahijados, que también fortalecía las relaciones entre los padres del bautizado y los patronos. Esto no solo implicaba la integración religiosa de los hijos spoitori, sino que contribuía a la incorporación definitiva de sus familias en la estructura social local. Un testimonio refleja esta motivación:

> «Ellos no estaban bautizados y muchos rumanos empezamos a bautizar para tener su mano de obra. Si bautizas a sus hijos, se sienten importantes, así dicen: "Nosotros trabajamos para él, él es mi compadre"» (Laurentiu, 47 años, *gadjé*).

Otro informante añade:

> «Ahora son de los nuestros, los hemos integrado. Si los llamo a las 2 de la noche porque necesito su ayuda jamás me rechazarían» (Vasile, 43 años, *gadjé*).

Históricamente, el bautismo de romaníes ha sido una práctica común desde su llegada a Europa, aunque con frecuencia han mantenido tradiciones propias en otros aspectos de su vida social, como el matrimonio y el entierro (FILHOL, 2003; FRASER, 2010). Estudios previos sobre esta práctica se han centrado en los intereses de los romaníes, destacando dos posturas principales: algunos sostienen que el bautismo era instrumental, utilizado para obtener beneficios materiales (COZANNET, 1973; KOGALNICEANU, 1900), mientras que otros subrayan su capacidad para generar vínculos afectivos (HEUSCH, 1966). MIREL BANICA (2019) sintetiza ambas perspectivas al argumentar que el bautismo proporcionaba a los romaníes una nueva identidad aceptada por la comunidad y acceso a ventajas materiales asociadas al prestigio del padrino. Además, se observa un patrón recurrente: los spoitori tendían a elegir padrinos *gadjé* con riqueza destacable y una posición social respetable, lo que refuerza la dimensión estratégica del bautismo como un medio de ascenso social y de consolidación de vínculos interétnicos (BLOCH, 1953; HEUSCH, 1966).

En la comuna de Grădiștea, los padrinos *gadjé* ocupan diversas posiciones en la escala social local, desde grandes y pequeños propietarios hasta autoridades locales con influencia. A pesar de estas diferencias internas en el estatus social de los *gadjé*, existe una marcada jerarquía estructural que distingue claramente sus posiciones de las de los spoitori. Esta jerarquía, derivada de la intersección de parámetros como riqueza, educación, prestigio, poder, ocupación e identidad étnica, se refleja en la distribución desigual de recursos socialmente valorados. Para las familias spoitori, situadas en una posición subordinada, el bautizo de sus hijos por padrinos *gadjé* se percibe como una estrategia para garantizar los beneficios derivados del vínculo de patronazgo y clientelismo. Como señala un informante:

> «Claro que todo el mundo aceptaba, a todos nos iba bien que el patrón bautizase a nuestros hijos porque así teníamos trabajo (...) ¿a quién preferirá para trabajar con él? ¿a un spoitori de por ahí o al padre de su ahijado? (...) Así sabías que contaba contigo siempre» (Aurel, 51 años, *gadjé*).

Por regla general, los hijos de un matrimonio spoitor suelen tener padrinos dentro de la misma familia *gadjé*. Es común que hermanos y hermanas del patrón original bauticen al resto de los hijos de un mismo matrimonio spoitori. Sin embargo, a efectos prácticos, el vínculo prioritario es el establecido a través del primer bautismo. Otros padrinos, incluso si son familiares cercanos del patrón principal, pueden residir fuera de Grădiștea y no mantener relación con sus ahijados. Esta práctica preserva la exclusividad del vínculo de patronazgo, evitando que los spoitori busquen vínculos con otros patronos. Un informante *gadjé* describe esta estrategia:

> «Mi hermana ha bautizado al pequeño de mi compadre spoitori, el mayor lo bauticé yo. Ella no vive aquí, vive en Brăila, pero lo hicimos así porque ellos son de los nuestros. Mejor así, porque si no, se podrían buscar a otro, y mejor que se queden en la familia» (Liviu, 55 años, *gadjé*).

Excepcionalmente, se reportó un caso en el que una misma familia *gadjé* estableció vínculos de compadrazgo con varias familias spoitori. Este caso corresponde a un gran propietario con cargo institucional, lo que le permite maximizar su capacidad de reclutamiento de compadres spoitori, diferenciándose de otros *gadjé*. En palabras de este informante:

> «Nosotros tenemos a cuatro bautizados y mis dos hijas a tres de diferentes familias. No es por reírnos de ellos, ni por explotar. Si yo les llamo, vienen siempre, porque si no es por nosotros, ¿qué harían? Luego les doy algo de dinero, los invitamos a nuestras fiestas, les llevamos pomana, les damos ropa que nos sobra, cosas para que los pequeños puedan ir a la escuela» (Stefan, 62 años, *gadjé*).

Durante el trabajo de campo se documentaron casos de duplicación y diversificación de vínculos de compadrazgo, lo que refleja la complejidad y el dinamismo de estas relaciones sociales en el contexto de Grădiștea. La duplicación de vínculos de compadrazgo se observa en aquellos matrimonios spoitori de primera generación que, tras establecer un vínculo inicial con una familia *gadjé*, han optado por crear nuevos lazos con otros compadres *gadjé* en años recientes. Este fenómeno suele darse cuando el primer vínculo de compadrazgo ya no provee suficientes beneficios materiales o simbólicos, como ocurre con compadres *gadjé* de edad avanzada que carecen de recursos o capacidad para ofrecer apoyo continuo. En estos casos, los spoitori mantienen el vínculo original, pero buscan activamente establecer relaciones con familias *gadjé* más jóvenes y con mayor capacidad de proporcionar trabajo, ventajas y recompensas.

Este patrón es especialmente común entre los matrimonios spoitori de primera generación que, pese a su avanzada edad, permanecen activos laboralmente. Al no poder ofrecer a sus propios hijos adultos para bautismo, estos spoitori utilizan a sus nietos (tercera generación) como medio para establecer nuevos lazos de compadrazgo. En este sentido, el bautismo no solo consolida un vínculo espiritual y social entre el padrino y los padres del bautizado, sino que también se extiende hacia los abuelos del niño, quienes son igualmente considerados compadres. Así, un compadre *gadjé* puede perder la exclusividad de su vínculo en favor de otros patronos. Un testimonio ilustra esta estrategia:

> «A mis hijos los bautizaron mis compadres de Ibrianu hace unos 20 años, pero a mis nietos los ha bautizado Manel y Titica, que son del pueblo y sabían que somos muy trabajadores. Ahora estamos con ellos porque nuestro compadre de Ibrianu murió hace unos años y la comadre está muy vieja ya. La ayudamos cuando lo necesita porque la queremos, pero allí ya no hay trabajo, no hay nada que hacer.» (Madalina, 53 años, spoitor).

Este fenómeno refleja cómo los spoitori adaptan sus estrategias para maximizar las oportunidades económicas y sociales dentro de un sistema de compadrazgo en constante transformación.

En conclusión, el rito bautismal en la comuna de Grădiștea no solo establece un vínculo espiritual entre el ahijado y su padrino, sino que extiende la relación hacia los padres del bautizado e, incluso, en algunos casos, hacia sus abuelos. Este fenómeno ha dado lugar a tres tipos de vínculos de compadrazgo:

1. Exclusividad recíproca del vínculo de compadrazgo: Se trata de la forma más común y estable, en la que una unidad familiar *gadjé* y una unidad familiar spoitor se vinculan mutuamente a través del compadrazgo, perpetuando esta relación a lo largo de generaciones.
2. Exclusividad unilateral del vínculo de compadrazgo a favor de la unidad familiar *gadjé*: En este caso, una misma familia *gadjé* establece vínculos de compadrazgo con varias familias spoitori. Estas familias spoitori comparten un único patrón/compadre *gadjé*, lo que lo convierte en un tipo de vínculo excepcional.
3. Exclusividad unilateral del vínculo de compadrazgo a favor de la unidad familiar spoitor: Aquí, una familia spoitor se asocia con más de un compadre *gadjé* perteneciente a diferentes unidades familiares. Este tipo de vínculo se produce en circunstancias específicas, especialmente cuando el vínculo inicial de compadrazgo pierde eficacia o deja de cumplir sus funciones originales.

Estos vínculos reflejan la complejidad del sistema social que emerge del rito bautismal, adaptándose a las necesidades y transformaciones socioeconómicas tanto de las familias spoitori como de los patronos *gadjé*.

c) La nueva identidad institucional de «compadres»: la formación del compadrazgo interétnico

El compadrazgo interétnico representa la culminación de la fase de agregación de los spoitori en la estructura social local, consolidando un marco de nuevas formas de interacción, roles y estatus sociales. Este fenómeno no solo reorganizó las relaciones interétnicas, sino que también transformó la estructura intragrupal previa de las familias spoitori.

Aunque las relaciones iniciales de patronazgo fueron fundamentales en el proceso de sedentarización y reestructuración, no explican por completo la consolidación de la actual estructura social. Desde una perspectiva materialista, el cambio en los modos de producción de las familias spoitori allanó el camino hacia estas transformaciones. Sin embargo, fueron los vínculos de identificación interétnica generados por el compadrazgo los que desempeñaron un papel crucial en la cristalización de estas relaciones.

El compadrazgo se caracteriza por su capacidad para reforzar vínculos preexistentes, como los laborales, y generar relaciones más complejas entre personas que no comparten lazos de parentesco directo (BUECHLER & BUECHLER, 1971: 48; GILL & BRAGE, 2012: 188; VÁZQUEZ, 2009: 61). Esta institución se fundamenta simbólicamente en un vínculo religioso entre padres/madres y padrinos/madrinas en el contexto del bautismo[25], estableciendo derechos y obligaciones rituales tanto entre ahijados y padrinos como entre los padres y padrinos (ALUM, 2018: 1; KEMPER, 1982: 28; TAMAYO GARCÍA, 1979: 96; ZARZAR, 1985: 66).[26] Más allá de su base simbólica, el compadrazgo destaca por su dimensión sociológica, al generar un sistema bidireccional de relaciones recíprocas. Este vínculo no solo obtiene legitimidad social y religiosa mediante el rito bautismal, sino que también define un sistema estructurado de responsabilidades sociales, materiales y financieras, que reflejan su complejidad y solemnidad (ALUM, 2018: 1; GARCÍA TAMAYO, 1979: 96; KOECHERT, 1989: 421; MARTENS, 2000: 40-41; MINTZ & WOLF, 1950: 355; ZARZAR, 1985: 66)[27].

El compadrazgo establece vínculos entre personas previamente no relacionadas por parentesco o afinidad matrimonial, consolidando un sistema bidirec-

25 Dentro de los estudios sobre el compadrazgo existe una corriente que se centra únicamente en la dimensión religiosa de esta institución, sin embargo, se trata de un enfoque que sufre de muchas limitaciones para el análisis sociológico. El *enfoque teológico* se centra, sobre todo, en la diferencia elaborada por la teología cristiana en el dualismo entre la sustancia natural y la sustancia espiritual del hombre que solo puede ser superado por la administración de los sacramentos (KOECHERT, 1989: 421). El bautismo actuaría como el sacramento de iniciación cristiana por excelencia, siendo considerado un rito de agregación a la Iglesia y a la fe (MONTES DEL CASTILLO, 1989: 273). En este sentido, MINTZ & WOLF (1950: 343) señalan que «este rito iniciático se considera una forma de renacimiento espiritual y se establece por analogía entre el papel del padre biológico en el proceso de concepción, por un lado, y el papel del padrino como padre espiritual, por el otro». Entonces, la función del compadrazgo se asociaría a la transmisión, en forma de mistificación y ritualización, de un conjunto de normas, valores, imágenes, así como de una identidad y legitimidad religiosas (KOECHERT, 1989: 421; ZARZAR, 1985: 75). No obstante, estas teorías de carácter teológico-pastoral apenas tienen valor desde el punto de vista de las ciencias sociales y carecen de utilidad práctica (MONTES DEL CASTILLO, 1989: 58) ya que quedan restringidas únicamente al carácter sacramental y ceremonial del rito. Además, este enfoque otorga mayor relevancia a la relación entre padrino y ahijado, cuando en realidad la relación más importante en general suele ser entre compadres (KILLICK, 2008: 21)

26 Esta institución se compone de tres tipos de relaciones que se definen en términos de patrifiliación (vínculo de parentesco entre padres e hijos), padrinazgo (vínculo espiritual entre el niño/a iniciado/a y sus padrinos) y compadrazgo (lazo espiritual entre padres del niño/a y los padrinos ceremoniales de su hijo/a) (GUDEMAN, 1971: 45; MONTES DEL CASTILLO, 1989: 231). Sin embargo, aunque la relación de padrinazgo y los roles padrino/ahijado sean los más relevantes durante el rito ceremonial, en la práctica, y tras la ceremonia, es la relación de compadrazgo la que predomina (NUNTINI & BELL, 1980: 424).

27 A pesar de esta extensiva definición, será el contexto social el que determinará una forma u otra de compadrazgo, con sus tipos y modalidades características, con los intereses y estrategias en juego. Por esta razón, el compadrazgo se define como una institución flexible y dinámica (MARTENS, 2000: 42; MINTZ & WOLF, 1950: 355).

cional de derechos, obligaciones y roles que, bajo el pretexto de un lazo afectivo y espiritual, fomenta la identificación de un «nosotros espiritual». Por esta razón, el compadrazgo es frecuentemente descrito como «parentesco ceremonial», «parentesco ficticio», «parentesco ritual» o «parentesco espiritual» (Martens, 2000: 40; Zarzar, 1985: 66). Los testimonios de los spoitori destacan esta percepción, mostrando cómo los compadres *gadjé* son percibidos como miembros de una familia ampliada, más cercanos que otros vecinos o conocidos.

Por ejemplo, Monica (33 años, spoitor) afirma: «¿Mis compadres? Yo los considero como mi familia ¿cómo no lo van a ser? Ellos bautizaron a mis tres hijos y nosotros nos tratamos de compadres, no es lo mismo mi vecina u otro rumano del pueblo que mis compadres, ellos siempre están cuando los necesitamos y nosotros estamos cuando ellos nos necesitan». Julia (54 años, spoitor) subraya el carácter confiable del vínculo: «Ellos son más que amigos, hoy en día es difícil tener amigos porque todos tienen envidias... antes confío en ellos que en nadie». Eugen (47 años, spoitor) también refuerza esta idea: «Con los compadres puedes confiar, con el resto de los rumanos... no tanto, pero los compadres, aunque sean rumanos te tienen en cuenta, te valoran... pasamos más tiempos con ellos que con nadie, solo nos falta dormir con ellos (risas)».

El compadrazgo, a diferencia del patronazgo, proporciona una base sólida para la solidaridad social, la cooperación, la seguridad económica y el apoyo mutuo, mientras fomenta la cohesión e integración social a través de relaciones recíprocas y una identidad grupal compartida (Foster, 1959: 256; García Tamayo, 1979: 109; Gill & Brage, 2012: 119). Aunque el patronazgo entre *gadjé* y spoitori trascendía lo económico, el compadrazgo refuerza este vínculo al transformar un lazo instrumental en uno afectivo, gracias a la eficacia social del rito bautismal. Esta nueva relación crea una identificación mutua entre compadres *gadjé* y spoitori, algo previamente inexistente. Como observan Mintz & Wolf, el compadrazgo «impone automáticamente un grado variable de santidad, estatus y obligaciones de carácter fijo a las personas que participan, haciendo que el entorno social inmediato sea más estable y los participantes más interdependientes y seguros» (1950: 355).

En el caso analizado, las relaciones de compadrazgo entre compadres *gadjé* y spoitori se desarrollan dentro de un vínculo «vertical»[28], caracterizado por la conexión entre miembros de distintas clases sociales, estatus y/o etnias (Alum, 2018: 4; Mintz & Wolf, 1950, p. 342)[29]. Este tipo de compadrazgo suele prevale-

---

28 En cambio, se denomina vínculo «horizontal» la dirección que toma el compadrazgo cuando vincula a miembros de una misma clase social, estatus y/o etnia (Mintz & Wolf, 1950: 342). Se cree que este tipo de dirección sirve para reforzar la solidaridad de grupo (Alum, 2018: 4) y que la reciprocidad que mantienen los compadres no genera conflictos por razones económicas y políticas (Martens, 2000: 43).

29 También se ha distinguido entre «compadrazgo endogámico» y «compadrazgo exogámico». El primero es aquél que integra a la familia extendida y consolida los intercambios, el segundo forja alianzas y amplía redes entre individuos foráneos (Martens, 2000: 42).

cer en contextos de desigualdad social, generando relaciones clientelares que refuerzan dichas diferencias (MARTENS, 2000: 44). Los primeros estudios sobre el compadrazgo señalaron que las sociedades igualitarias tienden a formar compadrazgos «horizontales,» mientras que en las sociedades estratificadas predomina el compadrazgo «vertical» (GRILL & BRAGE, 2012: 119). Sin embargo, cada contexto presenta especificidades que requieren analizar los intereses y estrategias detrás de la elección de compadres.

El compadrazgo puede entenderse como una estrategia ritual de poder orientada a «maximizar recursos y minimizar gastos en un contexto social en el que es imprescindible tener parientes rituales» (MONTES DEL CASTILLO, 1989: 193). Por lo general, la elección de compadres busca consolidar una relación con alguien de confianza y respeto, especialmente si existe un vínculo previo (GRILL & BRAGE, 2012: 119). En sociedades estratificadas, los padres suelen optar por padrinos que cuenten con prestigio, influencia, contactos y una posición económica sólida (MINTZ & WOLF, 1950: 361). Este enfoque permite expandir las redes sociales hacia individuos de mayor posición social, lo que facilita la maximización de recursos en intercambios rituales y sociales (MONTES DEL CASTILLO, 1989: 194).

Desde la perspectiva del padrino, especialmente en contextos de desigualdad social, el compadrazgo puede reforzar dinámicas de patrón-cliente. Esto se logra manipulando los términos del acuerdo en beneficio propio bajo la apariencia de un patrón paternalista, promoviendo la dependencia de sus compadres spoitori (ALUM, 2018: 4). Estas dinámicas revelan cómo el compadrazgo puede servir como un instrumento de poder y control, cuestiones que serán exploradas más a fondo en el análisis del campo de relaciones entre *gadjé* y spoitori en la comuna de Grădiștea.

La eficacia del rito bautismal establece una serie de normas de conducta y tratamiento entre compadres, creando un sistema de relaciones caracterizado por el intercambio de bienes y servicios (MONTES DEL CASTILLO, 1989: 262). Esta eficacia social surge porque «cuando los parientes ficticios se añaden a la red familiar, todos los miembros experimentan un aumento de los recursos y las obligaciones disponibles» (GRILL & BRAGE, 2012: 118). Aunque estos recursos y obligaciones no se detallan sistemáticamente, su impacto es evidente en experiencias como la de Mitel:

> «Yo y mi mujer empezamos a trabajar para nuestros compadres antes de que bautizaran a mi hijo; ellos nos daban trabajo... cuando tenían algo que hacer nos llamaban y poco a poco nos fueron ayudando con la casa, pero no era igual que ahora. Ahora tenemos mucha confianza, nos ayudan en todo lo que pueden y nosotros a ellos, siempre estamos para lo que sea, no solo para ir a poner de comer a los animales o limpiar el huerto... es como que nosotros cuidamos de ellos y ellos cuidan de nosotros» (Mitel, 53 años, spoitor).

Las normas de interacción entre compadres, así como los tipos de intercambios, dependen del contexto social, la presencia o ausencia de estratificación y los intereses o estrategias de cada parte involucrada. Estudios etnográficos han identificado valores y expectativas comúnmente asociados al compadrazgo, como la confianza, el afecto, la deferencia, el apoyo mutuo, pactos de no agresión y un trato respetuoso, aunque la naturaleza y peso de la reciprocidad pueden variar (ALUM, 2018: 2; FOSTER, 1959; GARCÍA TAMAYO, 1979: 102; MINTZ & WOLF, 1950: 357; MONTES DEL CASTILLO, 1989: 263). Sin embargo, estos comportamientos ideales enfrentan excepciones, ya que las frustraciones derivadas de expectativas mutuas pueden generar tensiones y conflictos entre compadres (MONTES DEL CASTILLO, 1989: 275-276)[30].

El compadrazgo activa un canal seguro para el intercambio de bienes y servicios, que puede incluir préstamos económicos, oportunidades laborales, servicios domésticos, apoyo político, asesoramiento jurídico, deberes de socorro y diversas mercancías como medicinas y ropa (MARTENS, 2000: 47; MINTZ & WOLF, 1950: 257-360; MONTES DEL CASTILLO, 1989: 281; ZARZAR, 1985: 84). Aunque estos intercambios no son exclusivos entre compadres y pueden preceder al ritual, «la novedad del compadrazgo es que desde un ritual se activan esas relaciones entre individuos que son habituales en la vida social» (MONTES DEL CASTILLO, 1989: 178). Es decir, el compadrazgo proporciona consistencia y obligatoriedad a estas interacciones sociales.

Cuando el vínculo de compadrazgo es vertical y las relaciones son asimétricas, la reciprocidad en el intercambio de bienes y servicios se vuelve desigual (MONTES DEL CASTILLO, 1989: 161). Incluso cuando los compadres parten de un vínculo horizontal, «en condiciones de igualdad la asimetría puede originarse por un intercambio generalizado entre compadres» (GARCÍA TAMAYO, 1979: 104). En tales situaciones, quienes ocupan una posición superior «dan ayuda económica y reciben prestigio (...) y mano de obra barata o gratuita», mientras que aquellos en posición inferior «reciben ayuda económica y entregan prestigio y sumisión» (MONTES DEL CASTILLO, 1989: 173-174). Además, el prestigio es un recurso que el grupo subordinado busca obtener al vincularse con un compadre influyente y poderoso (ZARZAR, 1985: 84). Estas dinámicas serán abordadas con mayor profundidad más adelante.

El compadrazgo puede actuar como un mecanismo eficaz para suplir vacíos o deficiencias que otras instituciones dejan al desaparecer o cuando

30 Por ejemplo, el tratamiento respetuoso no resulta ser estrictamente recíproco en muchas ocasiones, sobre todo cuando la desigualdad entre compadres atraviesa estas relaciones convirtiéndolas en asimétricas. En estos casos el respeto se convierte en una expresión de sumisión hacia el compadre superior, una expresión de jerarquía social (MONTES DEL CASTILLO, 1989: 276-277). En este sentido MONTES DEL CASTILLO señala: «El respeto, en definitiva, forma parte de la estrategia de relación que caracteriza al compadrazgo. Mantener un trato respetuoso con el compadre es imprescindible para efectuar intercambios sociales» (1989: 277).

las formas existentes fallan (FOSTER, 1959: 265-271; RAVICZ, 1967: 249). En la comuna de Grădiștea, esta institución se insertó en un contexto de transformaciones económicas y sociales. Para los propietarios *gadjé*, la emigración de jóvenes hacia las ciudades o al extranjero debilitó las empresas familiares, mientras que, para los spoitori, la confiscación de sus vehículos, el asentamiento forzoso y la escasa demanda de sus servicios tradicionales erosionaron sus formas de subsistencia. En este escenario, el patronazgo atendió necesidades inmediatas, pero el compadrazgo ofreció una seguridad mutua más estable, comparable a la dinámica de una empresa familiar. Así lo ilustra un informante *gadjé*:

> «Todo fue así... mi hija mayor se casó y se fue a Bucarest a vivir con el marido (...). Mi otro hijo se fue a Italia (...). Aquí los únicos jóvenes que quedan son los spoitori (...). Tenemos verduras, frutas, animales, es mucho trabajo que mi mujer y yo no podíamos hacer solos... los spoitori son muy trabajadores (...), así que llamamos a unos de "pe vale" porque tampoco tenían trabajo y luego bautizamos a dos de sus hijos porque nos trabajaban muy bien (...), ellos son casi como de la familia». (Alexandru, 67 años, *gadjé*).

Aunque el compadrazgo promueve solidaridad social, cooperación y ayuda mutua, también funciona como una estrategia ritual de poder. Este mecanismo media entre el nivel simbólico-ritual y las estructuras de poder, reproduciendo y legitimando relaciones sociales desiguales (MONTES DEL CASTILLO, 1989: 19). Las redes sociales que genera pueden ser utilizadas para maximizar recursos, rentabilizar intercambios de bienes y servicios y consolidar relaciones de poder (MARTENS, 2000: 40-41; MONTES DEL CASTILLO, 1989: 21). Como sostiene CHEVALIER, el compadrazgo es un medio para mantener «el sistema de explotación prevaleciente gracias a la intervención de las dimensiones domésticas en las relaciones materiales» (1982: 328)[31].

Los enfoques que idealizan el compadrazgo como estabilizador y promotor de armonía social suelen ignorar que también puede ser un instrumento de dominación y explotación, manipulado según los intereses de cada grupo o individuo involucrado (CHEVALIER, 1982: 326; GARCÍA TAMAYO, 1979: 111; KILLICK, 2008: 324). Por ello, el análisis del compadrazgo debe considerar las dinámicas de poder inherentes a las sociedades estratificadas y comprender estas relaciones como estrategias de poder (MONTES DEL CASTILLO, 1989:

31 Es decir, este autor parece que dé cuenta de que el compadrazgo sirva para enmascarar y reproducir relaciones de explotación bajo la apariencia de relaciones basadas en un vínculo de parentesco. Sin embargo, como autor funcionalista, no asume la probabilidad de que el grupo explotado tome conciencia de este tipo de relaciones de explotación enmascaradas y responda con acciones de resistencia, dando lugar a un conflicto abierto, sino que mantiene que esta función de «enmascaramiento» realmente tiene por objeto reducir el conflicto social.

155)[32]. No obstante, el compadrazgo también puede funcionar como un instrumento de resistencia. DAVIS sostiene que:

> «Situado frente a un hombre más fuerte, el débil puede adoptar una postura de sumisión, puede ceder y, por tanto, salvar lo que pueda mediante el ejercicio de la presión moral —las presiones de la aceptación de la sumisión, la amistad, el compadrazgo incluso— para intentar controlar la prepotencia de su reconocido superior» (1977: 132).

El análisis del compadrazgo entre spoitori y *gadjé* como estrategia de poder permitirá abordar cómo esta práctica, a pesar de su apariencia benevolente, puede enmascarar formas de dominación que se perpetúan sutilmente en las relaciones interétnicas.

32 Los *funcionalistas* no han sabido apreciar el compadrazgo como estrategia de poder ritual para ampliar redes y conseguir ventajas materiales y simbólicas en detrimento de la otra parte, ni como instrumento de dominación y/o resistencia asociada al conflicto social en sociedades estratificadas y desiguales. Pero tampoco los *estructuralistas* han sabido ver que el sistema ideológico del compadrazgo va más allá de los elementos teológicos y sus categorías dicotómicas como «espiritual/natural», pues el compadrazgo recorre y se inscribe en otras dimensiones de la vida social, como la economía y la política (MONTES DEL CASTILLO, 1989).

QUINTA PARTE

LA COMUNIDAD *SPOITOR* EN LA ACTUALIDAD: ESTRUCTURA, PRÁCTICAS Y CONSECUENCIAS DEL COMPADRAZGO INTERÉTNICO

19

LA TEORÍA DE BOURDIEU COMO MARCO PARA EL ANÁLISIS: CAMPO, CAPITAL Y *HABITUS*

Pierre Bourdieu desarrolló un modelo teórico-sociológico conocido como «constructivismo estructuralista» o «estructuralismo constructivista» (GUTIÉRREZ, 2005: 21). Este enfoque se destaca por superar la clásica dicotomía entre subjetivismo y objetivismo en las teorías sociológicas. Según GARCÍA INDA:

> «(...) se trata de escapar a la falsa alternativa entre una perspectiva objetivista (a la que conducen las explicaciones deterministas y mecánicas de la vida social) y una perspectiva subjetivista (que concibe las intenciones y la conciencia de los sujetos como explicación suficiente de la práctica)» (2001: 11).

El modelo de BOURDIEU integra tanto el análisis de las estructuras objetivas como el de las subjetivas, considerando lo que él denominó «el doble proceso de interiorización de la exterioridad y de exteriorización de la interioridad» (BOURDIEU, 1972: 162-163). Esto implica que las estructuras sociales existen en dos niveles: como *estructuras sociales externas* y como *estructuras sociales internalizadas* por los individuos. Según BOURDIEU:

> «Las estructuras son dos veces existentes: en la "objetividad del primer orden" constituida por la distribución de recursos materiales y medios de apropiación de bienes y valores socialmente escasos (especies de capital), como así también en la "objetividad de segundo orden", bajo la forma de sistemas de clasificación, esquemas mentales y corporales que funcionan a manera de patrones simbólicos para las actividades prácticas —conducta, pensamientos, sentimientos y juicios— de los agentes sociales» (BOURDIEU & WACQUANT, 2008: 30-31).

Este enfoque exige que el investigador considere, por un lado, las estructuras sociales externas, analizando las posiciones y relaciones objetivas entre dichas posiciones dentro de un campo social, y, por otro, las estructuras internalizadas, es decir, el *habitus* de los agentes sociales, el cual hace referencia a los puntos de vista que estos tienen sobre la realidad en función de la posición que ocupan en el campo social (GUTIÉRREZ, 2005: 19). Así pues, el proceso investigativo debe desarrollarse en dos etapas. Primero, se deben analizar las estructuras objetivas (externas) dejando de lado las representaciones subjetivas (internalizadas) de los agentes. Esto implica construir el campo de posiciones considerando la distribución de recursos socialmente eficientes que definen las tensiones externas que se apoyan en las interacciones y representaciones sociales. En una segunda etapa, el investigador debe reintroducir las experiencias subjetivas de los agentes para explicar cómo las categorías de percepción y apreciación *(habitus)* estructuran su acción desde el interior (BOURDIEU & WACQUANT, 2008: 35).

Este modelo se presenta como una herramienta eficaz para analizar fenómenos sociales como la institución del compadrazgo interétnico en la comuna de Grădiştea. A continuación, se definirán con más detalle algunos conceptos centrales del enfoque de Bourdieu, necesarios para comprender su aplicación en este contexto.

a) El «campo» como estructura social externa

Pierre Bourdieu desarrolla el concepto de *campo* para referirse a las estructuras sociales externas que configuran las condiciones objetivas de la vida social. Estas estructuras son independientes de la voluntad y conciencia de los agentes, pero tienen la capacidad de orientar o coaccionar sus representaciones subjetivas y prácticas sociales (BOURDIEU, 2000: 127). En este marco teórico, un *campo* puede definirse como un sistema de relaciones objetivas, históricamente construidas, entre posiciones sociales ancladas en formas específicas de poder o capital (BOURDIEU & WACQUANT, 2008: 41)[33].

Un elemento central del concepto es la pluralidad de campos. En términos de Bourdieu, existen tantos campos como tipos de capitales considerados valiosos y dignos de ser acumulados o disputados por los agentes. Así, cada campo se define por lo que está en juego dentro de él y los intereses propios que genera, los cuales son irreductibles a los de otros campos[34]. Por ejemplo, los intereses en el campo político difieren de los del campo económico, científico o artístico. Las fronteras de un campo no son estáticas ni absolutas,

33 Dicha definición es simplificada por COSTA (1976: 3) como «sistema de posiciones y de relaciones entre posiciones».

34 Como menciona el propio BOURDIEU «es necesario que haya algo en juego y gente dispuesta a jugar» (BOURDIEU, 1990: 109), pues «un campo no es una simple estructura muerta, (...) sino un espacio de juego que existe como tal solo en la medida en que entren en él jugadores que crean en los premios que ofrecen y luchen activamente por ellos» (WACQUANT & BOURDIEU, 2008: 45).

sino que deben delimitarse en el curso de investigaciones empíricas, considerando las «barreras de ingreso» que limitan la participación y que suelen estar relativamente institucionalizadas (Bourdieu & Wacquant, 2008: 138).

Un campo, además, es un espacio de conflicto y competencia. Dentro de cada campo, los agentes sociales luchan por el monopolio del capital específico en juego, lo que determina la jerarquía de posiciones sociales. Estas jerarquías se configuran en función de la distribución desigual de capital acumulado en luchas previas, creando una división entre aquellos agentes que poseen mayor capital y buscan conservar el orden establecido, y aquellos que, desde posiciones de menor poder, intentan subvertirlo y transformar las relaciones de fuerza (Bourdieu, 1990: 110). Estas dinámicas revelan cómo la estructura de un campo es resultado tanto de las relaciones objetivas entre posiciones sociales como de las estrategias desplegadas por los agentes.

El análisis de los campos puede abordarse desde dos perspectivas complementarias: la sincrónica y la diacrónica. El enfoque sincrónico permite analizar el campo como un sistema de relaciones objetivas en un momento específico, es decir, como un espacio estructurado de posiciones que condicionan las acciones de los agentes. Por otro lado, la perspectiva diacrónica se centra en el proceso histórico mediante el cual se han configurado estas relaciones objetivas. Ambos enfoques son indispensables para comprender la dinámica de un campo y sus transformaciones a lo largo del tiempo. Como señala Bourdieu:

> «No podemos captar la dinámica de un campo si no es mediante un análisis sincrónico de su estructura y, simultáneamente, no podemos captar esta estructura sin un análisis histórico, esto es, genético de su constitución y de las tensiones que existen entre las posiciones en su seno» (Bourdieu & Wacquant, 2008:126).

Una característica fundamental de los campos, según Pierre Bourdieu (1990: 111), es que, aunque los agentes ocupen posiciones sociales distintas e incluso antagónicas, todos los participantes comparten ciertos intereses básicos que están vinculados a la propia existencia del campo. La lucha que se desarrolla en su interior presupone un acuerdo tácito entre los antagonistas acerca de lo que está en juego y de aquello que vale la pena disputar. Esta complicidad objetiva subyace en todos los antagonismos y contribuye a mantener el campo como un espacio de interacción estructurada.

Además de estos intereses genéricos compartidos, existen intereses específicos asociados a cada posición dentro del campo. Estos no dependen de la subjetividad o conciencia de los agentes (interés subjetivo), sino de las condiciones objetivas en las que se encuentran según la posición que ocupan. Desde esta perspectiva, es el investigador quien atribuye estos intereses específicos (interés objetivo) a los agentes, partiendo de su análisis de la estructura del campo (GUTIÉRREZ, 2005: 47-48). El interés objetivo está ligado a la búsqueda, ya sea individual o colectiva, de conservar o mejorar la posición que los agentes ocupan en el campo. Esto incluye también la imposición de principios de jerarquización que favorezcan sus propios intereses. En este sentido, son las relaciones objetivas entre posiciones de fuerza, las cuales configuran la estructura externa del campo, las que determinan las estrategias que adoptan los agentes. Estas estrategias se guían por los intereses vinculados a la posición que ocupan dentro de la distribución de capitales específica del campo (BOURDIEU & WACQUANT, 2008: 139).[35]

La noción de interés en Bourdieu tiene una dimensión amplia que incluye tanto beneficios materiales como simbólicos. Aunque se inspira en la lógica económica de Marx, Bourdieu amplía este concepto para aplicarlo a diferentes campos más allá del económico. Esto permite comprender prácticas sociales que, a primera vista, podrían parecer desinteresadas o altruistas. Para BOURDIEU (2000: 113), incluso acciones que aparentan gratuidad o indiferencia pueden interpretarse como orientadas a la maximización del beneficio, ya sea material o simbólico. De este modo, el interés no es una categoría universal o transhistórica, sino una construcción histórica específica de cada campo (BOURDIEU & WACQUANT, 2008: 156).

En el contexto de la comuna de Grădiștea, el marco teórico de Bourdieu ofrece una herramienta poderosa para analizar el fenómeno del compadrazgo. Este puede interpretarse como un campo específico donde se disputan diferentes formas de capital —social, simbólico y económico—, configurando relaciones de poder entre agentes con posiciones desiguales. La interacción entre las estructuras objetivas del campo y las representaciones subjetivas de los agentes permite explicar cómo se reproducen y transforman las dinámicas sociales a través del compadrazgo, consolidándose como una institución clave en la organización social local.

---

35 Los intereses subjetivos «son aquellos (...) que declara tener el agente, que puede tener explicitados como móviles de sus prácticas, pero que, por estar ligados a la subjetividad, no son susceptible de un estricto y riguroso control metodológico como los objetivos ligados a factores objetivos» (GUTIÉRREZ, 2005: 47-48). En cambio, los intereses objetivos, imputados por el investigador, implica «rescatar a quien produce dichas prácticas, pero se trata de rescatarlo socialmente, es decir, no en cuanto sujeto sino en cuanto agente socializado» (GUTIÉRREZ, 2005: 48). Por ejemplo, GUTIÉRREZ (2005: 48) rescata un ejemplo presentado por otro autor (COSTA, 1976) para ilustrar cómo se manifiestan ambos intereses en el campo religioso: el clero —como grupo de agentes vinculados a una posición determinada del campo— puede explicitar su interés consciente, subjetivo e intencional de comunicar desinteresadamente la salvación a los fieles —siendo éstos otro grupo de agentes que ocupan otra posición en el campo religioso—. Sin embargo, el *interés objetivo,* según el modelo de Bourdieu, se definiría en este caso como el interés de conservar o aumentar el capital específico que se juega en el campo y, con ello, reproducir su posición social dentro del mismo como «detentadores del poder de administrar con autoridad los bienes de salvación».

b) El «capital» como poderes en juego

Pierre Bourdieu propone una concepción ampliada del capital que trasciende lo estrictamente económico y abarca diferentes formas de recursos y poderes sociales que estructuran las prácticas humanas y los campos sociales. Según este autor, una ciencia general de la economía de las prácticas no puede limitarse a los comportamientos motivados únicamente por el capital económico, sino que debe incluir también el capital cultural, social y simbólico. Además, es necesario analizar los mecanismos que permiten la conversión de un tipo de capital en otro (BOURDIEU & WACQUANT, 2008: 158). Estas formas de capital son esenciales para entender las dinámicas de poder, jerarquía y competencia en los diversos espacios sociales.

El concepto de capital, en este sentido, se refiere a un conjunto de bienes acumulados que se producen, distribuyen, consumen, invierten o incluso pierden dentro de los diferentes campos sociales (COSTA, 1976: 3). Sin embargo, no todo bien o recurso genera automáticamente un campo. Para que un campo se constituya, el bien debe ser escaso, socialmente valorado y objeto de deseo o competencia. En cada campo, lo que se valora y se lucha por acumular está relacionado con la forma de capital predominante en ese espacio social (GUTIÉRREZ, 2005: 36).

Entre las formas de capital descritas por Bourdieu, el capital económico es el más reconocible, ya que incluye propiedades materiales, recursos financieros y otros bienes tangibles acumulables, tanto individual como colectivamente. Aunque fundamental en las sociedades modernas, no es el único eje que determina el poder o la posición de los agentes sociales (BOURDIEU, 1986: 243).

El capital cultural, por su parte, es especialmente relevante en las dinámicas sociales contemporáneas y se manifiesta en tres formas principales: la incorporada, la objetivada y la institucionalizada. El capital cultural incorporado se encuentra en el conocimiento, las habilidades y las competencias adquiridas a través de la experiencia, la educación y la socialización. La forma objetivada incluye bienes culturales tangibles, como libros, instrumentos o artefactos que poseen un valor social específico. Por último, el capital cultural institucionalizado se refiere a los títulos, diplomas y certificaciones que legitiman formalmente los conocimientos adquiridos y que permiten su valoración social (BOURDIEU, 1986: 244-245).

El capital social se refiere a las redes de relaciones y contactos sociales que un individuo puede movilizar para obtener beneficios. Este tipo de capital está estrechamente relacionado con la posición que los agentes ocupan dentro del espacio social, ya que les permite acceder a otros recursos, tanto materiales como simbólicos. Bourdieu lo define como «el conjunto de recursos reales o potenciales[36] vinculados a la posesión de una red duradera de relaciones más o menos institucionalizadas de conocimiento y reconocimiento mutuos» (BOURDIEU, 1986: 247). Estas redes no son espontáneas; son el resultado de estrategias conscientes o inconscientes para establecer relaciones útiles y duraderas, las cuales pueden cristalizarse a través de rituales de institución que refuerzan su durabilidad y legitimidad (BOURDIEU, 1986: 248). El capital social, según Pierre Bourdieu, se manifiesta en diferentes formas, tanto en su dimensión práctica como en la institucionalizada. En su forma práctica, se concreta en intercambios materiales y simbólicos que establecen y mantienen las relaciones sociales. Por otro lado, las relaciones institucionalizadas surgen y se consolidan mediante la creación de vínculos formales, a menudo legitimados a través de actos y nombres comunes, que refuerzan y perpetúan dichas relaciones. Este tipo de capital no solo aporta beneficios materiales y simbólicos a los agentes sociales, sino que también les permite integrarse en grupos exclusivos o prestigiosos, obteniendo así ventajas adicionales asociadas a la pertenencia a estas redes sociales (BOURDIEU, 1986: 247; GUTIÉRREZ, 2005: 38).

El proceso mediante el cual se generan y consolidan estas redes es lo que Bourdieu denomina «ritos de institución». A través de ellos, las relaciones sociales se transforman en vínculos duraderos y estratégicos que pueden ser aprovechados a corto o largo plazo. Estos rituales no solo legitiman el estatus y las relaciones de los agentes, sino que también delimitan las fronteras del grupo al que pertenecen, estableciendo un espacio social diferenciado y protegido[37]. Este espacio regula los intercambios y garantiza la cohesión y continuidad del grupo mediante el reconocimiento mutuo de sus miembros (BOURDIEU, 1986: 248). Los ritos de institución actúan como mecanismos de cristalización social, asignando roles, identidades y estatus relacionales que son reproducidos y reforzados a través de diversos intercambios simbólicos y materiales. Esto establece una dinámica dialéctica en la que los bienes y servicios intercambiados se convierten en símbolos de reconocimiento mutuo, consolidando la pertenencia y delimitando los límites del grupo. Estos límites, custodiados por sus miembros, garantizan que las definiciones y valores del grupo sean respetados y protegidos frente a posibles alteraciones externas (BOURDIEU, 1986: 248). Además, el volumen de capital social que posee un agente no depende únicamente de la cantidad de contactos o redes a las que

36 Los recursos potenciales son aquellos que no están dados de una vez por todas, sino que fluctúan según lo que pueda aportar el individuo al grupo y la capacidad de relacionarse del mismo. Como señala GÓNZALEZ REYES (2009: 1737) al respecto: «De esta manera, el pertenecer al grupo no quiere decir que se tenga acceso igualitario a todas las cantidades y tipos de recursos, sino que se tienen más posibilidades de acceder a él que quienes carecen de algún tipo de membresía».

37 «El nombre de una familia, de una clase o de una tribu o de una escuela, de un partido, etc.» (BOURDIEU, 1986: 247).

pertenece, sino también del capital acumulado por los demás agentes con los que mantiene vínculos. De este modo, las redes sociales de un individuo no solo le permiten acceder a recursos, sino que también amplifican el rendimiento de otros tipos de capital, ya sean económicos, culturales o simbólicos (BOURDIEU, 1986: 247).

En este sentido, el capital social no solo fomenta relaciones y redes, sino que también se convierte en un recurso estratégico para el control, la dominación y la reproducción de las jerarquías sociales. Como señala GONZÁLEZ REYES (2009: 1737), este concepto permite comprender cómo los agentes construyen formas de poder al acceder a determinadas relaciones sociales, lo que les permite mantener y reproducir su estatus con fines estratégicos. En conclusión, el capital social actúa como un recurso clave para multiplicar los beneficios y rendimientos derivados de las otras formas de capital, integrando a los agentes en redes que refuerzan su posición social y les permiten acceder a ventajas materiales y simbólicas. Este capital no solo fortalece las conexiones entre individuos y grupos, sino que también opera como una herramienta de poder, ampliando las posibilidades de influencia y control dentro de los campos sociales en los que se desarrolla (CAPDEVIELLE, 2014: 9; GUTIÉRREZ, 2004: 7).

Pierre Bourdieu introduce el concepto de capital simbólico como una ampliación a las formas de capital previamente identificadas: económico, cultural y social. Esta modalidad no se constituye como un tipo de capital autónomo, sino como una manifestación de las otras especies de capital cuando estas son reconocidas socialmente y legitimadas a través de sistemas de percepción culturalmente establecidos. Como señala Bourdieu:

> «A estas tres formas, hay que añadir el capital simbólico, que es la modalidad adoptada por una u otra de dichas especies cuando es captada a través de las categorías de percepción que reconocen su lógica específica o, si usted prefiere, que desconocen el carácter arbitrario de su posesión y acumulación» (BOURDIEU & WACQUANT, 1995: 81- 82).

El capital simbólico, entonces, representa una cualidad atribuida al capital económico, social y cultural cuando estos se transforman en elementos portadores de prestigio, legitimidad y autoridad en un espacio social específico (BOURDIEU, 1997: 151). Este tipo de capital se activa cuando la acumulación de recursos por parte de un agente se percibe como legítima, natural e inherente, ocultando el carácter arbitrario de las relaciones que permitieron su adquisición. Así, el capital simbólico opera como una forma de validación social que dota de poder adicional a quienes ya poseen otras formas de capital. El reconocimiento que subyace al capital simbólico no solo refuerza la posición de los agentes en una estructura social, sino que también perpetúa las jerarquías al enmascarar las bases arbitrarias de las desigualdades. Como explica GUTIÉRREZ (2005: 40), este proceso implica que el poder de ciertos agentes se presente como «natural» y, por ende, indiscutible. En términos de

FERNÁNDEZ FERNÁNDEZ (2013: 22), esta dinámica convierte al capital simbólico en un mecanismo clave para mantener el orden social al transformar la acumulación de recursos en autoridad legítima y reconocida.

La posición de los agentes sociales dentro del espacio social se determina por el volumen total de capital que poseen y por la estructura de dicho capital, es decir, por el peso relativo de cada tipo de capital. Así, dos agentes con el mismo volumen total de capital pueden ocupar posiciones diferentes si la composición de sus capitales es distinta. Por ejemplo, un individuo con altos niveles de capital cultural puede ocupar una posición más prestigiosa en un campo académico que alguien con un predominio de capital económico (BOURDIEU, 2000: 131).

En definitiva, el enfoque de Bourdieu permite analizar las prácticas sociales y las relaciones de poder desde una perspectiva multidimensional, donde las diferentes formas de capital actúan de manera interconectada para configurar las jerarquías y las dinámicas dentro de los campos sociales. Al comprender cómo estas formas de capital interactúan y se convierten unas en otras, es posible desentrañar los mecanismos subyacentes de la reproducción y transformación de las desigualdades sociales.

c) El «habitus» como como estructura social interna

Pierre Bourdieu se distancia de las teorías estructuralistas que conciben al individuo como un títere de fuerzas externas determinantes, recuperando la capacidad de los agentes sociales para producir prácticas y estrategias en contextos específicos (WACQUANT & BOURDIEU, 2008: 147). Según esta perspectiva, los agentes no son simples partículas impulsadas mecánicamente por fuerzas externas, sino portadores de capitales. Su orientación hacia la preservación o subversión de la estructura de capitales depende de su posición y trayectoria en el campo.

Simultáneamente, Bourdieu también rechaza visiones opuestas como el individualismo metodológico y la teoría de la acción racional, que minimizan el peso de las condiciones objetivas. En su lugar, plantea que la posición social dentro del campo determina los intereses, las posibilidades y limitaciones de los agentes (GUTIÉRREZ, 2005: 68-72). Para reconciliar estas posturas, Bourdieu introduce la noción de *habitus* como un sistema de disposiciones que media entre estructura y acción:

> «El principio de las estrategias [...] no es el cálculo cínico [...] sino una relación inconsciente entre un *habitus* y un campo» (BOURDIEU, 1990: 114).

Esta teoría se propone superar tanto el mecanicismo como el finalismo al considerar que las prácticas se orientan objetivamente hacia fines que pueden no ser percibidos conscientemente.

En la propuesta de Bourdieu, las estructuras sociales existen en dos dimensiones interrelacionadas: como estructuras externas, que se materializan en capitales, posiciones e intereses en el campo, y como estructuras internalizadas, es decir, el *habitus*, que representa la historia incorporada al cuerpo (GUTIÉRREZ, 2005: 8-9). El *habitus* funciona como un generador de prácticas estratégicas que, aunque conformes con los objetivos de sus autores, no necesariamente son concebidas explícitamente con esos fines (BOURDIEU, 1990: 114). En otras palabras, el *habitus* refleja la internalización de las estructuras sociales, transformando los esquemas mentales de los agentes y guiando su comportamiento, elecciones y evaluaciones (BOURDIEU & CHARTIER, 2011: 69).

> «Es importante recordar que los agentes tienen una historia personal y colectiva [...]. Las categorías de pensamiento y sistemas de valores son producto de la incorporación de estructuras sociales» (BOURDIEU & CHARTIER, 2008: 70).

El *habitus* de cada agente está moldeado por su trayectoria social y por su posición en el campo, la cual puede cambiar según las circunstancias. Si bien es una estructura estructurada —derivada de las condiciones objetivas— también es estructurante, al generar prácticas que reproducen esas condiciones (BOURDIEU & PASSERON, 1977). Sin embargo, el *habitus* solo se manifiesta en situaciones específicas, operando desde el interior de los agentes sin ser completamente determinante ni individual. En otras palabras, el *habitus* solo se revela ante una situación determinada poniendo en relación las experiencias sociales adquiridas (la historia colectiva hecha cuerpo) y las condiciones sociales objetivas que se le presentan en un momento dado, por lo que «*opera desde el interior de los agentes, sin ser estrictamente individual en sí mismo ni enteramente determinante de la conducta*» (BOURDIEU & WACQUANT, 2008: 43). Esto significa que el *habitus* no solo impone límites, sino que también permite innovación e improvisación dentro de los márgenes de las condiciones objetivas (GUTIÉRREZ, 2005: 75).

Por otro lado, los agentes sociales, insertos en un campo, reconocen las reglas del juego gracias al *habitus*, que les permite participar activamente y disputar posiciones según sus intereses. Aunque las disposiciones del *habitus* son duraderas, no son inmutables, pues pueden reformularse en función de nuevas experiencias sociales. Sin embargo, la mayor parte de los agentes suele encontrarse con situaciones similares a aquellas que originaron sus disposiciones, lo que refuerza su permanencia (GUTIÉRREZ, 2005: 75). De este modo, el *habitus*, inseparable del campo, permite a los agentes sociales conocer y reconocer las reglas del juego, su posición y las dinámicas de poder en las que participan, ya sea para preservar o transformar las estructuras sociales. Así, convierte a los individuos biológicos en agentes sociales capaces de intervenir activamente en el mundo social. Aunque el *habitus* es producto de las estructuras objetivas, también es generador de prácticas y pensamientos que posibilitan una amplia gama de acciones, permitiendo tanto la invención como la improvisación dentro de los límites impuestos por las condiciones objetivas. Además, los agentes sociales que comparten condiciones similares tienden a desarrollar disposiciones comunes, lo que fundamenta la noción de «*habitus* de clase» (BOURDIEU, 2012: 166).

Los agentes actúan estratégicamente en función de los intereses objetivos asociados a su posición en los campos que habitan, buscando maximizar beneficios. Sin embargo, en la teoría de Bourdieu, la estrategia no implica una planificación consciente o deliberada de fines, sino que es el resultado de la necesidad inherente al campo y sus exigencias. Por esta razón, los agentes no perciben su acción como un cumplimiento de deberes ni como una búsqueda consciente de maximización del capital específico, lo que los lleva a considerarse a sí mismos como desinteresados (BOURDIEU, 1976: 141). Actuar mediante el *habitus* implica la producción de prácticas que, aunque orientadas objetivamente hacia un fin, obedecen a regularidades y condiciones socialmente inteligibles, derivadas de las estructuras externas e internalizadas por los agentes (GUTIÉRREZ, 2005: 28). La relación entre *habitus* y estrategia es central en la interpretación de las acciones humanas. Para Bourdieu, las prácticas estratégicas no siempre se originan en una intención consciente de alcanzar un propósito. Más bien, operan como un «sentido del juego», una disposición que guía al agente a actuar de manera adecuada en cada situación sin necesidad de reflexionar explícitamente sobre sus decisiones. Como explica:

> «El mejor ejemplo de esta disposición es sin duda el sentido del juego: el jugador, tras haber interiorizado profundamente las normas de un juego, hace lo que hay que hacer en el momento en que hay que hacerlo, sin tener necesidad de plantear explícitamente como fin lo que hay que hacer. No necesita saber conscientemente lo que hace para hacerlo y menos aún plantearse explícitamente la cuestión [...] de saber explícitamente lo que los demás pueden hacer a cambio» (BOURDIEU, 1997: 166-167).

No obstante, Bourdieu aclara que la teoría del *habitus* no descarta por completo la posibilidad de acciones estratégicas conscientes y deliberadas por parte de los agentes sociales, aunque subraya que estas constituyen la excepción más que la norma en su análisis de la práctica social (BOURDIEU & WACQUANT, 1995: 91).

20

EL COMPADRAZGO INTERÉTNICO COMO *CAMPO SOCIAL*: DOMINANTES, DOMINANTES-DOMINADOS Y DOMINADOS

La institución del compadrazgo, entendida como un sistema específico de relaciones entre agentes sociales, surge de estrategias de inversión orientadas a la creación y sostenimiento de redes sociales duraderas y obligatorias (BEUCHLER, 1971: 48; KOECHERT, 1989: 421; VÁZQUEZ, 2009: 61). Esta estructura vincula a los agentes sociales —los compadres— mediante relaciones de reciprocidad y responsabilidades que abarcan ámbitos religiosos, sociales, materiales y financieros (ALUM, 2018: 1; WOLF & MINTZ, 1950: 355). En otras palabras, el compadrazgo, como sistema formalizado y públicamente reconocido, actúa como un mecanismo para movilizar diversos recursos económicos, sociales, religiosos y culturales.

Desde esta perspectiva, su fundamento reside en la obtención de ventajas y beneficios derivados de las relaciones sociales establecidas, lo que lo vincula directamente al concepto de «capital social». Este último, según BOURDIEU, consiste en «una red de relaciones sociales producto de estrategias de inversión, individuales o colectivas, dirigidas consciente o inconscientemente a establecer o reproducir relaciones sociales utilizables a corto o largo plazo» (1986: 248). Así, el compadrazgo puede entenderse como una forma específica de capital social que potencia las dinámicas entre los agentes que participan en estas redes.

Cada vínculo de compadrazgo genera relaciones de reciprocidad basadas en un tipo particular de capital social, denominado aquí «capital social de compadrazgo». Por ejemplo, el lazo entre compadres *gadjé* de una unidad familiar y compadres spoitori de otra unidad familiar configura lo que podría llamarse una «estructura particular de compadrazgo» o «estructura íntima de compadrazgo». Sin embargo, el análisis no debe limitarse a las relaciones inmediatas entre compadres o a los intercambios dentro de esta estructura específica. Es fundamental considerar a todos los agentes sociales involucrados en estas relaciones, ya sean *gadjé* o spoitori, y cómo, a través del capital social de compadrazgo, se disputan otras formas de capital.

Para entender plenamente las dinámicas del compadrazgo, es necesario construir un «campo de posiciones» que refleje tanto las relaciones objetivas entre los agentes como las disputas de poder y capital que estas relaciones generan en contextos específicos, como la comuna de Grădiştea. En la práctica cotidiana, las relaciones de compadrazgo no se limitan al núcleo íntimo de compadres directamente vinculados por la institución, sino que se extienden e interconectan con otros agentes sociales que participan de este sistema. Este entramado más amplio puede definirse como el «campo de relaciones de compadrazgo», una estructura social objetiva que permite analizar de forma integral las complejas dinámicas y disputas que surgen en torno a esta institución.

a) Acceder al campo social de compadrazgo interétnico

A mediados de la década de los 90, se produjo un acercamiento significativo entre los residentes *gadjé* de la comuna de Grădiştea y las familias spoitori, asentadas forzosamente en los márgenes de la localidad. Este primer contacto surgió a raíz de la solicitud de algunos propietarios *gadjé* para que las familias spoitori trabajaran como jornaleros, estableciendo una relación inicial de patronazgo entre ambas comunidades. Esta relación, en un principio, estuvo marcada por fines puramente económicos. Con el tiempo, esta dinámica laboral evolucionó hacia una práctica más significativa: los propietarios *gadjé* comenzaron a bautizar a los hijos de sus jornaleros. Este rito bautismal, además de formalizar el vínculo religioso entre padrinos y ahijados, creó una relación de compadrazgo entre las familias *gadjé* y spoitori. A través del bautismo, las antiguas relaciones utilitarias de patronos-jornaleros se transformaron en relaciones de compadres *gadjé* y compadres spoitori, mucho más cercanas y dotadas de afinidad simbólica y social.

Las redes sociales que surgen del compadrazgo son reconocidas y legitimadas por los ritos bautismales que las preceden (García Tamayo, 1979: 96; Martens, 2000: 40-41). Además, como señala Bourdieu (1986: 248), el rito bautismal, en tanto rito de institución, crea identidades, roles y estatus relacionales, permitiendo convertir un vínculo instrumental en uno basado en la afinidad y el parentesco espiritual. Este tipo de relaciones no solo adquiere legitimidad simbólica, sino también estabilidad social, como menciona Freyre (2013: 111): «si no existe identidad ni compromiso entre las partes, si son redes conformadas ad hoc, tienden a desaparecer en el corto plazo o conforman redes de tipo oportunista y clientelares».

La eficacia del rito bautismal radica, entonces, en su capacidad para transformar relaciones contingentes, como las de vecindad o trabajo, en «relaciones necesarias y electivas, que implican obligaciones duraderas sentidas subjetivamente (...) o garantizadas institucionalmente» (Bourdieu, 1986: 248). Al extender el vínculo entre compadres, el rito crea nuevos roles y estatus relacionales que reafirman tanto los límites como la cohesión de cada grupo. Así, cada núcleo de compadrazgo, compuesto por familias *gadjé* y spoitori, se define y delimita mediante el bautismo, que formaliza públicamente la identidad de los grupos y los vínculos que los unen. En este sentido, el rito bautismal no solo establece una relación social entre compadres, sino que también anuncia y reafirma públicamente un vínculo que otorga identidad y pertenencia. Cada compadre queda así asociado formalmente a una familia en particular, marcando una conexión que trasciende el ámbito económico y adquiere significados espirituales y sociales dentro del campo del compadrazgo.

Además de señalar a qué grupo pertenece cada compadre en particular, el rito de institución, en este caso el bautismo, establece y reafirma otro límite fundamental: la distinción entre quienes son compadres y quienes no lo son. Este límite define quién puede acceder al campo de relaciones de compadrazgo y quién queda excluido de él. En este sentido, el rito bautismal se convierte en el criterio de entrada al campo, actuando como un mecanismo de legitimación social que habilita la participación en estas redes específicas de relaciones.

El recurso central que se pone en juego dentro de este campo es el capital social asociado al compadrazgo, entendido como las redes de relaciones que pueden movilizarse para obtener beneficios tanto materiales como inmateriales. Este capital social es exclusivo de quienes forman parte de estas redes, ya que los recursos que circulan dentro del sistema de compadrazgo —empleo, apoyo financiero, protección o prestigio— solo están disponibles para aquellos que han sido formalmente integrados a través del rito bautismal. Por lo tanto, el acceso a estas redes no solo implica pertenencia simbólica, sino también participación en un sistema de intercambio de recursos estratégicos, cuya eficacia depende de la legitimidad del vínculo establecido por el bautismo.

En este sentido, desde una perspectiva diacrónica, el campo de relaciones de compadrazgo en la comuna de Grădiștea puede entenderse como el resultado de una serie de estrategias de inversión social implementadas por las familias terratenientes *gadjé* a finales de la década de los 90. Estas estrategias transformaron las relaciones laborales tradicionales que mantenían con las familias spoitori, basadas en un vínculo de patrón-jornalero, en relaciones ritualizadas, necesarias y obligatorias, garantizadas por la formalización institucional del compadrazgo. Este campo específico se fundamentó en el capital social derivado de estas relaciones, entendido como el conjunto de recursos, tanto actuales como potenciales, que podían ser movilizados a través de los vínculos consolidados entre compadres. Las relaciones de compadrazgo, cristalizadas a través de ritos como el bautismo, ofrecían a los *gadjé* una red de relaciones duraderas y utilizables que iban más allá de lo puramente laboral.

Los compadres *gadjé* explicaron que su principal motivación para establecer estos vínculos era su supuesto deber cristiano de «cristianizar a los paganos» (interés subjetivo). Sin embargo, un análisis de las condiciones objetivas de ese momento revela razones más pragmáticas. En particular, la ola de emigración urbana de jóvenes de la comuna había generado una escasez de mano de obra jornalera, lo que llevó a los *gadjé* a buscar formas de no solo cubrir esta necesidad, sino también de asegurarse una fuerza laboral estable a largo plazo. Al ritualizar y formalizar las relaciones con las familias spoitori, las familias *gadjé* no solo respondían a esta carencia, sino que también consolidaban su posición social dentro del espacio social más amplio (interés objetivo). En este contexto, el compadrazgo no solo actuó como una forma de consolidar redes sociales, sino como una herramienta estratégica para mantener el equilibrio de poder y la jerarquía social en un momento de transformación económica y demográfica.

b) Distribución de posiciones en el campo social del compadrazgo interétnico

En el presente estudio de caso, las relaciones derivadas del compadrazgo adoptan una dirección claramente «vertical», caracterizada por vínculos entre agentes sociales que pertenecen a diferentes niveles de estatus, clase social y etnia (ALUM, 2018: 4; MINTZ & WOLF, 1950: 342). Estos factores son fundamentales para entender cómo se construyen las posiciones ocupadas por los agentes sociales dentro de la estructura del compadrazgo interétnico, así como dentro del campo social en el que estas relaciones se articulan.

El capital social desempeña un papel crucial en esta dinámica debido a su capacidad multiplicadora, ya que permite a los agentes obtener ventajas materiales e inmateriales mediante la movilización de redes sociales. Esto resalta la importancia de analizar cómo se distribuyen otras especies de capital dentro del campo de compadrazgo, ya que el capital social funciona como un medio que facilita la circulación y el aprovechamiento de estos recursos. En otras palabras, el volumen global de capital que poseen los agentes dentro del campo determina su posición social en la estructura objetiva del compadrazgo. Tal y como explica GUTIÉRREZ:

> «Aquí encontramos también relaciones entre diferentes especies de capital, en la medida en que el volumen de capital social que ha logrado acumular un agente particular no sólo depende de la extensión de la red de relaciones que él puede

efectivamente movilizar en un momento determinado, sino también del volumen de capital económico, cultural o simbólico de cada uno de aquellos agentes a quienes está ligado por la pertenencia a esa red» (2005: 38-39).

Por lo tanto, el volumen global de capital, entendido como la suma de las diferentes especies de capital (económico, cultural, simbólico y social), no solo define la posición que ocupa cada agente dentro del campo de relaciones de compadrazgo, sino también su capacidad para movilizar recursos y obtener beneficios. Esta interconexión entre las diversas formas de capital es fundamental para comprender cómo los agentes consolidan su posición y ejercen influencia dentro de esta estructura social jerarquizada. En el caso del campo de relaciones de compadrazgo interétnico, las posiciones sociales de los agentes, tanto *gadjé* como spoitori, se determinan en función del volumen global de capital que poseen. Esto configura una estructura caracterizada por una distribución desigual de posiciones, donde los agentes con mayor acumulación de capital ocupan lugares dominantes y los que poseen menos recursos quedan relegados a posiciones subordinadas. Este marco jerárquico refleja las dinámicas de poder y recursos que estructuran las relaciones dentro del compadrazgo.

En el campo de relaciones de compadrazgo se pueden distinguir dos grandes posiciones sociales que forman la principal división estructural: dominantes y dominados. En la posición de dominantes se encuentran los compadres *gadjé*, quienes además de representar la identidad socialmente hegemónica como parte de la sociedad mayoritaria, poseen un volumen global de capital significativamente superior al de los compadres spoitori, relegados a la posición de dominados. Los *gadjé* dominantes acumulan diferentes especies de capital que consolidan su posición en el campo. Entre ellos se destacan:

- Capital económico, basado en medios de producción y riqueza monetaria.
- Capital social burocrático, que se traduce en redes de contactos e influencia dentro del sector público (instituciones administrativas, policiales y servicios médicos, principalmente).
- Capital cultural, compuesto por alfabetización y conocimientos socialmente valorados.
- Capital simbólico, que representa prestigio y autoridad, y que resulta del reconocimiento social de las otras formas de capital.

Este capital simbólico, además, permite generar otra especie de capital relevante: el capital jurídico. Por «capital jurídico» se entiende la capacidad, autoridad y «derecho a decir qué es lo que dice el derecho» (García Inda, 2001: 39).

En contraste, los compadres spoitori, desde la posición de dominados, carecen de acceso significativo a estas formas de capital. Su contribución dentro de la red de compadrazgo se limita principalmente a su fuerza de trabajo y lealtad hacia los dominantes, lo que perpetúa la desigualdad estructural en el campo. Este contraste entre las posiciones refleja la distribución desigual de recursos y el sistema de relaciones jerárquicas que caracteriza al compadrazgo en este contexto.

En segundo lugar, aunque los compadres *gadjé* ocupan una posición de dominación respecto a los compadres spoitori, no todos poseen el mismo volumen global de capital. Dentro de la clase dominante, existen diferencias significativas que dan lugar a una jerarquización interna entre los dominantes, generando relaciones entre dominantes plenos y dominantes-dominados. Esta diferenciación se explica principalmente por la distribución desigual de dos especies clave de capital: el capital económico y el capital social burocrático. Estas formas de capital, aunque interrelacionadas, determinan las distintas posiciones ocupadas dentro del campo, sin perjuicio de que el volumen de capital simbólico también se ajuste proporcionalmente al volumen de las otras especies de capital.

La posesión de capital económico permite distinguir entre:

- Grandes propietarios, quienes cuentan con significativos recursos y medios de producción.
- Pequeños propietarios, cuyo acceso a recursos es más limitado.

Por su parte, el capital social burocrático diferencia entre:

- Compadres con cargos institucionales, que tienen redes de contactos e influencia dentro de estructuras públicas o políticas.
- Compadres sin cargos institucionales, que carecen de acceso a estas ventajas específicas.

Aunque estas diferencias configuran un espectro complejo dentro de la clase dominante, el capital económico sigue siendo el eje central que estructura las posiciones de poder en nuestras sociedades (GUTIÉRREZ, 2005: 43). La acumulación de recursos materiales no solo otorga mayor independencia económica, sino que también refuerza el acceso a otras formas de capital, consolidando la jerarquización interna entre los compadres *gadjé* en el campo de compadrazgo. Así entonces, en el campo de relaciones de compadrazgo de la comuna de Grădiștea, es posible identificar cuatro clases principales de compadres dominantes, diferenciadas según su volumen global de capital. Estas clases reflejan una jerarquización interna dentro de la posición de dominación, configurando una estructura de relaciones entre dominantes y dominantes-dominados.

En la cúspide de esta jerarquía se encuentran los grandes propietarios con cargo institucional, quienes combinan un alto volumen de capital económico con acceso e influencia dentro de estructuras públicas o políticas, lo que les otorga un poder considerable dentro del campo. Por debajo de ellos están los grandes propietarios sin cargo institucional, quienes, aunque poseen recursos económicos significativos, carecen de la ventaja adicional que supone el capital social burocrático. En un nivel intermedio se ubican los pequeños propietarios con cargo institucional, que disponen de cierta influencia política o administrativa, pero con recursos económicos más limitados. Finalmente, en la base de esta jerarquía están los pequeños propietarios sin cargo institucional, cuyo acceso restringido tanto a capital económico como a redes burocráticas los coloca en una posición de menor ventaja dentro de la clase dominante. Esta estratificación refleja cómo el volumen global de capital, especialmente en sus dimensiones económica y burocrática, define las posiciones relativas dentro del campo de relaciones de compadrazgo, marcando desigualdades incluso entre los agentes que comparten una posición de dominación.

Los testimonios obtenidos reflejan las diferencias en el volumen de capital entre los compadres *gadjé* y cómo estas influyen en las dinámicas del campo de compadrazgo. Por un lado, los compadres *gadjé* que son grandes propietarios se distinguen por tener empresas agrícolas que constituyen la base de su economía familiar, dependiendo exclusivamente de esta fuente de ingresos. En contraste, los pequeños propietarios suelen poseer granjas más modestas destinadas al autoconsumo y combinan esta actividad con otras fuentes de ingresos, lo que marca una clara diferenciación entre ambos grupos.

Esto se aprecia en el testimonio de Razvan, quien describe la diferencia entre los grandes y pequeños propietarios en términos de recursos y relaciones laborales:

> «Hay compadres *(gadjé)* que son empresarios, es decir, tienen un buen negocio en la agricultura por lo general. Estos siempre tienen mucho trabajo en siembra y recogida o en el cuidado de animales. Hay otros (compadres *gadjé*) que no tienen una empresa ni mucho campo que trabajar, pero también necesitan ayuda para las cosas de la casa o del huerto... dependiendo de lo que hagan les das dinero también» (Razvan, 39 años, *gadjé*).

Por otro lado, los testimonios de los informantes spoitori destacan cómo perciben y valoran a sus compadres *gadjé* según el capital económico y social burocrático que estos poseen. Un informante spoitor subraya la importancia de las conexiones de sus compadres con las autoridades locales para resolver conflictos y obtener beneficios adicionales:

> «Mi compadre ahora está viejo... pero es normal que tengas que buscarte la vida... Este es diferente porque es de los que más campo y trabajo tiene en el pueblo y se lleva muy bien con la policía y el alcalde... hay compadres que tienen más enchufe que otros» (Marius, 70 años, spoitor).

De manera similar, el testimonio de Fanel resalta el apoyo financiero y legal que recibe de un compadre *gadjé* con mayor capital y reconocimiento en la comunidad:

> «Ionel... nos ayuda con el dinero, nos presta, y si tenemos algún problema con alguien del pueblo... habla con la Policía para que no nos multe. Mi otro compadre,

cuando era más joven, también iba a hablar con la Policía... pero todos conocen a Ionel, todos los rumanos le respetan, lo escuchan más» (Fanel, 52 años, spoitor).

Estos relatos evidencian que los compadres *gadjé* con mayor volumen de capital son percibidos como más útiles y valiosos por las familias spoitori. Su capacidad para ofrecer empleo, apoyo financiero y respaldo en conflictos refuerza la jerarquización interna del campo de compadrazgo, donde el volumen global de capital define las relaciones y las posiciones sociales de los agentes involucrados.

Desde la perspectiva y posición social de las familias spoitori, los beneficios actuales o potenciales que pueden obtener con la movilización de las redes que mantienen con sus compadres *gadjé* dependerán de la posición social de éstos últimos dentro de la estructura social objetiva, es decir, de su *volumen global de capital*. Cuanto más alta sea la posición de sus compadres *gadjé*, más posibilidades de obtener mayor rendimiento en formas distintas de capital.

Desde la perspectiva y posición social de los compadres *gadjé* cuanto mayor *capital económico* y *capital social burocrático* mayor será la posibilidad de seguir invirtiendo en la formación de más vínculos de compadrazgo con otras familias spoitori y así ampliar su red social. Esto se explica porque a mayor *capital económico* más capacidad de sufragar gastos asociados al rito bautismal y, con ello, formalización de nuevos vínculos de compadrazgo. Además de mayor capacidad para recibir rendimientos económicos a través de los diferentes intercambios que tengan lugar en el marco de las relaciones de compadrazgo. Y, cuanto mayor sea el *capital social burocrático*, mayor capacidad de ofrecer seguridad y asesoramiento burocrático a las familias spoitori, siendo un recurso altamente valorado por estas últimas en la búsqueda o aceptación de un compadre *gadjé*.

En definitiva, el campo de relaciones de compadrazgo, desde una perspectiva sincrónica, puede entenderse como un sistema de relaciones objetivas entre posiciones sociales diferenciadas en función de la acumulación de distintas especies de recursos: económicos, sociales, culturales, simbólicos, entre otros. Estos recursos son movilizados dentro de las redes de compadrazgo para obtener ventajas y beneficios específicos. En este contexto, aunque el capital social de compadrazgo interétnico constituye el recurso central que fundamenta estas relaciones, su verdadero valor radica en su capacidad multiplicadora, ya que facilita el rendimiento y aprovechamiento de otras formas de capital (Capdevielle, 2014: 9).

La principal división estructural dentro del campo se establece entre aquellos agentes que poseen un volumen global de capital suficiente para invertir en la formación institucional de redes de compadrazgo (las familias *gadjé* propietarias) y aquellos que carecen de dichos recursos (las familias spoitori). Esta diferenciación otorga al compadrazgo un carácter vertical, estructurando las relaciones de poder y dominación dentro del campo. Sin embargo, la estructura del campo es más compleja, ya que entre las familias *gadjé* propietarias se distinguen posiciones diferenciadas según el volumen global de capital acumulado. Estas diferencias permiten identificar cuatro categorías principales: grandes propietarios con cargos institucionales, grandes propietarios sin cargos institucionales, pequeños propietarios con cargos institucionales y pequeños propietarios sin cargos institucionales. Cada una de estas categorías refleja distintas capacidades de movilización de recursos y niveles de influencia dentro del sistema de relaciones de compadrazgo.

El interés objetivo de la clase dominante radica en invertir en capital social de compadrazgo como un mecanismo para reproducir estas relaciones y, con ello, conservar o incrementar su capital económico. Este proceso también permite mantener su capital simbólico dentro del espacio social global, legitimando su posición en la jerarquía social. En este sentido, la perpetuación de las relaciones de dominación se convierte en una estrategia consciente o inconsciente de los agentes dominantes para asegurar su estatus o intentar cambiar su posición dentro de la compleja estructura jerárquica entre dominantes y dominantes-dominados. En el contexto actual, esta reproducción de relaciones de dominación sería difícilmente viable sin la institucionalización de redes de compadrazgo con las familias spoitori. Para estas últimas, ubicadas en la posición de dominados, el compadrazgo representa una fuente primaria de recursos y apoyo para garantizar su supervivencia en un entorno estructuralmente desigual. De este modo, el compadrazgo opera simultáneamente como un mecanismo de dominación, por parte de los compadres *gadjé*, y como una estrategia de subsistencia, por parte de los compadres spoitor, consolidando las jerarquías sociales dentro de la comuna de Grădiștea.

21

EL COMPADRAZGO INTERÉTNICO COMO *CAPITAL SOCIAL*: LA LUCHA POR EL CAPITAL ECONÓMICO, BUROCRÁTICO, CULTURAL Y JURÍDICO

El capital social de compadrazgo (CSC) constituye una subespecie del capital social. Si entendemos por capital social el conjunto de recursos reales o potenciales asociados a la pertenencia a una red de relaciones duraderas, útiles, institucionalizadas o subjetivamente sentidas (BOURDIEU, 1986: 247), el capital social de compadrazgo se define como una forma tradicional, específica e institucionalizada de este tipo de capital (GUTIÉRREZ, 2004: 268). En particular, se refiere a un sistema social caracterizado por expectativas estables y obligatorias que se concretan en relaciones recíprocas de naturaleza económica, financiera, social, religiosa, entre otras (ALUM, 2008:1; KOECHERT, 1989: 421; WOLF & MINTZ, 1950: 355). Los agentes sociales, mediante la movilización de este capital social, pueden obtener beneficios y ventajas que se traducen en otras formas de capital (BOURDIEU, 1986: 248).

Dentro del campo de relaciones de compadrazgo en Grădiştea, se han identificado formas recurrentes de reconversión del capital social en otras especies de capital. Los compadres *gadjé*, al movilizar su capital social de compadrazgo, obtienen beneficios tales como la exclusividad y disponibilidad plena de la fuerza de trabajo informal y multitarea de sus compadres spoitori, lo cual constituye un capital productivo, así como la lealtad y sumisión de estos, que representan una forma de capital simbólico. Por su parte, los compadres spoitori movilizan el capital social de compadrazgo para acceder a beneficios en diferentes formas de capital, tales como:

- Capital económico: Dinero y bienes (especias) proporcionados por sus compadres *gadjé*.
- Capital social burocrático: Ventajas en el acceso a la atención del sector público, eliminando obstáculos o facilitando gestiones.

- Capital cultural: Consejos y representación en asuntos que requieren de un nivel básico de alfabetización o conocimientos educativos.
- Capital jurídico: Representación de los compadres *gadjé* en la resolución de conflictos internos entre familias spoitori, utilizando mecanismos de justicia informal que son mediados o arbitrados por los *gadjé*.

Es importante señalar que el capital simbólico de los compadres *gadjé* también se moviliza junto con el capital jurídico, especialmente en conflictos que involucran a familias spoitori asociadas a distintos compadres *gadjé*. En estos casos, el prestigio y la autoridad social de los *gadjé* se utilizan para favorecer a sus representados, lo que refuerza las dinámicas de poder dentro del campo de compadrazgo.

a) Conversión del CSC en capital económico

Los compadres spoitori son convocados con frecuencia por sus compadres *gadjé* para realizar una amplia variedad de tareas, adaptadas a las necesidades concretas del momento. Estas actividades incluyen la siembra y cosecha de cultivos como cereales, verduras y frutas; la alimentación y cuidado de animales de granja; tareas domésticas; trabajos de albañilería, e incluso servicios de mensajería dentro de la localidad. Sin embargo, estas labores no están reguladas por contratos formales, sino que se integran y diluyen en el sistema de reciprocidad propio del compadrazgo.

Los informantes spoitori, al describir su medio de subsistencia, suelen emplear la expresión «*facem la zi*» («hacemos según el día»), que refleja la naturaleza informal y ocasional de su trabajo. Este hecho se evidencia en testimonios como el de Mirina, quien señala:

> «No tenemos un salario, vamos haciendo según el día, por ejemplo, mis compadres ayer me dieron 50 LEI y unas salchichas para comer por ayudarles con la recogida del trigo, trabajamos cuando nos llaman» (Mirina, 24 años, spoitor).

Del mismo modo, Giani describe cómo estas actividades cotidianas generan pequeñas compensaciones económicas o en especie:

> «Ayudamos en lo que sea, en lo que podamos, pues mira... cortamos la madera, llevamos cosas al campo con el carro y nos dan algo después, ya sabes, vamos al día... también nos invitan a la barbacoa cuando hay alguna fiesta, nos dan cosas para mis nietos que son muy pequeños... nos traen ropa, comida, pañales desde la ciudad» (Giani, 50 años, spoitor).

Estas prácticas se perciben, además, como un deber implícito en las relaciones de compadrazgo. Para los spoitori, «ayudar» a sus compadres *gadjé* no se concibe como trabajo en el sentido estricto, sino como un acto de cooperación y compromiso mutuo. Julia, por ejemplo, lo describe como parte de una relación continua y solidaria:

> «Si necesitamos algo vamos a nuestros compadres. Nuestros compadres bautizaron a mis tres hijas (...). Siempre iré a los compadres, siempre nos ayudan. Nos dan dinero si no tenemos, lo que necesitamos nos da. Y nosotros vamos cada día a su casa para recoger alimento del campo, limpiar la casa, hacer la compra, todo. Nos dan algo a cambio siempre» (Julia, 54 años, spoitor).

Además, lo que los spoitori reciben a cambio no se percibe como una retribución laboral, sino como una «ayuda desinteresada» de sus compadres *gadjé*, reforzando la naturaleza simbólica y relacional del intercambio. Vera, una indormante spoitor, lo expresa claramente al explicar cómo los compadres satisfacen sus necesidades:

> «Claro que tengo compadres, ellos saben que tengo mis necesidades y me dan sin pedirles nada... Los compadres te ayudan con otras muchas cosas, o solo te da algo de dinero, comida, ropa y material del colegio para los hijos y nietos» (Vera, 48 años, spoitor).

Por su parte, Monica resalta la importancia del compadrazgo como una red de apoyo, donde las relaciones están basadas en reciprocidad y confianza, y no en obligaciones estrictamente laborales:

> «Si tienes compadre tienes a donde ir si pasa algo. ¿A quién vas, a la policía? La policía te pone multas, el compadre no. Acudes al compadre para trabajar, para pedir cosas que necesitas y para pasar el rato. Te ayudan, si necesitas algo te lo dan. Si ayudas cuando lo necesitan entonces ellos te cuidan. Por ejemplo, mis padres también tienen sus compadres, estos le ayudaron con el dinero para comprar el terreno sin pedírselo de golpe, sino poco a poco cuando tuvieran. (...) No, no es obligatorio ir, si no quieres no vas a trabajar a casa del compadre, pero nunca dices que no porque te sientes bien con ellos, cuando necesitas algo siempre te ayudan». (Monica, 33 años, spoitor).

En conjunto, estos testimonios muestran cómo las relaciones de compadrazgo entre *gadjé* y spoitori trascienden la dimensión económica. Estas relaciones se construyen sobre una base de reciprocidad simbólica y emocional, en la que los compromisos no son impuestos, pero se sienten como inherentes al vínculo social que une a los compadres.

Otra forma recurrente de movilización del capital económico en las relaciones de compadrazgo es a través de préstamos sin intereses. En este contexto, y siguiendo la lógica de una relación de compadrazgo de carácter vertical, son las familias spoitori, en su posición socioeconómica subordinada, quienes solicitan estos préstamos a sus compadres *gadjé*, y no a la inversa. Estos préstamos no solo cumplen una función económica, sino que también refuerzan el vínculo de confianza entre compadres, especialmente desde la perspectiva de los spoitori, quienes los interpretan como actos de gratitud, respeto y reconocimiento. Marisa, una informante spoitor, describe cómo estos préstamos fortalecen la relación con sus compadres *gadjé*:

> «Tenemos bautizado a un nieto, tiene 11 años. Antes no trabajábamos para ellos, mis compadres vivían en Bucarest y vinieron hace 10 años decirnos que querían bautizar a mi nieto porque yo cuidaba a su madre que vive en el pueblo. Ahora ya han venido a vivir aquí. Nos ayudan cuando necesitamos dinero. Si necesito dinero prestado o cualquier otra cosa voy a ellos, les devuelvo el dinero cuando lo tengo, pero no te lo piden rápido. Lo hacen porque quieren ayudarnos, son muy buenos con nosotros» (Marisa, 70 años, spoitor).

En estos casos, el dinero puede devolverse en efectivo, sin intereses y a corto o largo plazo, o mediante la prestación de servicios cuando las circunstancias lo demandan. El testimonio de Liviu explica este tipo de acuerdo implícito:

> «Los míos me pidieron ayuda para construirse una nueva casa, necesitaban materiales y les di 1000 euros, no me lo han devuelto ni se lo reclamaré, ya me lo devuelven viniendo aquí a trabajar cuando los necesitamos» (Liviu, 55 años, *gadjé*).

En algunos casos, los grandes propietarios *gadjé* han cedido pequeñas parcelas de terreno para que sean explotadas directamente por sus compadres spoitori, lo cual es percibido por los informantes como un gesto de generosidad desinteresada. Luminel, un informante spoitor, relata su experiencia:

> «Tengo compadres en Maraloiu que bautizaron a mi hijo, pues íbamos a trabajar ahí, les gustó como trabajamos y ahora somos compadres. (...) Ellos son como nuestra familia, nos quieren, nos cuidan, llaman a mis hijos para que vayan a ayudarlos siempre y les dan algo después. A ellos les han dado terrenos para trabajar y les han regalado una porción. Nos prestan dinero y les devuelves cuando quieres, son respetuosos» (Luminel, 54 años, spoitor).

Los compadres spoitori interpretan los beneficios materiales obtenidos a través de su capital social de compadrazgo como «regalos» o «favores» que circulan dentro de una red de relaciones fundamentadas en la cooperación y la ayuda mutua. Este esquema mental refuerza la percepción de reciprocidad simbólica y contribuye a la estabilidad y legitimidad de las relaciones de compadrazgo.

Además, los recursos que los compadres spoitori aportan a la relación de compadrazgo no se limitan únicamente a su fuerza de trabajo multitarea, sino que incluyen un fuerte sentimiento de lealtad hacia sus compadres *gadjé*. Esta lealtad se traduce en una disponibilidad constante para asistirlos cuando sea requerido. Sin embargo, como se ha observado, esta disposición no se basa en una reciprocidad simétrica, como lo demuestran los siguientes testimonios de informantes *gadjé*:

> «Ahora son de los nuestros, los hemos integrado. Somos vecinos, los hemos bautizado... si voy a las 2 de la noche a pedirles ayuda jamás me rechazarían (...)» (Dracul, 47 años, *gadjé*).
>
> «Nosotros tenemos a cuatro bautizados y mis dos hijas a tres de diferentes familias. No es por reírnos de ellos, ni por explotar, si yo les llamo vienen siempre porque si no es por nosotros ¿qué harían? Yo luego les doy algo de dinero, los invitamos a nuestras fiestas, les llevamos *pomana*, les damos ropa que nos obra, les damos cosas para los pequeños para que puedan ir a la escuela...» (Stefan, 62 años, *gadjé*).

Estas respuestas reflejan que la plena disponibilidad y exclusividad que los compadres spoitori muestran hacia sus compadres *gadjé* no es recíproca. Los spoitori pueden ser convocados en cualquier momento del día para realizar cualquier tarea que los *gadjé* necesiten. Durante el trabajo de campo se observó que los spoitori respetan plenamente el descanso y la vida privada de sus compadres *gadjé*, mientras que estos últimos mantienen una actitud constante de persuasión para requerir la presencia y ayuda de sus compadres spoitori. En este contexto, el sentido de lealtad se percibe más como un deber unidireccional de los compadres spoitori hacia sus compadres *gadjé*, que como un valor recíproco. Esto refuerza el carácter jerárquico de la relación y subraya las asimetrías inherentes al compadrazgo en este contexto.

En definitiva, el volumen de capital económico juega un papel crucial en la producción y reproducción del capital social de compadrazgo. Los grandes propietarios *gadjé* disponen de mayores recursos económicos para invertir en ceremonias bautismales, lo que les permite vincular a un mayor número de familias spoitori en sus redes de compadrazgo que los pequeños propietarios. Este mayor volumen de capital no solo les otorga más capacidad para establecer estas relaciones, sino también para perpetuarlas, incrementando su capital social y simbólico. A su vez, esta capacidad les permite aumentar su capital económico a través del valor de cambio que generan estas relaciones, consolidando así su posición dominante en el campo de compadrazgo.

b) Conversión del CSC en capital social burocrático

La situación general de la población romaní en la historia de Rumanía muestra que uno de los problemas persistentes es la discriminación institucional por razón étnica[38]. Durante la investigación se constató este fenó-

38 El racismo institucional fue reconocido jurídicamente por el Tribunal Europeo de Derechos Humanos en el año 2019 precisamente en el *Caso Lingurar v. Rumanía*, demostrando la existencia de discriminación étnica/racial perpetuada por el aparto estatal cuyas víctimas son personas pertenecientes a la población romaní.

meno, evidenciando cómo algunos funcionarios del sector público muestran rechazo o indiferencia hacia personas categorizadas como «ţigan». Este trato desigual ha sido documentado en varios casos, especialmente en el acceso a servicios públicos y trato por parte de las instituciones del Estado.

En uno de estos casos, una mujer spoitor fue acompañada a Brăila por su compadre *gadjé* para una revisión médica en un centro de salud público. Durante la visita, el compadre *gadjé* asumió un rol activo frente al personal administrativo y médico, minimizando la participación de la mujer spoitor. Esta mediación resultó crucial, pues permitió que se realizaran todas las pruebas necesarias. Según las notas del cuaderno de campo, la presencia del compadre *gadjé* fue determinante:

> «Todo ha ido bien. No he visto ni escuchado nada fuera de lugar. Manel ha estado participativo en todo momento, como si estuviera representando a Carmen. (...) Manel me comenta que no conocía al médico que ha hecho la revisión médica, pero le ha comentado que él tiene otro amigo médico que trabaja en el mismo centro, que eso es muy importante porque tratan mejor a los spoitori si van con un rumano *(gadjé)* y mejor aún si les toca con su médico de confianza. Además, me comenta que para que hagan todas las revisiones pertinentes se les debe pagar algo a escondidas a los médicos y saben que si van con un rumano *(gadjé)* les van a dar algo, en cambio un "gitano" no tendrá nada o casi nada» (Extracto de cuaderno de campo, 14/7/2018).

En contraste, otros casos similares han tenido desenlaces desfavorables cuando los spoitori acudieron solos o sin el acompañamiento de un compadre *gadjé*. Informantes spoitori han relatado cómo, sin esta mediación, la atención médica resulta insuficiente o incluso inexistente:

> «Los médicos no te respetan igual que a un rumano. A cualquier sitio que vayas no eres respetado igual que un rumano. (...) Si no vas con un rumano de la mano no te hacen caso. (...) Si vas al médico a Brăila... olvídate si no vas con tus compadres, ni te miran, te dicen que no tienes nada, no te hacen ninguna prueba y te envían a casa, a mí me ha pasado» (Roxi, 55 años, spoitor).
>
> «Da igual que tengas algo de dinero, el médico solo te mira bien y te hace pruebas en el hospital si vas con el compadre porque es rumano y lo conoce» (Florica, 52 años, spoitor).

En estas interacciones, el recurso movilizado por los spoitori es el capital social burocrático de sus compadres *gadjé*, es decir, la capacidad de acceso a la atención administrativa de las instituciones estatales en un sentido amplio. Este puede ser directo, cuando el *gadjé* cuenta con contactos dentro de la administración, o indirecto, cuando su identidad no estigmatizada permite sortear los obstáculos de discriminación institucional. Estas prácticas no se limitan al ámbito sanitario, como lo explica un informante *gadjé*:

> «(...) vienen a mí también para hablar porque hay muchas cosas que no pueden hacer por sí mismos y nosotros tenemos más relación con la policía, el hospital, los bancos, etc.» (Manel, 45 años, *gadjé*).

El volumen de capital social burocrático de los compadres *gadjé* varía, siendo mayor entre aquellos que ocupan o han ocupado cargos institucionales. Esto crea una distinción dentro del campo de compadrazgo entre compadres *gadjé* con y sin cargos institucionales. Cristina, una spoitor, describe cómo su compadre *gadjé*, al trabajar en el ayuntamiento, facilita el acceso a servicios:

> «Cuando tenemos problemas con otra persona siempre intervienen ellos para ayudar, nos llevan en coche a la ciudad, nos acompaña al médico o hacer papeles porque nosotros no sabemos leer ni escribir. (...) Yo tengo suerte que mi compadre trabaja en el ayuntamiento y tiene muchos contactos con la policía y con gente importante de la ciudad» (Cristina, 49 años, spoitor).

Del mismo modo, un compadre *gadjé* que trabaja en la administración confirma esta diferencia:

> «No es lo mismo ir a un sitio recomendado por el alcalde u otro trabajador del ayuntamiento que por un compadre que solo tiene su negocio en la agricultura. (...) Los ayudo para facilitar las cosas» (Dracul, 47 años, *gadjé*).

Incluso compadres *gadjé* jubilados que trabajaron como funcionarios para el aparato administrativo conservan capital social burocrático:

> «Siempre que he tenido problemas con otros spoitori del pueblo hemos ido a ellos porque además Dragos ha sido policía y todos saben que puede hablar con la policía de ahora porque lo conocen muy bien» (Adelina, 19 años, spoitor).

En conclusión, el capital social burocrático de los compadres *gadjé* es un recurso clave para los spoitori en su acceso a servicios e instituciones públicas. Este tipo de capital no está igualmente distribuido entre los *gadjé*, ya que quienes tienen cargos institucionales o contactos influyentes en la administración ocupan una posición más ventajosa dentro del campo de compadrazgo. Esto subraya la jerarquización interna entre los compadres *gadjé*, marcada por su capacidad para movilizar recursos dentro del sistema burocrático.

c) Conversión del CSC en capital cultural

En el análisis de la reconversión del *CSC* en capital cultural, se ha identificado que el capital económico movilizado por los compadres *gadjé* a favor de los spoitori puede traducirse en material escolar para los hijos e hijas de estos últimos. Este material, principalmente libros, representa una forma de capital cultural objetivado que beneficia directamente a la prole spoitori al proporcionarles recursos para su educación.

Sin embargo, en algunos casos también se ha reportado una inversión en el capital cultural incorporado, aunque de forma más limitada. Este tipo de inversión directa se observa en situaciones puntuales donde los compadres *gadjé* se involucran personalmente en el proceso educativo de sus ahijados spoitori. Por ejemplo, Bianca, una *gadjé* que trabaja como profesora de francés, relata cómo asiste a sus ahijados con los deberes escolares:

> «Vienen aquí (ahijados) a casa y los ayudo con los deberes de la escuela, sobre todo con el francés porque yo soy profesora de francés aquí (...). No todos los rumanos del pueblo hacen esto, muy pocos lo hacen porque saben que luego los casan muy temprano y abandonan la escuela y creen que no vale la pena perder el tiempo. Yo lo hago porque me gusta y porque los niños no tienen la culpa de las tradiciones de sus padres» (Bianca, 38 años, *gadjé*).

En contraste, lo más habitual, como se constató durante la observación participante, es que los compadres *gadjé* movilicen su capital cultural incorporado para actuar en nombre de los compadres spoitori en situaciones que requieren conocimientos específicos, como cálculo o escritura. En estos casos, no se trata de una transmisión de conocimientos, sino de una sustitución funcional: el compadre *gadjé* suple las carencias educativas de su compadre spoitor en ámbitos donde este último se siente incapaz de resolver ciertos problemas. Este fenómeno fue ilustrado por Vasile, un compadre *gadjé*:

> «(...) muchas veces los míos me llaman para que los ayude porque son analfabetos, ni saben calcular y tienen miedo a que los engañen. Cuando quieren comprar material para construirse la casa o para arreglar su huerto, pues yo les ayudo, vamos juntos, pero hablo yo» (Vasile, 43 años, *gadjé*).

Lorna, una spoitor, también explica cómo depende de sus compadres *gadjé* para tareas que requieren habilidades básicas de alfabetización:

> «Mis nietos ya saben más cosas que nosotros los viejos porque van a la escuela. Nosotros si tenemos que rellenar papeles que nos piden del ayuntamiento tenemos que ir a los compadres para que escriban todo porque no sabemos escribir y leer, no hemos ido a la escuela nosotros» (Lorna, 55 años, spoitor).

En conclusión, la movilización del capital cultural en las redes de compadrazgo se manifiesta en tres formas principales:

- Capital cultural objetivado, en forma de material escolar.
- Capital cultural incorporado, a través de la transmisión ocasional de saberes y habilidades requeridas por los centros educativos.
- Capital cultural incorporado movilizado funcionalmente, cuando los compadres *gadjé* actúan como representantes o sustitutos en situaciones donde los spoitori carecen de conocimientos necesarios.

A pesar de su importancia, este tipo de capital no genera desequilibrios significativos en el volumen global de capital entre compadres *gadjé*, ya que la mayoría de ellos dispone de conocimientos básicos suficientes para suplir las necesidades de los compadres spoitori, cuya falta de escolarización es común en este contexto.

d) Conversión del CSC en capital jurídico

La muerte del último *bulibasha* marcó un punto de inflexión en la estructura tradicional de los spoitori asentados en Grădiştea, dejando un vacío significativo en la organización social de esta comunidad y formas de autoridad comunitaria. Algunas de las funciones que antes desempeñaba esta figura han sido absorbidas por los compadres *gadjé*, en especial en lo referente al mantenimiento del orden social mediante mecanismos de justicia informal para resolver disputas internas entre los spoitori. En este contexto, es importante destacar que, si bien algunas funciones del *bulibasha* han sido asumidas por los compadres *gadjé*, han surgido cambios sustanciales en la manera en que se llevan a cabo estas prácticas.

Por mecanismos de justicia informal se entiende el conjunto de prácticas normativas, específicamente aquellas de resolución de conflictos, que operan fuera del derecho estatal y forman parte del denominado «derecho no oficial» (Baier, Svensson et al., 2019: 85). Por ende, si bien hemos dicho que por «capital jurídico» se entiende la capacidad, autoridad y «derecho a decir qué es lo que dice el derecho» (García Inda, 2001: 39), en el contexto al que nos referimos no entendemos el derecho desde un sentido positivista vinculado a la producción y aplicación jurídica desde las instancias estatales, sino más bien a la idea de «derecho vivo» (Ehlrich, 1936), esto es, las formas de coordinación social y observancia de las reglas surgidas desde el seno de la sociedad misma para dotarse de un ordenamiento para la autorganización social (Grossi, 2006).

Siguiendo a Sousa Santos (2002), el derecho puede analizarse a través de tres componentes estructurales: la retórica, la burocracia y la violencia. En el caso de los mecanismos de resolución de conflictos entre spoitori el componente dominante es la retórica, que juega un papel central en las prácticas de justicia informal. Sousa Santos define la retórica como:

> «La retórica no es sólo un tipo de conocimiento, sino también una forma de comunicación y una estrategia de toma de decisiones basada en la persuasión o convicción mediante la movilización del potencial argumentativo de secuencias y artefactos verbales y no verbales que han sido aceptados. La retórica como un componente estructural del derecho está presente, por ejemplo, en prácticas jurídicas como el acuerdo amistoso de un litigio, la mediación, la conciliación, la justicia en equidad, etc.» (2002: 57).

En este contexto, la retórica no solo facilita la resolución pacífica de conflictos entre los spoitori, sino que también legitima la posición de los compadres *gadjé* como mediadores dentro de estas dinámicas sociales. Este cambio refleja una transición de autoridad desde el *bulibasha* hacia los compadres *gadjé*, quienes han adaptado las prácticas tradicionales de justicia informal al marco de relaciones jerárquicas establecidas a través del compadrazgo.

Como veníamos diciendo, la desaparición de la figura del *bulibasha* ha transformado de manera significativa la estructura social de los spoitori en Grădiștea. En primer lugar, mientras que el *bulibasha* actuaba como una autoridad central única, respetada y reconocida por toda la banda territorial, en la actualidad no existe una concepción unificada de la banda territorial como una organización cohesionada y movilizable para el beneficio colectivo de sus miembros. Por el contrario, las unidades familiares de spoitori ahora se encuentran vinculadas a diferentes autoridades *gadjé* (compadres), lo que ha generado una fragmentación de lo que anteriormente constituía una banda territorial unificada. Esta fragmentación ha dado lugar a una serie de micro-unidades, cada una representada por su propia autoridad *gadjé*, que actúan de manera autónoma dentro de lo que solía ser una única estructura social cohesiva.

En segundo lugar, estas nuevas autoridades *gadjé* que han asumido algunas de las funciones del *bulibasha* no han sido socializadas dentro de la comunidad spoitori ni comparten su identidad étnica[39]. Esto supone una ruptura con los criterios tradicionales de elección del *bulibasha*, quien debía ser un miembro reputado del grupo, familiarizado con sus tradiciones y costumbres. Las medidas tomadas o aconsejadas por los compadres *gadjé* suelen basarse en su concepción de lo que consideran correcto, derivada de los valores de la sociedad mayoritaria, internalizados a través de su *habitus*. Este fenómeno no solo redefine las normas de resolución de conflictos, sino que también introduce intereses objetivos asociados a la posición social de los compadres *gadjé*. En este sentido, la demostración de su autoridad (capital simbólico) refuerza la relación dominante-dominado, tanto frente a sus compadres spoitori como ante otros compadres *gadjé*, consolidando así su posición jerárquica en el espectro social. En otras palabras, la movilización del capital jurídico está implícitamente conectado con la movilización y demostración del capital simbólico de los compadres *gadjé*.

La movilización del capital jurídico en este contexto está intrínsecamente vinculada al capital social de compadrazgo. Los spoitori recurren a las redes de compadrazgo para acceder a mecanismos de resolución de disputas que, aun-

39 En el presente caso, los compadres *gadjé* que actúan como autoridad en la resolución de conflictos entre *spoitori* tienen un conocimiento pobre y parcial de las tradiciones y derecho romaní, un conocimiento que se basa en lo aprendido por la experiencia durante los últimos años de contacto con ellos. Las decisiones que toman son el resultado de una mezcla de este conocimiento parcial de la tradición romaní, un sentido de justicia basado en los valores de la sociedad mayoritaria y los *intereses objetivos* asociados a su posición social.

que informales, son relativamente eficaces. Durante la investigación, se identificaron diferentes niveles de movilización del capital jurídico, configurando un sistema multinivel que, si bien carece de coherencia estructural, opera en función de las relaciones de proximidad familiar y residencial desde donde se origina la fuente de conflicto. Estos niveles se definen de la siguiente manera:

1. Nivel intra-familiar (N1): Se activa cuando la disputa ocurre dentro de una misma unidad familiar spoitor vinculada a un único compadre *gadjé*. Este nivel opera a pequeña escala y generalmente no involucra a otros agentes externos.
2. Nivel residencial (N2): En este nivel, las disputas surgen entre dos unidades familiares spoitori que comparten una misma localidad residencial. Dado que estas unidades están vinculadas a diferentes compadres *gadjé*, la resolución de conflictos requiere la mediación de ambos.
3. Nivel inter-residencial (N3): Este nivel se activa cuando el conflicto ocurre entre unidades familiares spoitori de diferentes localidades residenciales. En este caso, la participación de los compadres *gadjé* tiende a ser limitada, y la resolución del conflicto puede depender de mecanismos menos estructurados.

El Nivel intra-familiar (N1) se activa cuando un miembro de una unidad familiar spoitor solicita la intervención de su compadre *gadjé* para mediar en una disputa surgida dentro del seno familiar. Este nivel de movilización del capital jurídico se aplica principalmente en casos de malentendidos o conflictos recurrentes, particularmente entre nueras y suegros, o entre parejas. En estos escenarios, el compadre *gadjé* asume el rol de mediador, escuchando a las partes involucradas y ayudándolas a alcanzar un acuerdo que favorezca la resolución del problema.

La mediación ejercida por el compadre *gadjé* se basa en un enfoque conciliador, donde este intenta calmar las tensiones y persuadir a las partes de que reflexionen sobre la situación. Así lo describe una informante spoitor al relatar cómo ella y su familia recurren a su compadre *gadjé* en momentos de conflicto:

> «Dos o tres veces hemos discutido muy fuerte con Paul (marido) y mis suegros, siempre intentamos solucionarlo entre nosotros, pero cuando es muy fuerte la discusión vamos a ver al compadre para que arregle las cosas, él sabe calmarnos y que pensemos bien las cosas... Nos hace ver que las cosas se pueden solucionar y que todos tenemos un poco de culpa para que podamos mejorar en eso» (Mirina, 24 años, spoitor).

Por su parte, Mihai, un informante *gadjé*, a través de su testimonio describe su experiencia como mediador en este tipo de disputas familiares:

> «Te vienen con muchas tonterías, problemas que tiene cualquier familia, sobre todo cuando se enfadan la suegra y la nuera, casi siempre es lo mismo (...). Cuando

> hago de mediador, después de escucharlos a ellos hablo yo, me escuchan y me hacen caso, me respetan» (Mihai, 66 años, *gadjé*).

Este tipo de intervención resalta la importancia del capital simbólico que los compadres *gadjé* poseen dentro de la red de compadrazgo. Su autoridad y capacidad de persuasión no solo son reconocidas, sino también respetadas por las familias spoitori, quienes acuden a ellos como una figura neutral y confiable para restaurar el equilibrio dentro del ámbito familiar.

En el Nivel residencial (N2), la resolución de disputas entre spoitori adquiere una mayor complejidad que en el nivel intra-familiar. Este nivel se activa cuando dos unidades familiares spoitori de la misma localidad entran en conflicto, y sus respectivos compadres *gadjé* son convocados para intervenir. Estas disputas suelen surgir por malentendidos, a menudo provocados por el consumo excesivo de alcohol, o por desacuerdos relacionados con el «precio de la novia», ya que los matrimonios entre spoitori tienden a darse entre familias de la misma localidad.

A primera vista, la intervención parece seguir un esquema similar al del Nivel intra-familiar, con los compadres *gadjé* actuando como mediadores. Sin embargo, un análisis más detallado revela que estas interacciones se acercan más a un arbitraje que a una mediación. Los compadres *gadjé*, aunque primero escuchan a las partes involucradas, asumen un papel más activo al dictar una solución final aplicando su sentido común. Esta decisión, aunque aceptada por las partes, se refuerza mediante la amenaza implícita de involucrar a la policía para evitar reacciones recalcitrantes. Aunque rara vez se lleva a cabo, esta amenaza resulta efectiva como mecanismo de control social, aprovechando el temor que genera entre los spoitori. Así lo explica Manel, un compadre *gadjé*:

> «Normalmente las peleas que tienen los spoitori no van a ningún sitio (...), pero hay veces que el enfado va a peor, sobre todo por temas del dinero por casamiento o cuando se quieren separar. Allí tenemos que entrar nosotros para arreglar las cosas. (...). Si no nos hacen caso les decimos que llamaremos a la policía para que lo solucionen ellos y entonces siempre te hacen caso porque tienen miedo de las multas de la policía y solucionado». (Manel, 45 años, *gadjé*).

La efectividad de esta amenaza también es corroborada por Monica, una informante spoitor:

> «La policía me da miedo solo de verlos (...), si alguien dice que va a la policía todos paran, son como niños pequeños (risas) nadie quiere que les multen». (Monica, 33 años, spoitor).

Sin embargo, en este nivel de resolución de conflictos también entran en juego las jerarquías internas entre los compadres *gadjé*. No todos ellos tienen el mismo prestigio o autoridad, lo que puede generar desequilibrios en la toma de decisiones. Un compadre *gadjé* con mayor capital simbólico puede ejercer una influencia determinante en el arbitraje, incluso si interviene junto a otro compadre con menor prestigio. Este desequilibrio no siempre es reconocido de manera consciente el compadre *gadjé* menos autoridad, quien puede creer que la decisión final fue consensuada, aunque en realidad haya sido guiada por el primero. Es decir, no se trata de un acatamiento consciente del compadre *gadjé* con menos capital simbólico a la decisión del otro compadre *gadjé* con mayor capital simbólico, sino de una aceptación inconsciente producto de la eficacia de las relaciones de poder. Octav, un *gadjé* con mayor reconocimiento, relata un caso en el que su influencia prevaleció al mediar un conflicto sobre las condiciones laborales de una joven spoitor:

> «Entre spoitori no se pueden hablar porque se emborrachan, pelean y puede acabar muy mal (...). Me fui a casa de los otros para saber qué ocurría (...). Había otro compadre *gadjé* y le hice entender que Maria no podía ser obligada a trabajar en un sitio donde no se sentía bien. (...) Les dije que si no nos hacían caso tendría que volver y llevarme a Maria de vuelta, así se calmaron todos. (...) Yo no me puse de parte de nadie, solo hice lo mejor para todos» (Octav, *gadjé*).

Además, los intereses personales de los compadres *gadjé* pueden influir en la manera en que se maneja el conflicto, especialmente si tienen vínculos económicos o laborales con alguna de las partes. Aurel, otro *gadjé*, describe cómo intervino en un desacuerdo sobre el precio de una novia, resaltando su cercanía con una de las familias involucradas:

> «Entre ellos no se escuchan (...). Yo en realidad estaba más de parte de los míos, que defendían que su hija valía mucho más (...). Les dije que sí seguían así quien los iba a tranquilizar sería la policía (se ríe). (...) Al final, ese chico se casó con otra spoitor» (Aurel, 39 años, *gadjé*).

En el Nivel inter-residencial (N3), las dinámicas de resolución de conflictos entre spoitori de localidades diferentes se distinguen de los niveles anteriores por la limitada participación de los compadres *gadjé* y la intervención predominante de autoridades institucionales, como alcaldes y la policía rural. Este nivel refleja las particularidades de las relaciones sociales y los contextos culturales entre localidades, así como las representaciones negativas que los *gadjé* de Grădiștea tienen respecto a los spoitori de otras comunidades cercanas.

En Grădiștea, las prácticas de compadrazgo han facilitado la integración de los spoitori en la estructura social local, lo que no ocurre en otras localidades vecinas, donde las familias spoitori suelen vivir segregadas del resto de la población *gadjé*. Esto refuerza la percepción de que los spoitori de Grădiștea son representados como «civilizados» y «de los nuestros,» mientras que los de otros pueblos son considerados peligrosos o desorganizados, como lo explica un alto cargo del ayuntamiento de Grădiștea:

> «Nuestros spoitori son diferentes a los otros. Nosotros hemos hecho el trabajo muy bien para que se integraran y ahora se comportan bien, más civilizados. (...)

Los spoitori de Movila y Vişani son peligrosos, tienen armas, viven de eso, los de Boldu son sucios, pelirrojos y hablan otro dialecto... en Grădiştea respetan a los rumanos porque los hemos bautizado, ellos no». (Marin, 73 años, *gadjé*).

Cuando surge un conflicto entre spoitori de diferentes localidades, los compadres *gadjé* movilizan su capital social burocrático, ya sea directamente mediante el ejercicio de sus funciones cuando ocupan algún cargo relacionado con la policía o el ayuntamiento, o indirectamente, solicitando la intervención de cargos institucionales locales. Por ende, aquellos compadres *gadjé* que ocupan un cargo institucional parten de una posición favorable para sus compadres spoitori, pues poseen un mayor volumen de capital social burocrático. En cambio, aquellos compadres *gadjé* que no ocupan ningún cargo institucional deben movilizar su capital social burocrático de manera indirecta, esto es, solicitando a algún contacto suyo que trabaje en la administración local para que estudien el caso y, si lo consideran, actúen de oficio. Esto último resulta crucial para garantizar la resolución de disputas de manera formal o semiformal. Así lo explica Necula, un *gadjé* que utiliza sus conexiones para mediar:

> «Cualquier problema siempre nos preguntan a nosotros, primero a los compadres y si no podemos resolver los enviamos al alcalde para que los ayude, yo lo tengo muy fácil porque es pariente mío y lo puedo llamar para que ayude a los míos (compadres spoitori) si es necesario» (Necula, 44 años, *gadjé*).

En este sentido, en algunas ocasiones el capital social burocrático se despliega directamente, sin intermediarios, gracias a la posición que ocupa el compadre *gadjé* dentro del campo social en relación con su volumen de capital social burocrático. Stefan, un *gadjé* con un alto cargo en la administración local y con amplia red de contactos, describe cómo su intervención, junto con las autoridades locales, ayudó a resolver un caso de maltrato relacionado con un matrimonio:

> «Ahora negocian mucho dinero por las chicas cuando las quieren casar y siempre lo hacen borrachos, el problema está cuando se pelean unos de nuestro pueblo con otros de otro pueblo (...). Entonces, como tengo todos los contactos de los ayuntamientos de por aquí y de la policía, nos conocemos entre nosotros, les llamo para que averigüen si es verdad o no (...). Si vamos nosotros con la policía nos escuchan y se puede llegar a un acuerdo más tranquilo» (Stefan, 62 años, *gadjé*).

En este caso, el compadre *gadjé* de la familia spoitor afectada era un alto cargo de la administración local, lo que facilitó la intervención directa y sin intermediarios. Irina, una joven spoitor casada con un hombre de Vişani, estaba siendo maltratada en su nuevo hogar. Su compadre *gadjé* intervino para devolverla a su familia en Grădiştea:

> «Cuando me avisaron de que Irina estaba pasándolo mal en casa de su marido en Vişani llamé inmediatamente a la policía y al alcalde de ahí (...). Total... fui al

alcalde para resolver esto de forma amigable, pasaron tres semanas hablando con ellos y finalmente los padres de Irina devolvieron el dinero que recibieron por ella al casarse, porque uno de los problemas es que los otros les pedían el triple de lo que ellos dieron por Irina» (Stefan, 62 años, *gadjé*).

Irina, una informante spoitor, también narró su experiencia, destacando la importancia de tener un compadre *gadjé* con un cargo relevante en la administración:

«También fuimos al ayuntamiento una vez (...) llamaron al alcalde del otro pueblo para que hablara con mis suegros y me dejaron ver a mi familia, vino la policía y me preguntaron dónde quería estar y después de unos días trajeron dinero y me devolvieron a Grădiştea» (Irina, 24 años, spoitor).

Las autoridades de localidades distintas pueden, entonces, actuar activamente en la resolución de disputas por cuestiones relacionadas con prácticas tradicionales de los spoitori. Al mismo tiempo estas prácticas producen un efecto social respecto a las familias *spoitori* de Grădiştea, quienes refuerzan su confianza y se sienten representadas por la administración local.

«Nosotros nos llevamos muy bien con el alcalde y su gente, nos llaman también para trabajar limpiando el pueblo a cambio de ayudas sociales. Ellos siempre se han portado muy bien con nosotros, nadie tiene una queja» (Florica, 52 años, spoitor).

Sin embargo, no todos los casos alcanzan una resolución favorable. En un conflicto relacionado con el «precio de la novia,» un compadre *gadjé*, a pesar de ser un gran propietario, se negó a movilizar su capital social para ayudar a su compadre spoitor. Este último reclamaba la devolución de 30 millones de LEI pagados por un matrimonio que quería anular. Dracul, el compadre *gadjé*, justificó su decisión argumentando que su compadre spoitor había actuado irresponsablemente al negociar estando ebrio. Desde la perspectiva del compadre gadjé el error fue, con cierto sentido paternalista, que su compadre *spoitor* no le había pedido consejo antes de entablar las negociaciones:

«Yo le dije que no le ayudaría porque él tomó la decisión de pagar tanto estando borracho, tenía que haberme pedido consejo antes. (...) Lo negocian a palabra borrachos en el bar (...). Yo siempre los ayudo, pero esto también es ayudar, porque tienen que aprender y para estas cosas me tienen que pedir consejo a mí». (Dracul, 47 años, *gadjé*).

De este modo, en el Nivel inter-residencial, las disputas entre spoitori de distintas localidades revelan un entramado más formalizado, donde los cargos institucionales y las redes de compadrazgo juegan un papel clave. Los compadres *gadjé* con contactos o cargos relevantes tienen una ventaja significativa para actuar como intermediarios, mientras que aquellos sin esta posición enfrentan limitaciones en su capacidad de intervención. Al mismo tiempo, estos casos muestran cómo las representaciones sociales y las dinámicas de poder refuerzan la percepción de los spoitori de Grădiştea como «integrados» frente a sus pares de otras localidades, consolidando la confianza de estas familias en la administración local y su sistema de apoyo.

En conclusión, los mecanismos de resolución de conflictos dentro del campo de relaciones de compadrazgo reflejan la interacción de diversas especies de capital junto con el capital jurídico, dependiendo del nivel en que se activen. En el Nivel residencial (N2), el capital simbólico desempeña un papel determinante. El volumen total de este capital que posee uno de los compadres *gadjé*, en su rol de árbitro, puede influir significativamente en la toma de decisiones finales. Este capital no solo refuerza su autoridad frente a sus compadres spoitori, sino también frente al compadre *gadjé* que representa a la otra unidad familiar spoitor, consolidando así su posición jerárquica en el ámbito social. En contraste, en el Nivel inter-residencial (N3), el capital social burocrático se convierte en el recurso clave para la resolución de disputas. En este nivel, los compadres *gadjé* con cargos institucionales cuentan con una ventaja significativa, ya que su posición les permite movilizar de manera directa su capital social para garantizar resultados favorables para sus compadres spoitori. Por el contrario, aquellos compadres *gadjé* sin cargos institucionales deben recurrir a contactos externos para intervenir de forma indirecta, lo que los coloca en una posición de inferioridad relativa.

Estos mecanismos de justicia informal, aunque orientados ostensiblemente al mantenimiento del orden social y la convivencia, también operan como un medio para reproducir las relaciones de dominación dentro del campo de relaciones de compadrazgo. Bajo la apariencia de neutralidad y resolución pacífica, se perpetúan las jerarquías existentes entre los compadres *gadjé*, así como las relaciones asimétricas de poder entre estos y los compadres spoitori. De esta manera, el sistema no solo regula los conflictos, sino que también reafirma y refuerza las posiciones sociales de los actores involucrados, consolidando las dinámicas de dominación inherentes al compadrazgo.

22

LA TRANSFORMACIÓN DEL *HABITUS* EN EL COMPADRAZGO INTERÉTNICO: ¿SOLIDARIDAD O VIOLENCIA SIMBÓLICA?

Las reestructuraciones experimentadas por la población romaní spoitor en la comuna de Grădiștea durante las últimas décadas han generado un cambio profundo en el *habitus* de sus integrantes. Recordemos, pues, que el *habitus* se refiere a los sistemas interiorizados de actuar, percibir, valorar y pensar que los individuos desarrollan a lo largo de sus vidas (Fernández Fernández, 2013; Gutiérrez, 1997). En este caso, la transformación ha sido significativa, ya que los spoitori han incorporado una nueva identidad como «compadres» dentro de un marco de relaciones de compadrazgo interétnicas, lo que ha alterado tanto las viejas relaciones y estructuras de autoridad como el acceso a recursos socialmente valorados.

Desde una perspectiva estructural objetiva, este proceso ha trastocado la organización social tradicional, modificando los parámetros de interacción y los mecanismos de acceso a bienes materiales e inmateriales. Desde una perspectiva subjetiva, ha implicado una resignificación de cómo los spoitori interpretan y valoran las nuevas relaciones y prácticas, especialmente en su interacción con los *gadjé*. La inclusión en estas redes interétnicas de compadrazgo no solo transforma las dinámicas internas de la comunidad spoitor, sino que también redefine su relación con la sociedad mayoritaria.

Ante esta transformación, surgen preguntas fundamentales sobre las consecuencias reales de estas nuevas dinámicas sociales. Primero, es necesario cuestionar si las relaciones de solidaridad entre compadres interétnicos han provocado una fragmentación comunitaria dentro de la población spoitor. Este fenómeno podría explicarse por la fragmentación de las antiguas bandas territoriales, la segmentación de las familias bajo diferentes autoridades *gadjé* y la diversificación de intereses y objetivos dentro de la comunidad. En segundo lugar, se plantea si esta nueva identidad como «compadres», atribuida a los spoitori por los *gadjé*, es verdaderamente un mecanismo bienintencionado de integración social o si, por el contrario, constituye una herramienta para la reproducción de formas renovadas de dominación étnica. La aparente solidaridad y reciprocidad en las relaciones de compadrazgo podrían ocultar dinámicas jerárquicas que perpetúan la subordinación de los spoitori bajo el dominio simbólico, social y económico de los *gadjé*.

Estas preguntas exigen un análisis más profundo que considere tanto los aspectos estructurales como los subjetivos de las nuevas dinámicas de compadrazgo.

a) De la solidaridad entre compadres interétnicos

El campo de relaciones de compadrazgo en Grădiştea se originó mediante ritos bautismales realizados por propietarios *gadjé* hacia los hijos de familias spoitori con quienes mantenían una relación de patronazgo. Estas estrategias buscaban institucionalizar un sistema social de reciprocidad bidireccional, estableciendo vínculos entre comunidades social y étnicamente diferenciadas. Este tipo de lazo intercomunitario, definido como «capital social bridging», genera conexiones entre personas de distintas categorías sociales, usualmente en posiciones asimétricas (Capdevielle, 2014: 4).

Las relaciones y prácticas que tienen lugar dentro del marco del compadrazgo se perciben como un «deber desinteresado», sustentado en afinidades generadas socialmente y vividas por los agentes involucrados como obligaciones mutuas de ayuda. Estas relaciones proporcionan una base común (dimensión fáctica) que producen y reproducen exigencias mutuas (dimensión normativa) que se sostienen sobre la base de actitudes y emociones positivas (dimensión actitutdinal), características de los lazos de solidaridad (Pérez de la Fuente & Vallés, 2022). Además, estudios han señalado que el compadrazgo cumple funciones como seguridad económica, cohesión social, ayuda mutua, integración y producción de una identidad (Foster, 1959; Gill & Brage, 2012).

La teoría del don, desde la antropología cultural, explica cómo los intercambios de regalos, regidos por la reciprocidad, generan derechos y obligaciones mutuas, formando redes de solidaridad y cooperación (Douglas, 1990). Según Mauss (2009: 70), este sistema, conocido como «fenómeno social total», integra dimensiones religiosas, jurídicas, económicas y morales en un eje central de la vida social. El sistema se basa en tres obligaciones: dar, recibir y devolver (Mauss, 2009: 91). La devolución de un regalo, o contra-don, no elimina las deudas originales, sino que genera nuevas obligaciones, perpetuando un flujo continuo de intercambios y solidaridad recíproca (Godelier, 2000: 181). Este modelo, basado en la reciprocidad, diferencia claramente estos intercambios de otras formas transaccionales como el trueque o el comercio, ya que los agentes deben estar vinculados por una relación social continua (NAROTZKY, 1983: 48-49). El acto de regalar es aparentemente voluntario, pero en esencia obligatorio e interesado (MAUSS, 2009: 70-71). Tanto dar como recibir y devolver son compromisos esenciales para mantener los vínculos sociales. Negarse a participar en este intercambio puede interpretarse como una ruptura de la alianza y del equilibrio social (MAUSS, 2009: 93). En este contexto, la gratitud se convierte en un valor central, cimentando la legitimidad del intercambio y fortaleciendo el tejido social (KOMTER, 2004: 37). Según esta teoría, el «regalo» no es el elemento esencial del «don», pues éste puede variar en su morfología (bienes materiales, inmateriales, prestación de servicios), sino «la relación establecida» a través del objeto dado (KRADOLFER, 2001: 140). En palabras de KOMTER: «Hacer regalos es un acto que crea y mantiene los vínculos sociales al hacer que las personas se sientan mutuamente obligadas a dar algo a cambio» (2004: 4)[40].

El análisis del campo de relaciones de compadrazgo desde la perspectiva de la teoría del don permite llegar a varias conclusiones clave sobre su funcionamiento e implicaciones sociales en el marco de este estudio.

En primer lugar, aunque los habitantes de la comuna de Grădiştea forman parte de una sociedad estatalizada, la institución del compadrazgo opera como un mecanismo local que no está formalmente institucionalizado por el Estado. Sin embargo, su función es complementaria y responde a las carencias del contexto, demostrando que no es incompatible con la existencia de un Estado centralizador. Tal como señala RAVICZ (1967: 249), el compadrazgo actúa como una forma adicional en la estructura social, reforzando mecanismos ya existentes que, en muchos casos, están fallando.

En segundo lugar, el acto de bautizar, llevado a cabo por los propietarios *gadjé* respecto a los hijos de sus clientes spoitori, constituye el acto fundacional del campo de relaciones de compadrazgo. Este rito bautismal representa un don fundador que legitima la participación de los agentes en el mercado del capital social de compadrazgo. En este contexto, bautizar a un hijo spoitor simboliza la aceptación, bendición y reconocimiento por parte de un grupo social dominante. Este don genera una obligación recíproca en quienes lo reciben, un contra-don, como la fuerza de trabajo, disponibilidad y lealtad hacia los compadres *gadjé*. Sin embargo, este condra-don no anula el primer don, sino que a partir de entonces se produce una concatenación de intercambio de dones entre compadres.

40 Por ejemplo, el MALINOWSKI (1986) detectó que, en los pueblos indígenas donde había realizado sus etnografías, el sistema de intercambio de dones era una forma institucionalizada que tenía como función última la conservación de vínculos entre una gran variedad de personas y tribus que diferían en lengua y cultura, generando así un tipo de asociación regulada y relativamente estable a escala inter-tribal.

En tercer lugar, los intercambios de dones (o especies de capital) entre compadres *gadjé* y spoitori son tanto constitutivos como constituyentes del vínculo de compadrazgo. En otras palabras, los recursos intercambiados no solo mantienen y reproducen estas relaciones, sino que también legitiman su continuidad. Aunque el acto fundacional es el bautizo, los intercambios posteriores están sustentados en una percepción de «deber desinteresado», caracterizada por la gratitud. No obstante, esta gratitud oculta la naturaleza obligatoria e interesada de los intercambios, ya que el incumplimiento de las normas de reciprocidad (no dar, no recibir o no devolver) podría amenazar el vínculo entre compadres y ser percibido como una falta de compromiso.

En cuarto lugar, los bienes y servicios intercambiados en el marco del compadrazgo abarcan una amplia variedad de especies y subespecies de capital, como ya se ha detallado. Esto permite considerar al compadrazgo como un «fenómeno social total», donde dimensiones como lo religioso, económico, jurídico, cultural, moral y social están imbricadas de manera indisoluble. Las relaciones de compadrazgo no se limitan a campos sociales autónomos, sino que abarcan diversas esferas que interactúan y se solapan dentro de un mismo espacio.

En definitiva, el acto de bautizar (como don original y originario del capital social de compadrazgo) establece una relación entre dos familias, donde quienes dan (compadres *gadjé*) y quienes reciben (compadres spoitori) participan en un sistema continuo de reciprocidad. Esta relación genera una red de intercambios en la que circulan diferentes formas de capital que sostienen el vínculo de compadrazgo. Según MAUSS (2009: 90), al dar un regalo, se da una parte de uno mismo, lo que fortalece los lazos sociales y constituye la base de la sociabilidad. En palabras de VINOLO (2015:100), «la donación es un vector que produce reconocimiento entre los individuos y (...) este reconocimiento social es útil para toda la comunidad, ya que genera paz». A través del don, se construye un efecto de reconocimiento mutuo entre los agentes, permitiendo la articulación de diferencias culturales sin fusionarlas en una unidad homogénea (SAHLINS, 1968: 5-6). En este sentido, el don actúa como un vehículo de aceptación, respeto y afecto hacia el otro (KOMTER, 2004: 45).

No obstante, mientras el compadrazgo crea lazos que vinculan y acercan a las familias *gadjé* y spoitori, también ha tenido consecuencias negativas sobre la cohesión interna de las familias spoitori. Este vínculo interétnico, aparentemente basado en la generosidad afectiva y la solidaridad, ha debilitado, e incluso desestructurado, los lazos tradicionales que anteriormente unían a las familias spoitori entre sí. En lugar de fomentar la solidaridad intraétnica, la creación de estas nuevas relaciones ha llevado a una fragmentación y competencia entre las familias spoitori, un proceso que merece un análisis más detallado para comprender plenamente las implicaciones sociales de la institución del compadrazgo.

b) De la fragmentación comunitaria *spoitor*

La fragmentación y competitividad entre las unidades familiares spoitori de Grădiștea se hace evidente en prácticas cotidianas, particularmente en la búsqueda de soporte económico mediante préstamos monetarios. Tradicionalmente, las familias spoitori mantenían un sistema de reciprocidad generalizada que facilitaba la circulación de bienes esenciales para la supervivencia colectiva, especialmente en las familias patrilocales. Sin embargo, este sistema ha cambiado radicalmente. Actualmente, las unidades familiares spoitori optan por recurrir a sus compadres *gadjé* en lugar de acudir a otros spoitori, incluso si estos últimos son familiares cercanos.

Los testimonios de los informantes spoitori reflejan esta preferencia por los compadres *gadjé* en situaciones de necesidad económica. Más allá de la seguridad de obtener ayuda de los *gadjé*, los spoitori mencionan una razón clave para evitar acudir a otros miembros de su comunidad: el temor a ser objeto de rumores y chismorreos. Estas dinámicas sociales funcionan como mecanismos de control que tienen un impacto significativo en la percepción de honor o capital simbólico:

> «Prefiero ir al compadre a pedirle dinero prestado antes que a un spoitor (...). En cambio, un spoitor del pueblo o de la familia empiezan a decirlo por todo el pueblo que has pedido dinero y sientes la presión de devolverlo antes, ya sabes, cuchicheos y se ríen de ti» (Fanel, 47 años, spoitor).
>
> «Si tienes problemas de dinero vas a tu compadre porque es quien tiene y puede ayudarte. (...) Entre spoitori no se ayudan» (Monica, 33 años, spoitor).
>
> «Si necesito dinero les pido a ellos (compadres *gadjé*). (...) No le pediré nunca nada a un spoitori, se entera todo el pueblo y hablan de ti» (Madalina, 53 años, spoitor).

Estos fragmentos muestran que la preferencia por recurrir a los compadres *gadjé* no solo está determinada por la disponibilidad de recursos económicos, sino también por la evitación del juicio social dentro de la comunidad. Los rumores y chismorreos son usados como herramientas para desacreditar y perturbar el sentido del honor de quienes solicitan ayuda, afectando directamente su capital simbólico, es decir, su prestigio. Solicitar un préstamo dentro de la comunidad puede interpretarse como un acto que posiciona al prestatario en una situación de subordinación frente al prestamista. Esta dinámica se agrava cuando el prestamista utiliza su ventaja para difundir la dependencia del prestatario dañando su honor, es decir, desvalorizando su capital simbólico. En este contexto, el miedo a la humillación pública motiva a las familias spoitori a buscar alternativas externas, como sus compadres *gadjé*.

Además, el capital simbólico entre los spoitori está directamente vinculado al volumen de capital que pueden movilizar a través de sus compadres *gadjé*. La práctica de exhibir públicamente lo que sus compadres *gadjé* poseen o hacen por ellos se ha convertido en un recurso para incrementar el prestigio dentro de la comunidad. Esta tendencia refuerza la competitividad interna, generando jerarquías entre las familias spoitori, que ahora compiten por demostrar su superioridad en función de las ventajas obtenidas de sus compadres *gadjé*:

> «Siempre discuten sobre quién tiene más animales, quién tiene mejor caballo, cuántas veces sus compadres lo llevan a la ciudad y les compran cosas» (Razvan, 39 años, *gadjé*).
>
> «Los nuestros no te dan nada, aunque tengan, son muy envidiosos (...) siempre se están viendo quién tiene mejor casa, más dinero... Dicen: "mi compadre tiene más que el tuyo"» (Adelina, 19 años, spoitor).

Esta dinámica ha introducido entre los spoitori una nueva forma de competición entorno al volumen global de capital de sus compadres *gadjé*, desplazando los sistemas tradicionales de reciprocidad generalizada entre los spoitori. En otras palabras, las relaciones entre compadres *gadjé* y spoitori no solo consolidan la dependencia de los spoitori hacia los *gadjé*, sino que también fomentan la rivalidad interna entre las familias dominadas. Así, el campo de relaciones de compadrazgo crea una jerarquía dentro del grupo dominado, donde las familias spoitori compiten por obtener un mayor prestigio, basado en la fortaleza de sus vínculos con los *gadjé*. De este modo, las familias spoitori compiten por mejorar su posición en este sistema, buscando nuevos compadres *gadjé* con mayores recursos para consolidarse como dominados-dominantes dentro del campo. Es decir, en el campo de relaciones de compadrazgo no solo entran en juego las relaciones entre compadres *gadjé* y compadres spoitori (dominantes vs. dominados) y las relaciones entre los mismos compadres *gadjé* según su posición social (dominantes vs. dominantes-dominados), sino también entre compadres *spoitori* (dominados-dominantes vs. dominados). El *capital simbólico*, es decir el prestigio, de los compadres *spoitori* entra en disputa en esta última relación, generando así una suerte de jerarquía entre dominados.

Un ejemplo revelador de esta dinámica es la práctica de buscar múltiples compadres con volúmenes significativos de capital, como lo expresa una informante spoitor:

> «Tengo a dos de mis hijos bautizados con compadres diferentes (...) por eso el mediano nos lo bautizó otra familia, fuimos nosotros que se lo pedimos porque ellos siempre están aquí en el pueblo y nos llaman para (...) hacer cosas de la casa (...). Si...a muchos les molesta que tengamos dos compadres, me da igual que hablen de mí porque saben que estoy mejor que ellos» (Caterina, 27 años, spoitor).

Esta búsqueda estratégica de compadres refleja cómo el capital social de compadrazgo se convierte en un recurso en constante disputa entre las unidades familiares spoitori, y cómo estas relaciones permiten reforzar posiciones simbólicas frente a otros miembros del grupo.

El fenómeno también repercute entre los compadres *gadjé*, quienes compiten entre sí para conservar o ampliar sus redes de compadrazgo con familias spoitori, ya que estas relaciones no solo refuerzan su capital social, sino que también consolidan su posición en el campo social. Este hecho se ilustra en la disputa entre dos propietarios *gadjé* (uno con y otro sin cargo institucional) por la lealtad de un mismo compadre spoitor. En este caso, la disputa no solo afecta la relación entre los spoitori involucrados, sino también entre los *gadjé*, poniendo de manifiesto la importancia de estas redes en el campo:

> «Yo con Florin siempre me he llevado muy bien (...), pero claro este verano cuando empezaba la cosecha Cosmin (compadre spoitori) no venía nunca (...). Me enteré que Florin quería bautizar al hijo de Bogdan que estaba a punto de nacer (...). Le dije que estaba muy enfadado y decepcionado, que eso no se le hace a un compadre. (...) Ahora estamos más o menos bien, estas cosas se deben hablar...» (Liviu, 55 años, *gadjé*).

Este ejemplo evidencia cómo los compadres *gadjé*, al competir por mantener o atraer familias spoitori, enfrentan tensiones que pueden extenderse más allá del vínculo con sus compadres, afectando sus propias relaciones interpersonales y comerciales.

En definitiva, el campo de relaciones de compadrazgo ha generado un conjunto de relaciones, prácticas y discursos orientados hacia la competencia entre las unidades familiares spoitori, debilitando así los vínculos preexistentes que mantenían y provocando la fragmentación de un grupo que anteriormente respondía a una identidad colectiva común. Este distanciamiento entre las familias spoitori de Grădiștea se refleja claramente en las declaraciones de los informantes. Uno de ellos, por ejemplo, manifiesta:

> «Yo no me hablo con todos los spoitori del pueblo, cada uno en su casa con su familia y sus problemas. Desde que los spoitori están con los rumanos tienen más dinero y se vuelven envidiosos, todos miran quien tiene más que el otro. Tengo dos cuñadas que sus compadres tienen mucho dinero y les dan de todo, los cuidan muy bien y a mí ni me hablan ya, son avariciosos» (Giani, 50 años, spoitor).

Otro informante spoitor, en cambio, subraya su dependencia y confianza exclusiva en su compadre *gadjé*, minimizando el contacto con otros spoitori:

> «Mi compadre es de Grădiștea, sí, a él, bueno a mis compadres porque ella, su mujer, también lo es, les pedimos consejo para todo...y si tengo problemas voy a ellos, no voy a otros spoitori ni a otros rumanos del pueblo, mejor me entiendo con él, les cuento todo» (Julia, 54 años, spoitor).

Este fenómeno puede explicarse, al menos en parte, mediante la teoría del intercambio de dones. Según Komter (2004: 134), el intercambio de regalos no solo crea un «efecto reconocimiento» entre quienes participan, sino que también produce un «efecto de exclusión» hacia quienes quedan fuera de estas relaciones. Como señala Komter (2004: 124), «iniciar vínculos con algunas personas mediante la entrega de regalos implica, por definición, que otras queden excluidas». En el caso de los spoitori, las unidades familiares que priorizan sus vínculos con compadres *gadjé* tienden a excluir a otras familias de su círculo de reciprocidad.

Este proceso de exclusión pone de relieve una paradoja: mientras que el sistema de compadrazgo promueve la integración de las familias spoitori en una red de relaciones interétnicas, también contribuye a su desintegración interna. La inserción en este nuevo modelo de relaciones institucionalizadas ha reconfigurado las dinámicas sociales y económicas, debilitando las antiguas redes de reciprocidad que mantenían cohesionadas a las unidades familiares spoitori. En términos de BOURDIEU & SAYAD (2017: 41), las estrategias de integración y desintegración «solo se oponen en apariencia». Estas estrategias, lejos de ser contradictorias, buscan destruir las estructuras específicas del grupo dominado; la única diferencia es que las estrategias de integración son presentadas como generosas, mientras que las de desintegración son explícitamente destructivas.

En este sentido, las relaciones de compadrazgo han actuado como un mecanismo de dominación renovado y sutil. Bajo la apariencia de bendición y generosidad, estas relaciones han penetrado profundamente en la estructura social spoitor, promoviendo su fragmentación interna y su dependencia de los compadres *gadjé*. Este proceso no solo ilustra la capacidad de las relaciones de dominación para adaptarse y renovarse, sino también la complejidad de los efectos sociales que surgen de sistemas aparentemente solidarios.

c) «Son de los nuestros»: ¿identidad bienintencionada o violencia simbólica?

Antes del asentamiento definitivo, los spoitori construían y manifestaban su identidad en función de diversos niveles de integración social y diferenciación étnica. Estos niveles abarcaban la familia nuclear, la familia compleja patrilocal, la banda territorial y la comunidad spoitor, mientras que la diferenciación étnica se articulaba en la oposición entre romaníes y *gadjé*. La identidad específica que se activaba en cada situación dependía del Otro con quien los spoitori interactuaban, se relacionaban o comparaban.

En la actualidad, sin embargo, la mayoría de estos niveles de integración social han perdido tanto su funcionalidad como su significado, con la excepción de la familia nuclear. Como se ha analizado, la banda territorial comenzó a desintegrarse a partir del asentamiento definitivo y forzoso, un proceso agravado con la muerte del último *bulibasha*. De manera similar, la familia compleja patrilocal experimentó un proceso de descomposición, facilitado por la distribución de las familias nucleares en distintas viviendas y la instauración de las primeras relaciones de patronazgo entre familias spoitori y sus vecinos *gadjé*.

En este contexto, el vínculo de compadrazgo interétnico parece haber asumido parte de las funciones y relaciones que anteriormente se desarrollaban en los niveles de la banda territorial y la familia compleja patrilocal. Sin embargo, esta transformación ha debilitado las formas de identificación colectiva basadas en la pertenencia étnica y ocupacional. Las dinámicas de desconfianza y competitividad entre las unidades familiares spoitori, descritas anteriormente, han erosionado aún más la cohesión grupal.

Desde la perspectiva de los informantes spoitori, la identificación con los compadres se valora de manera positiva, siendo entendida y sentida como un vínculo de afectividad familiar. Muchos perciben el compadrazgo como una forma de parentesco, confiriéndole un carácter emocional y simbólico que refuerza la sensación de pertenencia y solidaridad. Sin embargo, esta percepción plantea interrogantes sobre la naturaleza y profundidad de esta identificación.

Es necesario analizar si el vínculo de compadrazgo realmente establece una relación de igualdad entre los compadres, como podría sugerir su carácter afectivo y familiar, o si, por el contrario, este vínculo legitima y reproduce relaciones de dominación enmascaradas. La apariencia de familiaridad y afectividad podría funcionar como un recurso simbólico para ocultar las asimetrías inherentes al sistema. Por un lado, los spoitori tienden a interpretar la relación de compadrazgo como un espacio de ayuda mutua y afecto desinteresado, lo cual refuerza la legitimidad del vínculo. Por otro lado, los datos sugieren que este vínculo está estructurado por las desigualdades de poder y recursos, donde los compadres *gadjé*, al ser quienes bautizan y sostienen el sistema, detentan una posición dominante. El compadrazgo, por tanto, no solo reconfigura los niveles de integración social que estructuraban la identidad spoitor, sino que también consolida un modelo de relaciones interétnicas marcado por la desigualdad, legitimado mediante la retórica de la solidaridad y el parentesco simbólico.

Este análisis permite entender el compadrazgo como un mecanismo que transforma profundamente las relaciones sociales, sirviendo simultáneamente como un sustituto de antiguas formas de integración y como un vehículo para la reproducción de relaciones de dominación, disfrazadas bajo un barniz de afectividad y cooperación.

En primer lugar, es importante recordar que las actuales relaciones de compadrazgo tuvieron como antecedente directo las relaciones de patronazgo. Siguiendo la clasificación de Max Weber (2014), estas relaciones pueden definirse como «relaciones sociales asociativas», caracterizadas por su orientación hacia la utilidad, la racionalidad y el cálculo. En estas relaciones, el sentido de la acción social se basa en el interés racional de los agentes, siempre que estos intereses sean correspondidos por los demás participantes en la relación (Weber, 2014: 33). Aunque las relaciones de patronazgo sentaron las bases para el sistema de compadrazgo, se observa que eran percibidas, tanto por los patronos como por los jornaleros, como relaciones eminentemente económicas. Como se ha analizado, tras la caída del comunismo, las familias *gadjé* propietarias de tierras en la comuna de Grădiştea recuperaron sus hectáreas, pero enfrentaron una escasez de mano de obra debido a la emigración masiva de jóvenes. Ante esta situación, las familias *gadjé* ofrecieron trabajo a las familias spoitori, desposeídas de algunos de sus medios básicos de subsistencia. Este contexto pone de manifiesto el interés objetivo de los patronos *gadjé*, que buscaban preservar su capital económico y su posición social local mediante la explotación de la fuerza de trabajo spoitori.

En segundo lugar, la práctica bautismal que los patronos llevaron a cabo a favor de los hijos de las familias spoitori jornaleras debe entenderse como una estrategia orientada a garantizar su interés objetivo como clase dominante, más allá de la justificación subjetiva de cumplir con un supuesto deber cristiano de bautizar a los no creyentes. En este contexto, el rito bautismal tiene como finalidad consolidar y fortalecer el vínculo entre patronos y jornaleros, transformando esta relación en una de compadrazgo. Como señala BOURDIEU (2008), estos rituales pueden ser conceptualizados como «ritos de institución» en lugar de «ritos de paso». Bourdieu sostiene que los ritos de institución no solo marcan un paso temporal, como la transición de la infancia a la adultez, sino que trazan una línea divisoria entre quienes atraviesan el rito y quienes nunca lo harán. Este trazo, aunque arbitrario, se legitima y se naturaliza mediante el propio ritual (BOURDIEU, 2008: 99-100). En el caso del compadrazgo, el rito bautismal traza varias divisiones significativas y las consagra: separa a los spoitori compadres de los spoitori no-compadres, y también distingue a los *gadjé,* como aquellos que tienen el poder para instituir el vínculo de compadrazgo, de los spoitori, como aquellos que se encuentran desposeídos de dicho poder de institución y, por ende, subordinados a la mera aceptación[41].

La selección de compadres sigue un patrón vertical: los agentes involucrados no parten de condiciones iguales, y el poder para activar el rito recae en los patronos *gadjé*, quienes poseen el capital económico y religioso necesario para sostenerlo. Así, el rito bautismal institucionaliza la relación de *superordinación-subordinación* preexistente entre patronos y jornaleros. Como señala BOURDIEU (2008: 100) al respecto, «el grupo instituido se define con relación a un colectivo oculto (...) el rito consagra la diferencia, la institucionaliza». El punto de partida de los agentes sociales involucrados en esta relación no es, por lo tanto, igualitario, y el vínculo que se crea con el compadrazgo no consolida una relación entre iguales, sino que *consagra* una diferencia preexistente (relación patrón-cliente) enmascarando y haciendo desconocer *lo arbitrario social* de esa línea divisoria.

---

41 BOURDIEU pone el siguiente ejemplo ilustrativo: «En efecto ¿qué separa esa línea? Por supuesto, un antes y un después: el niño circuncidado y el no circuncidado; o incluso el conjunto de niños no circuncidados y el conjunto de adultos circuncidados. En realidad, lo más importante, y que pasa desapercibido, es la división que opera entre el conjunto de los que se hallan sometidos a la jurisdicción de la circuncisión, los varones, niños o adultos, y los que no lo están, es decir, las niñas y las mujeres» (2008: 100).

En tercer lugar, siguiendo la teoría del rito de institución de Bourdieu, es esencial comprender cómo este rito no solo legitima una relación social, sino que institucionaliza identidades. Según BOURDIEU (2008: 103), «instituir, asignar una esencia, una competencia, es imponer un derecho de ser que es un deber ser (o de ser). Es notificar a alguien lo que es e instarle a que actúe en consecuencia». Esto significa que el rito de institución no solo confiere una identidad social, sino que también impone un marco normativo que dicta cómo el instituido debe comportarse y actuar en conformidad con la esencia de esa identidad. En este contexto, el rito del compadrazgo asigna una identidad social que, a su vez, implica expectativas de conducta: actuar «como un compadre». BOURDIEU explica que este proceso de asignación estatutaria genera los efectos más profundos del rito, ya que la identidad instituida viene acompañada de una presión para mantenerse dentro de los límites de lo asignado. Como señala:

> «A través del efecto de asignación estatutaria (...) el ritual de institución produce sus efectos más "reales": el que es instituido se siente conminado a conformarse a su definición, a estar a la altura de su función. (...) Una de las funciones del acto de institución consiste en desalentar de forma permanente de la tentación de transgredir, desertar o dimitir» (BOURDIEU, 2008: 104-105).

Aunque las relaciones entre patronos *gadjé* y clientes spoitori en el pasado no difieren sustancialmente, en términos estructurales, de las actuales relaciones de compadrazgo, existe una diferencia clave en cómo se sienten y viven estos vínculos. El mandato de «ser y actuar como un compadre» transforma lo que antes eran relaciones débiles y relativamente efímeras de explotación económica en un sistema de reciprocidad que aparenta estar basado en principios de cooperación y ayuda mutua. Este cambio no solo disfraza la utilidad inherente a la relación, sino que también la convierte en un vínculo percibido como cercano, afectivo y familiar. En este sentido, el compadrazgo puede interpretarse como un mecanismo mediante el cual las relaciones sociales asociativas, características del patronazgo, se transfiguran en relaciones sociales comunitarias a través de la «magia social» del rito de institución. Según WEBER (2014: 138), las relaciones sociales comunitarias están presentes cuando el sentido de la acción social se orienta por afectos o tradiciones, es decir, cuando las acciones están motivadas por un sentimiento de unión que genera una orientación mutua hacia el otro. En este caso, el compadrazgo, también denominado «parentesco espiritual», produce un sentimiento de pertenencia que refuerza esta conexión emocional y simbólica. La pertenencia que genera el compadrazgo no solo evoca un vínculo práctico, sino que también fomenta un sentido de identidad compartida. En palabras de GIBERNAU:

> «La pertenencia conlleva a una cierta familiaridad. Evoca la idea de estar y sentirse "en casa", es decir, en el seno de un entorno en el que el individuo es reco-

nocido como "uno de los nuestros", como alguien que "importa" y que tiene una identidad» (2017: 41).

En definitiva, el compadrazgo no solo institucionaliza una relación social, sino que también asigna una identidad que, bajo el manto de familiaridad y afecto, enmascara una estructura de dominación. Este proceso, además de producir un vínculo simbólico entre agentes, refuerza las jerarquías preexistentes al exigir que los instituidos se conformen a la definición social impuesta por el rito.

En cuarto lugar, el sistema de relaciones de reciprocidad que surge y se consolida a través del compadrazgo no necesariamente implica relaciones simétricas. En primera instancia, como se mencionó previamente, el poder de instituir el vínculo de compadrazgo recae principalmente en los propietarios *gadjé*. Aunque en la actualidad algunas familias spoitori pueden tomar la iniciativa de buscar un *gadjé* dispuesto a bautizar a sus hijos, la capacidad de realizar esta inversión recae siempre en los *gadjé*, quienes detentan el capital necesario para sostener esta práctica. El bautizo es percibido como un acto de generosidad, un regalo simbólico que constituye el don original, permitiendo a las familias spoitori ingresar al campo de relaciones de compadrazgo. Este acto, sin embargo, no solo consagra el vínculo, sino que también institucionaliza una relación de poder. Según Wilkis (2008), los estudios sobre el don han separado incorrectamente las relaciones de reciprocidad de las dinámicas de poder y desigualdad. Como señala Komter (2004: 70), «en el intercambio de regalos se produce un sutil equilibrio de dependencia e independencia que hace que el poder y el control estén profundamente arraigados».

Las relaciones de reciprocidad pueden oscilar entre simétricas y asimétricas. Incluso en relaciones equilibradas, el acto de recibir un regalo coloca automáticamente al receptor en una posición de inferioridad temporal, hasta que pueda devolver el equivalente o superar el valor del regalo recibido (Morquecho, 2001: 140). Este proceso de devolución es un mecanismo que asegura la continuidad de la relación, como destaca Schwartz:

> «El continuo equilibrio de la deuda —ahora a favor de un miembro, ahora a favor del otro— asegura que la relación entre ambos continúe, ya que la gratitud siempre constituirá una parte del vínculo que los une» (1967: 8).

Sin embargo, algunos dones, como el bautizo o la donación de terrenos para su explotación directa por parte de los spoitori, son percibidos como regalos inconmensurables, fruto de una generosidad insuperable. Este sentimiento produce una deuda simbólica eterna, reforzando la posición de dominación de los *gadjé*. Tal como expone Mauss (2009: 70-71), el regalo, aunque aparentemente libre, voluntario y desinteresado, es en realidad obligatorio, forzado e interesado. Así, incluso cuando los agentes sociales perciben el acto como genuinamente generoso, el don encubre un interés por el desinterés (FERNÁNDEZ FERNÁNDEZ, 2013: 40)[42].

Desde esta perspectiva, el don puede actuar como un medio de demostración de poder y dominación sobre el otro. Aunque las relaciones de reciprocidad suelen implicar una asimetría temporal, esta puede convertirse en permanente cuando el receptor no tiene los recursos necesarios para devolver un regalo equivalente o superior. En estos casos, el regalo deja de ser un medio de cooperación y se transforma en una herramienta para eclipsar y someter simbólicamente al otro (WILKIS, 2008: 5). Como señala KOMTER (2004: 71), «uno de los medios para ejercer el poder es mantener a otra persona en deuda por medio de la reciprocidad». Así, la asimetría temporal inherente a las relaciones de reciprocidad puede convertirse en una asimetría perpetua, dando lugar a relaciones basadas en dominación y subordinación (PÉREZ DE LA FUENTE Y VALLÉS, 2022). Un ejemplo claro de esta dinámica se encuentra en el relato de un informante *gadjé*, quien manifiesta abiertamente la relación de poder subyacente en sus vínculos de compadrazgo con los spoitori:

> «No es por reírnos de ellos, ni para explotarlos, pero ellos vienen siempre que los llamas o los necesitas, es normal que lo hagan porque he hecho mucho por ellos, he bautizado a sus hijos, les he prestado dinero, los invitamos a las fiestas, sin nosotros estarían pidiendo por la calle» (Alexandru, 67 años, *gadjé*).

Este testimonio evidencia cómo los *gadjé* perciben su posición como central y dominante dentro del sistema de reciprocidad, mientras que los spoitori permanecen en un estado de deuda simbólica constante, reforzando las dinámicas de desigualdad estructural bajo la apariencia de generosidad y ayuda mutua.

En quinto lugar, aunque no se puede negar que los compadres spoitori reciben recursos en diversas formas de especies de capital a través de su participación en las relaciones de compadrazgo, dichos recursos no les permiten subvertir su posición de subordinación. Por el contrario, estos recursos legitiman y reproducen las relaciones de dominación-subordinación preexistentes. Ningún informante spoitor ha logrado acumular un volumen de capital suficiente para cambiar significativamente su posición social dentro de la comuna de Grădiștea, manteniéndose dependientes de sus compadres *gadjé*. La dependencia de los spoitori se refleja en la fórmula «*facem la zi*» («hacemos según el día»), que alude a su inestabilidad económica. Este

42 PIERRE BOURDIEU explica esto como la «doble verdad del don». En palabras del sociólogo francés: «Por un lado, el don se vive (o se quiere) como negación del interés, del cálculo egoísta, y exaltación de la generosidad gratuita y sin devolución; por el otro lado, nunca excluye completamente la conciencia de la lógica del intercambio, ni tampoco el reconocimiento de pulsiones reprimidas, y, por momentos, la denuncia de otra verdad, negada, del intercambio generoso, su carácter apremiante y oneroso» (1997: 229).

modo de vida implica que sus ingresos y bienes dependen de las oportunidades diarias proporcionadas por sus compadres *gadjé*. La ausencia de un salario fijo no solo imposibilita el ahorro o la planificación de proyectos a largo plazo, sino que también impide alcanzar la tranquilidad psicológica asociada con la seguridad económica. Esta situación perpetúa un círculo vicioso en el que la relación con los compadres *gadjé* se percibe como el único medio inmediato para enfrentar las necesidades diarias.

Este sistema de dependencia opera bajo una apariencia de generosidad y solidaridad, en la que los actos de ayuda mutua son percibidos como desinteresados. Sin embargo, estos actos enmascaran una realidad más compleja, pues los recursos proporcionados por los compadres *gadjé* consolidan su prestigio y autoridad dentro del campo de relaciones de compadrazgo. Este prestigio constituye su capital simbólico, el cual es conocido y reconocido por todos los agentes participantes en este sistema. Además, este capital simbólico es reforzado por la incapacidad de los spoitori para cuestionar o reconocer lo arbitrario cultural de la posición dominante de los *gadjé*. Los compadres *gadjé*, al sostener la relación de dependencia a través de actos que aparentan ser altruistas, fortalecen su autoridad dentro de la comunidad y reproducen las dinámicas de dominación. Así, el campo de relaciones de compadrazgo no solo perpetúa las desigualdades económicas, sino que también naturaliza las jerarquías sociales, presentándolas como inevitables o incluso legítimas bajo la apariencia de generosidad mutua y reciprocidad.

En sexto lugar, el compadrazgo ha introducido, de manera sutil y casi inadvertida, un sentido de autonomía que, aunque tramposo, se alinea con los valores característicos de la modernidad occidental. Este concepto de autonomía, en su sentido moderno e ilustrado, se asocia históricamente con la idea de progreso y liberación social. Según TODOROV (2022: 44), en su análisis sobre el espíritu de la Ilustración, la autonomía implica un avance hacia la liberación del pueblo, lo que se refleja en la capacidad del individuo para conocer el mundo sin someterse a las autoridades tradicionales, elegir libremente su religión, expresar sus pensamientos en el espacio público y organizar su vida privada según su criterio.

En este marco, el rechazo hacia las viejas tradiciones y autoridades emerge como un paso necesario hacia la autonomía, tal como lo concibieron los ideales ilustrados. Los informantes spoitori perciben este desapego hacia sus vínculos tradicionales y autoridades previas como un medio de progreso. Paralelamente, abrazan la nueva red de relaciones de compadrazgo como un modelo que les proporciona seguridad, independencia y autosuficiencia. Así, las viejas formas de pertenencia y autoridad son concebidas como restrictivas y dependientes, mientras que las nuevas relaciones de compadrazgo son interpretadas como equitativas y caracterizadas por una interdependencia voluntaria.

Este cambio en la percepción de la pertenencia es fundamental para comprender cómo los spoitori han resignificado sus relaciones sociales. Las antiguas formas de pertenencia, basadas en la familia extensa, la banda territorial y las jerarquías tradicionales, eran percibidas como asignadas y predefinidas, es decir, impuestas por el linaje, el género o la etnicidad. En contraste, las nuevas formas de pertenencia asociadas al compadrazgo son vistas como una elección voluntaria y, por ende, más acordes con los ideales de libertad e individualidad modernos. Como sostiene Gibernau (2017: 40), la pertenencia por elección permite a los individuos trascender las restricciones asociadas a las formas asignadas de pertenencia, empoderándolos para redefinir su rol dentro de un nuevo esquema social.

Sin embargo, este sentido de autonomía, aunque valorado positivamente por los spoitori, encierra un carácter ilusorio. Si bien los spoitori perciben el compadrazgo como un espacio de libertad y elección, los análisis previos han demostrado que estas relaciones no son del todo equitativas. Más bien, perpetúan dinámicas de dominación y dependencia encubiertas bajo el velo de la reciprocidad y el altruismo. La falsa autonomía que emerge de estas relaciones refuerza la subordinación estructural de los spoitori en un sistema donde las dinámicas de poder permanecen intactas, aunque revestidas de modernidad y voluntarismo.

El sentido de autonomía característico de las formas de pensamiento occidental moderno ha penetrado, como un Caballo de Troya, en los esquemas mentales de los compadres spoitori. Este fenómeno se asocia a la percepción de las relaciones de compadrazgo como una vía para escapar de las viejas ataduras identitarias y dirigirse hacia una vida percibida como mejor. En este nuevo modelo de sociabilidad, el compadrazgo permite la creación de una nueva identidad diferenciada y diferencial, caracterizada por la identificación con los compadres *gadjé* y valorada positivamente en comparación con la identidad colectiva étnico-grupal de los spoitori. Sin embargo, esta aparente autonomía, que en el discurso de los spoitori se presenta como un camino hacia la independencia, acelera una fragmentación y atomización que debilita los lazos tradicionales y refuerza dinámicas de dependencia asimétrica.

La autonomía que los compadres spoitori creen estar adquiriendo a través del compadrazgo no es una elección libre, ni tampoco un cálculo premeditado por parte de los compadres *gadjé*. Más bien, responde a un fenómeno de violencia simbólica, como lo define Bourdieu: un tipo de dominación que opera a través de la aceptación inconsciente de las categorías de pensamiento impuestas por los dominadores. Según Bourdieu, la violencia simbólica se manifiesta cuando los dominados aplican categorías y representaciones que han sido producidas desde el punto de vista de los dominadores, haciendo que las relaciones de dominación aparezcan como naturales (Bourdieu, 2018: 50-51).

En este contexto, los *gadjé* son percibidos como el epítome de la progresión económica, social y cultural, mientras que los spoitori asocian su identidad colectiva a valores percibidos como negativos, tales como la pobreza, el analfabetismo o la vulgaridad. Así, los spoitori aspiran a romper con esta identidad deslegitimada a través del vínculo con los *gadjé*. Extractos de entrevistas muestran cómo los spoitori asocian la identidad *gadjé* con atributos deseables como la inteligencia, la riqueza y la modernidad:

> «¿Qué nos diferencia de un rumano? (...) Ellos saben más cosas que nosotros, han ido a la escuela y nos tienen que ayudar con muchas cosas porque no sabemos leer ni escribir... ellos tienen coche y carnet de coche, nosotros no (...). Ahora todos los spoitori quieren imitar a los rumanos, quieren tener el mejor móvil, la mejor ropa, una novia rumana» (Fanel, 52 años, spoitor).
>
> «Los rumanos tienen mucha más libertad que nosotros (...). Ahora todos los spoitori quieren vestir como rumanos, comportarse como rumanos, casarse con rumanos (...). No me gusta cómo van los viejos spoitori (...) no saben comportarse por eso prefiero ir con las hijas de mis compadres» (Mirina, 24 años, spoitor).

La adopción de las categorías impuestas por los *gadjé* lleva a los spoitori a ver el vínculo de compadrazgo como la única forma de escapar de su identidad étnica tradicional y lograr la tan deseada autonomía. Sin embargo, esta autonomía es ilusoria y tramposa. El compadrazgo, al tiempo que fragmenta los lazos tradicionales entre los spoitori, reemplaza un sistema de reciprocidad relativamente simétrica por otro marcado por la asimetría y la dependencia. Como Gibernau señala, la dependencia implica «renunciar al desarrollo y la realización propios para servir al proyecto del amo» (2017: 73). En este caso, los spoitori dependen de sus compadres *gadjé* para obtener la autonomía prometida, que nunca se materializa plenamente.

Este fenómeno refuerza el estado de subordinación de los spoitori respecto a los *gadjé*. A través del compadrazgo, los spoitori adoptan las categorías culturales y sociales que justifican su posición subordinada, al mismo tiempo que la fragmentación interna de la comunidad impide la formación de vínculos colectivos que podrían contrarrestar las dinámicas de dominación. Así, la violencia simbólica encubre y perpetúa las relaciones de dominación, ahora naturalizadas a través de un vínculo que promete, pero no cumple, la liberación y la autonomía.

En conclusión, la trampa de la autonomía, mediada por las relaciones de compadrazgo, fragmenta los lazos tradicionales de la comunidad spoitor y refuerza dinámicas de dependencia y subordinación. Aunque el vínculo con los *gadjé* es percibido como un medio para escapar de una identidad considerada atrasada, en realidad refuerza la dominación, disfrazándola de igualdad, familiaridad y generosidad.

CONCLUSIONES

Este estudio contribuye a los *Romani Studies* abordando la complejidad de las transformaciones socioculturales de la comunidad spoitor en la comuna de Grădiștea, evitando caer en visiones esencialistas y totalizadoras. Se analizó cómo los procesos de construcción identitaria, las dinámicas de poder y las interacciones interétnicas han configurado la situación actual de los spoitori, tanto en su integración con la población *gadjé* como en la fragmentación de sus propios lazos comunitarios. A continuación, se exponen las principales conclusiones.

El análisis histórico muestra que la situación actual de los spoitori es fruto de largos procesos de dominación y producción de identidades estigmatizadas en Rumanía. Desde su esclavización en el siglo XIV hasta su marginalización durante el régimen comunista y su posterior inserción en un sistema capitalista liberal, las políticas y representaciones sociales hacia los romaníes han cristalizado una percepción negativa asociada al término «țigan» (Achim, 1998; Sandu, 2010). Estos procesos estructurales proporcionan el marco en el que los spoitori han tenido que redefinir su identidad y relaciones sociales.

La sedentarización forzada bajo el régimen comunista en los años 80 marcó un punto de inflexión para los spoitori, quienes hasta entonces vivían como nómadas de servicio (Burtea, 2016). Este proceso alteró profundamente sus formas tradicionales de organización, identificación y mecanismos de resolución de conflictos. La imposición de asentamientos fijos, la redistribución residencial y la desaparición de figuras tradicionales de autoridad, como el *bulibasha*, fragmentaron su cohesión interna y los hizo más dependientes de los *gadjé*. Este cambio desencadenó nuevas dinámicas interétnicas, inicialmente caracterizadas por relaciones de patronazgo, que luego evolucionaron hacia vínculos de compadrazgo.

El compadrazgo interétnico, introducido a finales de los años 90, se consolidó como una estructura social dominante en la comuna de Grădiștea. Este sistema, formalizado mediante el rito bautismal, transformó las relaciones de patronazgo en un modelo bidireccional de reciprocidad simbólica y material. Sin embargo, estas relaciones son intrínsecamente asimétricas, ya que los compadres *gadjé* monopolizan el capital necesario para instituir el vínculo, perpetuando una estructura de dominación sutilmente enmascarada (BOURDIEU, 2008).

El compadrazgo ha tenido un doble efecto: por un lado, ha creado una nueva identificación interétnica basada en la solidaridad entre compadres; por otro, ha debilitado las relaciones endogrupales entre familias spoitori. Esto ha dado lugar a una competitividad interna por recursos movilizados a través del capital social de compadrazgo y ha fragmentado una identidad colectiva antes cohesionada. Las familias spoitori, en su intento por acceder a los beneficios asociados a los *gadjé*, han perdido confianza y cooperación entre sí, generando un campo de jerarquización interna entre dominados (BOURDIEU, 2018).

Los spoitori perciben el compadrazgo como una vía hacia la autonomía y la modernidad, pero este sistema reproduce su subordinación. A pesar de que algunos informantes han mejorado sus condiciones materiales, siguen dependiendo estructuralmente de sus compadres *gadjé* para su sustento diario y acceso a recursos. Este fenómeno puede explicarse como un caso de violencia simbólica, donde los dominados asimilan las categorías impuestas por los dominadores, naturalizando su posición subordinada (BOURDIEU, 2018).

El análisis relacional del compadrazgo revela que las identidades y culturas no pueden entenderse en aislamiento. Las dinámicas de poder entre *gadjé* y spoitori han configurado un sistema donde los vínculos interétnicos aparentan solidaridad, pero esconden relaciones de dominación profundamente arraigadas. La capacidad de los *gadjé* para otorgar «dones» inalcanzables para los spoitori consolida su posición de autoridad y refuerza una dependencia perpetua (KOMTER, 2004; WILKIS, 2008).

Los spoitori enfrentan una paradoja: mientras intentan escapar de una identidad percibida como atrasada y estigmatizada, se insertan en un sistema de relaciones que perpetúa su posición subordinada. Este estudio resalta cómo los mecanismos de integración pueden desintegrar las estructuras tradicionales de los grupos dominados, produciendo nuevas formas de dominación disfrazadas de progreso y modernidad (BOURDIEU & SAYAD, 2017).

Este trabajo demuestra que las transformaciones sociales de los spoitori no son meras adaptaciones al contexto, sino el resultado de relaciones de poder profundamente enraizadas en la historia y las estructuras sociales contemporáneas. Desenmascarar la naturalización de estas relaciones permite comprender las sutilezas de la dominación y la complejidad de los procesos de identificación en comunidades interétnicas.

REFERENCIAS BIBLIOGRÁFICAS

Achim, V. (1998). *The Roma in Romanian History*. Budapest-New York: CEU Press.

Achim, V. (2002). «Roma and Sinti: Under-Studied Victims of Nazism. Symposium Proceedings», en *United States Holocaust Memorial Museum* (p. 59-77). Washington, D. C.: Center for Advanced Holocaust Studies.

Acton, T. A. (2003). «A three-cornered choice: structural consequences of value-priorities in Gypsy law as a model for more general understanding of variations in the administration of justice», *The American Journal of Comparative Law, 51*(3), 639-657.

Allport, G. W. (1971). *La naturaleza del prejuicio*. Buenos Aires: Eudeba.

Alum, R. A. (2018). «The Latin American compadrazgo», en Wiley-Blackwell (Ed.), *Encyclopedia of Anthropology* (pp. 2196-2202). USA: University of Pittsburgh's Center for Latin-American Studies.

Anderson, B. (2005). *Comunitats imaginades. Reflexions sobre l'origen i la propagació del nacionalisme*. Valencia: Editorial Afers.

Angoso García, R. (1998). «La situación de la minoría gitana en Rumanía durante la transición política (1989-1994)». *Revista O Tchatchipen: lil ada trin tchona rodipen romani = revista trimestral de investigación gitana*, (23), 41-49.

Baier, M., Svensson, M. & **Nafstad, I.** (2019). *Understanding Sociology of Law*. Sweden: Studentlitteratur AB.

Balandier, G. (1969). *Antropología política*. Barcelona: Ediciones Península.

Banica, M. (2019). *Bafta, Devla si Haramul. Studii despre cultura si religia romilor*. Bucarest: Plural.

Barany, Z. D. (2002). *The East European gypsies: regime change, marginality, and ethnopolitics*. Cambridge: Cambridge University Press.

Bartash, V. (2015). «The sedentarisation of Roma in the Soviet Union after 1956: A case study from the former Belarussian Soviet Socialist Republic». *Romani Studies, 25*(1), 23-51.

Barth, F. (1976). *Los grupos* étnicos *y sus fronteras. La organización social de las diferencias culturales*. México: Fondo de Cultura Económica

Bauman, Z.:

— (1997) *Modernidad y Holocausto*. Madrid: Sequitur.

— (2001) *La postmodernidad y sus descontentos*. Madrid: Akal.

—(2005) *Identidad*. Buenos Aires: Losada.

Baumann, G. (2004). «Grammars of Identity/Alterity a Structural Approach», en Baumann, G. y Gingrich, A. (Eds.), *Grammars of Identity/Alterity a Structural Approach* (p. 18-50). New York-Oxford: Berghahn Books: 18-50.

Beck, S. (1989). The origins of Gypsy slavery in Romania. *Dialectical Anthropology, 14*(1), 53-61.

Beck, U. (2000). *La democracia y sus enemigos*. Barcelona: Paidós.

Beluschi-Fabeni, G. (2013). «Mangajmo, našavel y čačimo. Consenso y conflicto en los procesos matrimoniales entre "roma korturare" rumanos en España. Un ejemplo de autonomía». *Gazeta de Antropología, 29*(1).

Berger, P. L. y **Luckmann, T.** (2015). *La construcción social de la realidad*. Buenos Aires: Amorrortu Editores.

Bernard, H. R. (1995). *Research Methods in Anthropology: Qualitative and Quantitative Approaches*. Londres: Altamira Press.

Bloch, M. (1953). *Les Tziganes.* París: PUF.

Bohannan, P. (1996). *Para raros, nosotros. Introducción a la antropología cultural.* Madrid: Akal.

Boissevain, J. (1966). «Patronage in Sicily». *Man, New Series, 1*(1), 18-33.

Bonia, M. (2018) *Qué tan extendido está el prejuicio antigitano*. [en línea]. Disponible en https://voxeurop.eu/en/how-widespread-is-anti-roma-prejudice/ [25 de julio de 2020].

Botey, F. (1970). *Los gitanos, una sociedad folk desconocida*. Barcelona: Nova Terra.

Bourdieu, P.:

— (1972). *Equisse d'une Théorie de la Practique précédé de trois* études *d'ethnologie kabyle*. Génova: Droz.

— (1986). «The forms of capital», en Richardson, J. (Ed.), *Handbook of Theory and Research for the Sociology of Education* (p. 241-258). Wesport: Greenwood.

— (1990). *Sociología y cultura.* México: Gribaljo.

— (1997). *Méditations pascaliennes.* París: Seuil.

— (1997). *Razones prácticas, sobre la teoría de la acción*. Barcelona: Anagrama.

— (1997). *Razones prácticas. Sobre la teoría de la acción.* Barcelona: Anagrama.

— (2000). *Cosas dichas*. Barcelona: Gedisa.

— (2000). *La dominación masculina*. Barcelona: Anagrama.

— (2008). ¿Qué *significa hablar? Economía de los intercambios lingüísticos*. Madrid: Akal.

— (2012). *La Distinción*. Madrid: Taurus.

— (2018). *La dominación masculina*. Barcelona: Anagrama.

Bourdieu, P. & **Passeron, J. C.** (1977). *La reproducción. Elementos para una teoría del sistema de enseñanza*. Barcelona: Laia.

Bourdieu, P. y **Abdelmalek, S.** (2017). *El desarraigo. La violencia del capitalismo en una sociedad rural*. Buenos Aires: Siglo XXI.

Bourdieu, P. y **Chartier R.** (2011). *El sociólogo y el historiador*. Madrid: Abada.

Bourdieu, P. y **Wacquant, L.**:

— (1995). *Respuestas. Por una antropologia reflexiva*. México: Grijalbo

— (2008). *Una invitación a la sociología reflexiva*. Buenos Aires: Siglo XXI.

Brubaker, R. y **Cooper, F.** (2000). «Beyond "Identity"». *Theory and Society, 29*(1), 1-47. http://www.jstor.org/stable/3108478

Budilová, L. y **Jakoubek, M.** (2005). «Ritual and kinship in a Gypsy osada in eastern Slovakia». *Romani Studies. Fifth Series, 15* (1), 1-29.

Buechler, H. C. y **Buechler, J. M.** (1971). *The Bolivian Aymara*. New York: Rinehart and Winston.

Burtea, V. (2016). *The Romanies in the synchrony and diachrony of the contact populations*. Bucharest: National Centre For Roma Culture

Caffrey, S. y **Mundy, G.** (2001). «Informal Systems of Justice: The Formation of Law Within Gypsy Communities», en Weyrauch, W. O. (Ed.), *Gypsy Law: Romani Legal Traditions and Culture* (p. 101-116). Berkeley: University of California Press

Cahn, C. (2008).

— «Lawmaking in Traditional Romani Communities and International Human Rights Law and Norm: Case Study of the Real and Potential Role of the Romani Kris». *European Yearbook of Minority Issues*, (7), 93-133.

— «Romani law in the Timiş County Giambaş community». *Romani Studies, 9* (2), 87-101.

Capdevielle, J. (2014). «Capital social: Debates y reflexiones en torno a un concepto polémico». *Revista de Sociología e Política*, (22), 3-14.

Cárcar, F. (2008). «¿Cómo aproximarse al problema del clientelismo político? Distintos marcos de análisis para el caso argentino». *Miriada, 1*(2) 48-80

Causi, L. L. (1975). «Anthropology and Ideology: The Case of "Patronage" in Mediterranean Societies». *Critique of Anthropology*, 2 (4-5): 90-109. doi:10.1177/0308275X7500100404

Center for Documentation and Information on Minorities in Europe – Southeast Europe (2001). *Minorities in Southeast Europe. Roma of Romania* [www.edrc.ro/resurse/rapoarte/Roma_of_Romania.pdf]. CEDIME-SE. [Fecha de consulta: 22 de junio de 2019].

Chevalier, J. (1982). *Civilization and the Stolen Gift: Capital, Kin and Cult in Eastern Peru*. Toronto: University of Toronto Press.

Chihu Amparán, A. (2002). «Introducción». *Sociología de la Identidad* (p. 5-34). México: MAPorrúa, UAM-Iztapalapa.

Chiriguini, M. C. (2006). «Identidades socialmente construidas». *Apertura a la Antropología. Alteridad-cultura-naturaleza humana* (p. 43-55). Buenos Aires: Proyecto Editorial.

Cooley, C. H. (2005). «El yo espejo». *CIC. Cuadernos de Información y Comunicación*, (10), 2005, 13-26.

Costa, C. y **Murphy, M.** (2015). «Bourdieu, and the application of *habitus* across the social sciences». *Habitus and Social Research. The Art of Application* (p. 3-17). UK: Macmillan Palgrave.

Costa, R. (1976). *Para una definición social de los actores sociales. La teoría del campo*. Córdoba: Mímeo.

Courthiade, M. (2001). «El origen del pueblo rom. Realidad y leyenda». *O Tchatchipen: lil ada trin tchona rodipen romani = revista trimestral de investigación gitana*, (33), 10-19.

Cozannet, F. (1973). *Mythes et coutumes religieuses des Tsiganes*. París: Payot.

Creţan, R. (2009). «From (self-) exclusion to integration: the case of Roma in Romania». *Human Geographies, 3*(2). 25-36.

Creţan, R. y **Turnock, D.** (2009). «The Gypsy Minority in Romania: A Study in Marginality». *Romanian Journal of Geography,53*(1), 33-56.

Crowe, D. (2016). *A History of The Gypsies of Eastern Europe and Russia*. New York: Palgrave Macmillan.

Davis, J. (1977). *People of the Mediterranean. An Essay in Comparative Social Anhropology*. London: Routledge.

De Vaux, F. (1970). *Mille ans d'histoire des Tsiganes*. París: Fayard.

Dimitrios, Z. (2011). «Sedentary Roma (Gypsies): The case of Serres (Greece)». *Romani Studies, 21*(1), 23-56. https://doi.org/10.3828/rs.2011.2

Douglas, M. (1990). «Foreward. No free gifts», en **Mauss, M.**, *The Gift. The form and reason for exchange in archaic societies*. London y New York: Routledges Classics.

Douglas, M. (2007): *Pureza y peligro. Un análisis de los conceptos de contaminación y tabú*. Madrid: Siglo XXI

Ehrlich, E. (1936). *Fundamental Principles of the Sociology of Law*. Cambridge, MA: Harvard University Press

Elias, N. (2012). «La relación entre establecidos y marginados», en **Sabido, O.** (Ed.), *El extranjero: sociología del extraño* (p. 57-86). Madrid: Sequitur.

Embassy of Finland Bucharest. (2014). *Background report about the Roma in Romania*. Bucarest: Formin Finland.

European Roma Rights Centre. (2016). *Challenging Discrimination Promoting Equality*. Budapest: European Roma Rights Centre.

Fernández Fernández, J. M. (2013). «Capital simbólico, dominación y legitimidad. Las raíces weberianas de la sociología de Pierre Bourdieu». *Papers. 98* (1), 33-60.

Ferrándiz, F. (2011). *Etnografías contemporáneas: Anclajes, métodos y claves para el futuro*. Barcelona: Anthropos Editorial.

Filhol, E. (2003). «Les Tsiganes en Aunis et Saintonge», en Filhol, E. y Jillien, B. (Eds.), *Histories tsiganes. Hommage à Françpos de Vaux et Foletier (1893-1988)*, (p. 51-65). La Rochelle: Archives départementales de la Charente-Maritime.

Filigrana, P. (2020). *El pueblo gitano contra el Sistema-Mundo: Reflexiones de una activista para el debate* (Vol. 28). Madrid: Ediciones Akal.

Flick, U. (2015). *El diseño de Investigación Cualitativa*. Colección: Investigación Cualitativa. Madrid: Morata.

Foster, G. M. (1959). «Cofradía y Compadrazgo en España e Hispano América». *Revista del Museo Nacional, 28*, 248-275.

Foucault, M. (2019). *Microfísica del poder*. Buenos Aires: Siglo XXI.

Fraser, A. (2005). *Los Gitanos*. Barcelona: Ariel.

Freyre, M. L. (2013). «El capital social. Alcances teóricos y su aplicación empírica en el análisis de políticas públicas». *Revista Ciencia, Docencia y Tecnología, XXIV* (47), 95-118.

Gamella, J. (2007). «La inmigración ignorada: Romá/gitanos de Europa oriental en España, 1991-2006». *Gazeta de Antropología*, (23).

Gamella, J. F. (2008). «"Vente conmigo, primita". El matrimonio entre primos hermanos en los gitanos andaluces». *Gazeta de antropología*, (24).

García Inda, A. (2001). «Introducción. La razón del derecho: Entre *habitus* y campo», en Bourdieu, P., *Poder, derecho y clases sociales* (p. 9-60). Bilbao: Descleé de Brouwer.

García Sanz, C. (2018). «"Disciplinando al gitano" en el siglo XX: regulación y parapenalidad en España desde una perspectiva europea». *Historia y Política: ideas, procesos y movimientos sociales*, 40, 115-146.

García Tamayo, E. (1979). «Estructura y función del compadrazgo dos aproximaciones antropológicas». *Debates en Antropología*, (4), 95-119.

Geertz, C. (1983). *La interpretación de las culturas*. Barcelona: Gedisa.

Gellner, E. (1985). *Patronos y clientes en las sociedades mediterráneas*. Madrid: Ediciones Júcar.

Gibernau, M. (2017). *Identidad. Pertenencia, solidaridad y libertad en las sociedades modernas*. Madrid: Trotta.

Gilmore, D. (1977). «Patronage and Class Conflict in Southern Spain». *Man, 12*(3/4), 446-458. https://doi.org/10.2307/2800549

Giménez Montiel, G. (1997). «Materiales para una teoría de las identidades sociales». *Revista Frontera Norte, 9* (18), 9-28.

Glaser, B. y **Strauss, R.** (1967). *The Discovery of Grounded Theory*. Chicago: Aldine.

Gmlech, G. y **Gmlech, S. B.** (1987). «Commercial nomadism: occupation and mobility among Travellers in England and Wales», en Rao, A. (Ed.), *The other nomads* (p. 133-X). Koln: Bohlau.

Godelier, M. (2000). *Cuerpo, parentesco y poder. Perspectivas antropológicas y críticas*. Quito: Abya-Yala.

Goffman, E. (2015). *Estigma: la identidad deteriorada*. Buenos Aires: Amorrortu.

Gómez Pérez, R. (2001). *Iguales y distintos. Introducción a la antropología cultural*. Navarra: Pensamiento.

González Echeverría, A. (2000). «El estudio del parentesco: una primera aproximación», en González Echeverría, A., San Román, T. y Valdés, R., *Tres escritos introductorios al estudio del parentesco y una bibliografía clásica general* (p. 9-29). Barcelona: UAB.

González Reyes, R. (2009). «Capital social: una revisión introductoria a sus principales conceptos». *Revista Latinoamericana de Ciencias Sociales, Niñez y Juventud, 7*(2), 1731-1747.

Gramsci, A. (1971). *Selection from the Prison Notebooks*. Nueva York: International Publishers.

Gropper, R. C. y **Miller, C.** (2001). «Exploring new worlds in American Romani Studies: Social and cultural attitudes among the American Mačvaia». *Romani Studies, 11*(2), 81-110.

Grossberg, L. (2003). «Identidad y estudios culturales ¿no hay nada más que eso?», en Hall, S. y Du Gay, P. (Eds.), *Cuestiones de identidad cultural* (p. 148-180). Buenos Aires: Amorrortu editors.

Grossi, P. (2006). *La primera lección de Derecho*. Madrid: Marcial Pons.

Gudeman, S. (1971). «The Compadrazgo as a Reflection of the Natural and Spiritual Person». *Proceedings of the Royal Anthropological Institute of Great Britain and Ireland*, 4-71. https://doi.org/10.2307/3031761

Gutiérrez, A. (1997).

— *Las prácticas sociales: Una introducción a Pierre Bourdieu*. Córdoba: Ferreyra Editor.

— (2005). «La teoría de Bourdieu en la explicación y comprensión del fenómeno de la pobreza urbana», en Alonso, L., Criado, E. y Moreno Pestaña, J. (Eds.), *Pierre Bourdieu: Las herramientas del sociólogo* (p. 255-280). Madrid: Fundamentos.

Guy, W. (2001). «Roma identity and post-Communist policy». *Between past and future: The Roma of Central Eastern Europe* (p. 3-32). Hatfield: University of Hertfordshire Press.

Guyer, J. I. (2004). *Marginal gains. Monetary transactions in Atlantic Africa*. Chicago: The Chicago University Press.

Hall, S. (2003). «Introducción: ¿quién necesita identidad?», en Hall, S. & Du Gay, P. (Ed.), *Cuestiones de identidad cultural* (p. 13-39). Buenos Aires/Madrid: Amorrortu Editories.

Hancock, I. (2012). *We are the Romani people*. Hatfield: University of Hertfordshire Press.

Harris, M. (2011). *Antropología cultural*. Madrid: Alianza.

Hayden, R. (1979). «The Cultural Ecology of Service Nomads». *The Eastern Anthropologist, 32*(4), 297–309.

Helsinki Watch Report. (1991). *Destroying Ethnic Identity: The Persecution of Gypsies in Romania*. New York: Human Rights Watch.

Heusch, L. (2019). *Descubriendo a los gitanos. Una expedición de reconocimiento (1961)*. Granada: Editorial Universidad de Granada.

International Comission on the Holocaust in Romania (2004a). *The Final Report of the International Comission on the Holocaust in Romania*. United States Holocaust Memorial. https://www.ushmm.org/m/pdfs/20080725-romania-commission-roma-deportation-romanian.pdf [Fecha de consulta: 17 de junio de 2019].

International Comission on the Holocaust in Romania (2004b). *The Role of Ion Antonescu in the planning and implementation of antisemitic and anti-Roma policies of the Romanian state*. United States Holocaust Memorial. https://www.jewishvirtuallibrary.org/jsource/Holocaust/Romania/nine.pdf [Fecha de consulta: 17 de junio de 2019].

Ionescu, V. (2000). *Robia Rromilor* în *Târile Române. Moldova*. Bucareşt: Editura Centrului rromilor pentru politici publice «Aven Amentza».

Izaola, A. (2017). *Miradas entrecruzadas. La construcción social de la Otredad*. Barcelona: Edicions Bellaterra.

Jenkins, R.:

— (1994) «Rethinking ethnicity: identity, categorization and power». *Ethnic and racial studies, 17*(2), 197-223.

— (2004). *Social Identity*. London: Routledge.

Kabachnik, P. y **Ryder, A.** (2013). «Nomadism and the 2003 Anti-Social Behaviour Act: Constraining Gypsy and Traveller mobilities in Britain». *Romani Studies. Fifth Series, 23*(1), 83-106.

Kenrick, D. (1995). *De la India al Mediterráneo. La migración de los gitanos*. París: Editorial Presencia Gitana

Killick, E. (2008). «Godparents and Trading Partners: Social and Economic Relations in Peruvian Amazonia». *Journal of Latin American Studies, 40* (2), 303-328.

Koechert, A. (1989). «Descripción del rito de tránsito en el compadrazgo de bautismo. El caso de una comunidad cakchiquel». *Tlalocán*, (11), 421-444.

Kogalniceanu, M. (1900). *Schita despre tigani*. Iasi: Tipografia Dacia.

Komter, A. (2004). *Social Solidarity and the Gift*. Cambridge: Cambridge University Press.

Kottak, C. P. (2011). *Antropología Cultural*. México: The McGraw-Hill.

Kradolfer, S. (2001). «De la importancia del don como fundamento para las relaciones sociales en las comunidades mapuche de Argentina». *Scripta Ethnologica, XXIII*, 133-143.

Leeson, P. T. (2013). «Gypsy law». *Public Choice, 155*, 273-292.

Lévi-Strauss, C. (1969). *Estructuras elementales del parentesco*. Barcelona: Paidós.

Lewellen, T.C. (2009). *Introducción a la antropología política*. Barcelona: Edicions Bellaterra.

Liégeois, J. P. (1987). *Gitanos e Itinerantes*. Madrid: Editorial Presencia Gitana.

Lisón Tolosana, C. (1997) *Las máscaras de la identidad: claves antropológicas*. Barcelona: Ariel.

Littlewood, P. (1979). «Campesinos, producción y patronazgo: un marco alternativo para analizar la situación "Patrón-cliente" en las sociedades campesinas mediterráneas». *Agricultura y Sociedad, 13*, 113-176.

Llobera, J. R. (1999). *Manual d'antropologia social*. Barcelona: UOC.

Lyon, S. M. (2002) *Power and patronage in Pakistan*. [Tesis doctoral. University of Kent]. Repositorio de tesis doctorales de la Universidad de Kent http://anthropology.ac.uk/Bhalot/Lyon.pdf

Malinowski, B. (1986). *Los argonautas del Pacífico occidental*, vol. 1. Barcelona: Planeta

Marcu, S. (2009). «Del este al oeste. La migración de rumanos en la Unión Europea: Evolución y características». *Migraciones internacionales, 5*(1), 155-191.

Marin, A. y **Csonta, A.** (2012). *Discrimination of Roma Communities Romania National Report*. Bucarest: Net-Kard Project.

Martens, R. (2000). «El Sistema de compadrazgo en una comunidad campesina de los andes venezolanos». *Boletín Antropológico*, (48), 39-52.

Marushiakova, E. y **Popov, V.**:

— (2001). *Gypsies in the Ottoman Empire*. Hatfield: University of Hertfordshire Press

— (2007). «The Gypsy Court in Eastern Europe». *Romani Studies*. Fifth Series, 17 (1), 67-101.

— (2008). *State Policies towards Roma/Gypsies under Communism*. https://rm.coe.int/state-policies-under-communism-factsheets-on-romanihistory/16808b1c58. Council of Europe. [Fecha de consulta: 5 de agosto de 2019].

— (2009). «Gypsy Slavery in Wallachia and Moldavia.», en Kamusella, T. & Jasukowski, K. (Eds.), *Nationalisms Today* (p. 89-124). Oxford: Peter Lang.

— (2013). ««Gypsy" groups in Eastern Europe: Ethnonyms vs. professionyms». *Romani Studies Journal, 5, 23*(1), 61-81.

Matras, Y., Beluschi-Fabeni, G., Vitkor, D. y **Vránová, E.** (2009). *The Romani Community in Gorton South, Manchester*. Manchester: The University of Manchester.

Mauss, M. (2009). *Ensayo sobre el don. Formas y función del intercambio en las sociedades arcaicas*. Buenos Aires: Katz editors.

Mead, G. H. (1972). *Espíritu, persona y sociedad. Desde el punto de vista del conductismo social*. Buenos Aires: Paidós.

Mintz, S. W. y **Wolf, E.** (1950). «An analysis of ritual co-parenthood (compadrazgo)». *Southwestern Journal of Anthropology, 6*, 341-368.

Mirga, A. & **Gheorghe, N.** (1997). *The Roma in the twenty-first century: a policy paper*. Project on Ethnic Relations.

Montes del Castillo, Á. (1989). *Simbolismo y poder: un estudio antropológico sobre Compadrazgo y Priostazgo en una comunidad andina*. Barcelona: Anthropos.

Moreno Feliu, P. (2010). *En El Corazón De La Zona Gris. Una lectura etnográfica de los campos de Auschwitz*. Madrid: Editorial Trotta.

Moreno Feliu, P. (2014). *De lo lejano a lo próximo: un viaje por la Antropología y sus encrucijadas*. Madrid: Editorial Universitaria Ramón Areces.

Morquecho, A. C. (2001). «Notas sobre el don y el hecho social total», en Morquecho, A. C. y Ramírez, J. (Eds.), *Repensar los teóricos de la sociedad* (p. 137-148). México: Universidad en Guadalajara Centro Universitario de la Ciénaga.

Nafstad, I. (2016). «Gypsy law–the non-state normative orders of Roma: scholarly debates and the Scandinavian knowledge chasm». *The Journal of Legal Pluralism and Unofficial Law, 48*(1), 92-109.

Narotzky, S. (1983). «Los campos de estudio», en Frigolé, J., Narotzky, S., Contreras, J., Comes, P. y Prat, J. (Eds.), *Antropología hoy. Una introducción a la antropología cultural* (p. 35-105). Barcelona: Editorial Teide.

Navarrete-Cazales, Z. (2008). «Construcción de una identidad profesional: los pedagogos de la Universidad Nacional Autónoma de México y de la Universidad Veracruzana». *Revista mexicana de investigación educativa, 13*(36), 143-171.

Necula, C. (2012). «The cost of Roma slavery». *Perspective Politice, 5*(2), 33-45.

Nicolae, V. & **Slavik, H.** (2003). «Ser Gitano: el peor stigma social en Rumania». *Revista O Tchatchipen: lil ada trin tchona rodipen romani = revista trimestral de investigación gitana*, (43), 11-17.

Nuntini, H. y Bell, B. (1980). *Ritual Kinship: The Structure of the Compadrazgo System in Rural Tlaxcala.* Princeton: Princeton University Press.

Okely, J.

— (1983). *The Traveller-Gypsies*. Cambridge: Cambridge University Press.

— (2005). «Gypsy Justice Versus Gorgio Law: Interrelations or Difference». *The Sociological Review, 54* (4), 691-709.

Olivera, M. (2012). «The Gypsies as indigenous. The Gabori Roma case in Romania». *Romani Studies, 22*(15), 19-33. https://doi.org/10.3828/rs.2012.2

Oprea, A. & **Matache, M. (2021).** «Recuperar la narrativa: una evaluación crítica de la terminología en la lucha por los derechos de los romaníes». *Antigitanismo. Trece miradas* (pp. 39-62). Madrid: Traficante de Sueños.

Patton, M. (2002). «Two decades of developments in qualitative inquiry: a personal experiential perspective». *Qualitative Social Work Journal* (1)3, 261-283. https://doi.org/10.1177/1473325002001003636

Pérez de la Fuente, O. y **Vallés, M. H.** (2022). «Solidaridad: Aspectos filosóficos, jurídicos, políticos, sociológicos y antropológicos», en Rueda, N. y Pereira Fredes, E. (Eds.), *La idea de solidaridad en el derecho*. Bogotá: Editorial Universidad Externado de Colombia

Petcut, P., Grigore, D. y **Sandu, M.** (2003). *Istoria* și *Tradițiile Rromilor*. Bucarest: Editura Ro Media.

Petrescu, D. (2020). «Nuevas perspectivas sobre la Rumania contemporánea: del pasado dictatorial a un futuro europeo». *Cuadernos de Historia Contemporánea*, (42), 13-15.

Piasere, L. (1987). «In search of new niches: The productive organization of the peripatetic Xoraxane in Italy», en Rao, A. (Ed.), *The other nomads* (p. 111-132). Koln: Bohlau.

Piasere, L.:

— (2004). *I rom d'Europa. Una storia moderna*. Rome-Bari: Laterza.

— (2005). ¿Qué *es un campo nómada?* ponencia presentada en la conferencia internacional Les Tsiganes en Europe: questions sur la representation et action politique, The British Academy/CNRS, París, 24-25 de octubre de 2005.

— (2018). «¿Que es el antigitanismo?», en Andrés, R. y Masó, J. (Eds.), *(Re)visions gitanas: Políticas, (auto)representaciones y activismos en diálogo con el género y la sexualidad* (p.29-55). Barcelona: Edicions Bellaterra

Piqueras, A. (1996). *La identidad valenciana. La difícil construcción de una identidad colectiva*. Madrid: Edicions Alfons el Magnànim.

Polanyi, K.:

— (2007). *La gran transformación. Crítica del liberalismo económico*. Madrid: Quipu editorial.

— (2009). *El sustento del hombre*. Madrid: Capitán Swing.

Proschan, F. (1997) «"We are all Kmhmu, just the same": ethnonymous, ethnic identities, and ethnic groups». *American Ethnologist, 24*(1), 91-113.

Pujades y Muñoz, J. J (2010). «Capítulo II: La etnografía como práctica de campo», en Pujades y Muñoz, J. J., Comas d'Argemir, D. y Roca i Girona, J. (Eds.) *Etnografía*, (p. 69-189). Barcelona: Editorial UOC.

Raducanu, G. (1997). «Los gitanos en Rumanía». *Revista O Tchatchipen: lil ada trin tchona rodipen romani = revista trimestral de investigación gitana*, (17), 34-35.

Ramírez Goicoechea, E. (2011). *Etnicidad, Identidad, Interculturalidad. Teorías, conceptos y procesos de la relacionalidad grupal humana*. Madrid: Centro de Estudios Ramón Areces.

Rao, A. (1987). «The concept of peripatetics: an introduction». *The other nomads* (p. 1-34). Koln: Bohlau.

Ravicz, R. (1967). «Compadrazgo», en Nash, M. (Ed.), *Handbook of Middle American Indians* (p- 238-252). Austin: The University of Texas Press.

Requena, M. (2014). «Lógicas de patronazgo y democracia en la polis ateniense», en Dell'Elicine, E., Francisco, H., Micelo, P. y Morin, A. (Eds.), *Clientelismo, parentesco y cultura jurisdiccional en las sociedades precapitalistas*. Buenos Aires: Universidad Nacional de General Sarmiento.

Restrepo, E. (2012). *Intervenciones en teoría cultural*. Popayán: Editorial Universidad del Cauca.

Reyniers, A. (1998). «Quelques jalons pour comprendre l'économie tsigane». Étudestsiganes, (12), 8-27.

Ringold, D., Orenstein, M. A. y **Wilkens, E.** (2005). *Roma in a Expanding Europe. Breaking the Poverty Cycle*. Washington DC: World Bank Publications.

Roca i Girona, J. (2010). «Capítulo II: La etnografía como práctica de campo». En Pujades y Muñoz, J. J., Comas d'Argemir, D. y Roca i Girona, J. (Eds.) *Etnografía*, (p. 69-189). Barcelona: Editorial UOC.

Rodríguez, S. (2011). *Gitanidad. Otra manera de ver el mundo*. Madrid: Kairós Editorial

Roniger, L. y **Ayse, G. A.** (1994). *Democracy, clientelism and civil society*. USA: Lynne Rienner Publishers Inc.

Sahlins, M. (1968). «Philosphie politique de l'Essai sur le don». *L'Homme 8*(4) 5-17.

Sahlins, M.:

— (1977). *Economía de la edad de piedra*. Madrid: Akal.

— (1999). «What is Anthropological Enlightenment? Some Lessons of the Twentieth Century». *Annual Review of Anthropology, 28*(1), 1-23. https://doi.org/10.1146/annurev.anthro.28.1.0

SALO, M. T. (1987). «The Gypsy niche in North America: some ecological perspectives on the exploitation of social environments», en RAO, A. (ed.), *The other nomads*, (p. 80-110). Koln: Bohlau.

SAN ROMÁN, T. (1997). *La diferència inquietant. Velles i noves estratègies culturals dels gitanos*. Barcelona: Altafulla.

SANDU, I. (2010). «Istoria Rromilor: Aspecte privind Istoria Moderna a Rromilor», en SARAU, G. (Ed.), *Rromanipen educational*. Bucarest: MECTS–DGILMRPS.

SANDU, M. (2005). *Romii din Romania–Repere prin istorie*. Bucarest: Vanemonde.

SANMARTÍN, R. (2003). *Observar, escuchar, comparar, escribir: la práctica de la investigación cualitativa*. Barcelona: Ariel.

SCHEPER-HUGHES, N. (1997). *La muerte sin llanto: Violencia y vida cotidiana en Brasil*. Barcelona: Ariel.

SCHLAGER, E. B. (2002). «La situación de los romà en el este de Europa». *Revista O Tchatchipen: lil ada trin tchona rodipen romani = revista trimestral de investigación gitana*, (38), 4-8.

SCHWARTZ, B. (1967). «The social psychology of the gift». *American Journal of Sociology, 73*(1), 1-11.

SCOTT, J. C. (1972). «Patron-Client Politics and Political Change in Southeast Asia». *American Political Science Review, 66*(1), 91-113.

SEGALEN, M. (2014). *Ritos y rituales contemporáneos*. Madrid: Alianza.

SILVERMAN, S. F. (1965). «Patronage and Community-Nation Relationships in Central Italy». *Ethnology, 4* (2), 172-189.

SOUSA SANTOS, B. (2002). *Sociología jurídica crítica. Para un nuevo sentido común en el derecho*. Madrid: Trotta.

SUDITU, B. y **VÂLCEANU, D. G.** (2013). «Informal settlements and squatting in Romania: socio-spatial patterns and typologies». *Human Geographies 7* (2), 65-75.

TAYLOR, S. J. y **BOGDAN, R.** (1992). *Introducción a métodos cualitativos de investigación*. La búsqueda de significados. Barcelona: Piadós.

TODOROV, T. (2022). *El espíritu de la Ilustración*. Barcelona: Galaxia Gutenberg.

TURNER, V. (2008). *La selva de los símbolos*. Madrid: Siglo XXI.

UNGARETTI, J. & **MÜLLER, M.** (2018). «Estudios sobre el prejuicio hacia diferentes grupos sociales». *La comprensión del conocimiento social y moral: representaciones sociales, desarrollo cognitivo y relaciones inter-grupales*, 233-254.

Vallés, M. H. (2019). «El proceso de construcción y categorización de la alteridad: la categoría "tigani/gitano" en la historia de Rumanía». *Ius Fugit* (22), 107-138.

Van Gennep, A. (2013). *Los ritos de paso*. Madrid: Alianza.

Vázquez, A. (2009). «The Use of Tú and Usted in Mexican Compadrazgo Relationships: a case study». *Estro: Essex Student Research Online, 1* (1), 58-68.

Verdery, K. (2007). «Descolectivización y migraciones en Rumanía durante la década de los noventa». *Migraciones, 21,* 29-58.

Villoro, L. (1998). *Estado plural, pluralidad de culturas*. México: UNAM/Paidós.

Vinolo, S. (2015). «Epistemología de la reciprocidad. Lo que no pueden mostrar las relaciones sociales». *Analecta política, 5* (8), 97-115.

Viruela, R. (2004). «El recurso de la emigración. Balance durante la transición en Rumania». *Papeles del Este,* (9), 1-29.

Vladimirov, K. (2018). «General Nicolae Rădescu: New Sources, New Perspectives, 1940s–1950s». *The Journal of the Historical Association, 103*(357), 610-627.

Weber, M. (2014). *Economía y sociedad*. México: Fondo de Cultura Económica.

Weyrauch, W. O. (2001). *Gypsy Law. Romani Legal Traditions and Culture*. Berkeley: University of California Press.

Weyrauch, W. O. y **Bell, M.** (1993). «Autonomous Lawmaking: The case of the "Gypsies"». *Yale Law Journal, 103* (2), 323-399.

Wilkis, A. (2008). «Comunidad y sociedad en la sociología de Pierre Bourdieu: ¿Una distinción olvidada?». *V Jornadas de Sociología de la UNLP*, La Plata, (p. 1-17), http://www.memoria.fahce.unlp.edu.ar/trab_eventos/ev.6522/ev.6522.pdf [Consultado el 5 de diciembre de 2020].

Wolf, E. R. y **Clyde, J.** (1980). «Relaciones de parentesco, de amistad y de patronazgo en las sociedades complejas», en Banton, M. (Coord.), *Antropología social de las sociedades complejas* (p. 19-39). Madrid: Alianza.

Yoors, J. (2009). *Los Gitanos*. Barcelona: Bellaterra.

Zarzar, A. (1985). «Nacer es un ritual: Compadrazgo, Cuvada y Padrinazgo Indígena». *Amazonía Peruana*, (11), 65-86. https://doi.org/10.52980/revistaamazonaperuana.vi11.198

Made in United States
Orlando, FL
04 November 2026

90200642R00133